春秋悟道
老子心讀

李国大 著

山西出版传媒集团
山西人民出版社

图书在版编目（CIP）数据

春秋悟道：老子心读 / 李国大著. -- 太原 ：山西人民出版社，2022.2（2022.8 重印）
ISBN 978-7-203-12011-7

Ⅰ. ①春… Ⅱ. ①李… Ⅲ. ①道家②《道德经》—研究 Ⅳ. ①B223.15

中国版本图书馆CIP数据核字（2021）第259010号

春秋悟道：老子心读

著　　者： 李国大
责任编辑： 樊　中
复　　审： 李　鑫
终　　审： 贺　权
装帧设计： 谢　成

出 版 者： 山西出版传媒集团 · 山西人民出版社
地　　址： 太原市建设南路21号
邮　　编： 030012
发行营销： 0351-4922220　4955996　4956039　4922127（传真）
天猫官网： https://sxrmcbs.tmall.com　电话：0351-4922159
E-mail： sxskcb@163.com　发行部
sxskcb@126.com　总编室
网　　址： www.sxskcb.com

经 销 者： 山西出版传媒集团 · 山西人民出版社
承 印 厂： 山西出版传媒集团 · 山西新华印业有限公司

开　　本： 720mm × 1020mm　1/16
印　　张： 31
字　　数： 293 千字
印　　数： 2001—4000 册
版　　次： 2022年 2 月　第 1 版
印　　次： 2022年 8 月　第 2 次印刷
书　　号： ISBN 978-7-203-12011-7
定　　价： 88.00元

右为山西鑫飞能源投资集团有限公司执行董事毛飞勇先生。
左为作者李国大先生。

左为任法融，原全国政协常委、全国政协宗教事务委员会副主任、中国道教协会会长、中国道教学院院长、世界宗教和平会主席，右为作者李国大。

作者与成中英先生合影

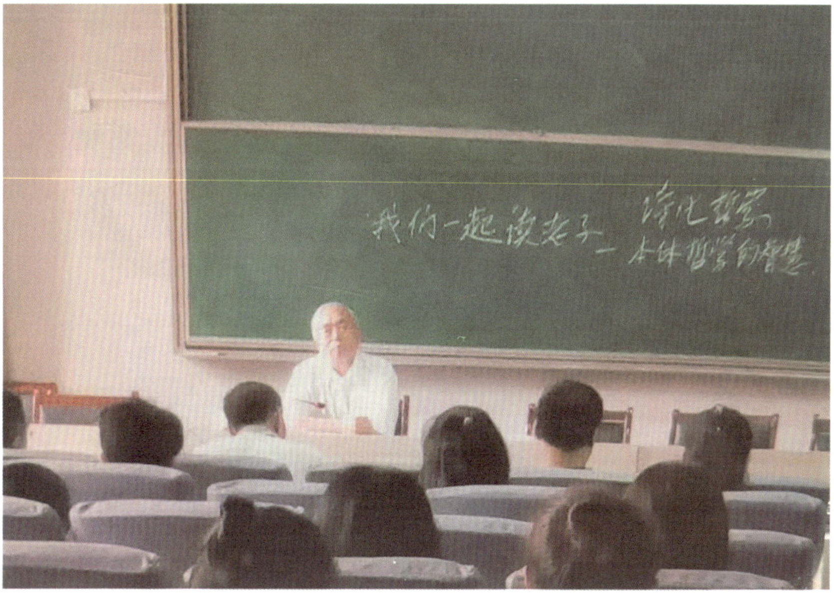

在山西大学讲国学

一排左二钱凤仪，一排左八陈来，二排左五刘长城，二排左九李国大，三排右六郭继民

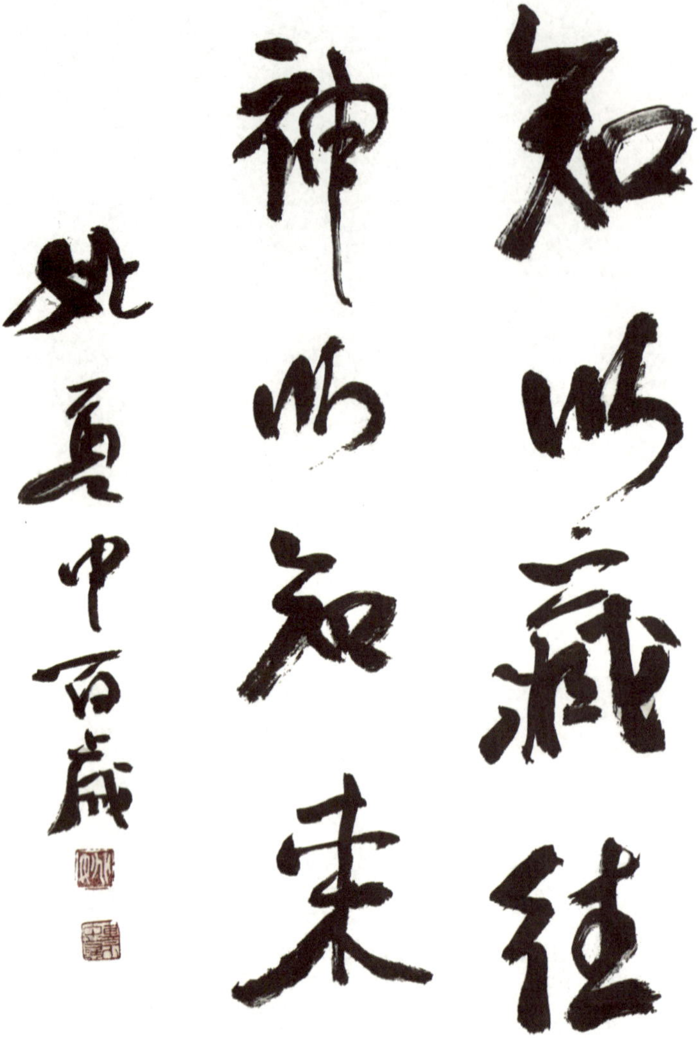

姚奠中，历任全国政协委员、山西省政协副主席、中国书法家协会理事、山西省书法家协会名誉主席，2009年荣获中国书法最高奖——兰亭终身成就奖。山西大学教授，著名学者、诗人、教育家、书法家、国学大师。早年师从于国学大师章太炎先生，精通经史子集。

道法自然

方克立

2019年5月11日

方克立，中国社会科学院研究生院教授、中国社会科学院学部委员、中国哲学史学会名誉会长。

王蒙 春秋悟道

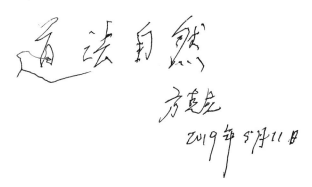

王蒙，原文化部部长、中国作协名誉主席，2019年12月14日在北京国际会议中心给《春秋悟道》作者李国大题字。

春秋悟道，有此乃大。

向李国大教授致敬

叶小文

2019.12.14.

叶小文，全国政协文史和学习委员会副主任，原国家宗教局局长。

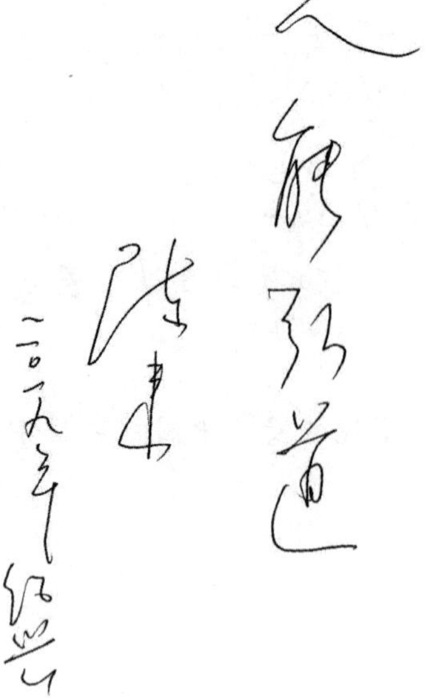

陈来，中国哲学史学会会长、全国冯友兰研究会会长、清华大学国学研究院院长、教授、博导

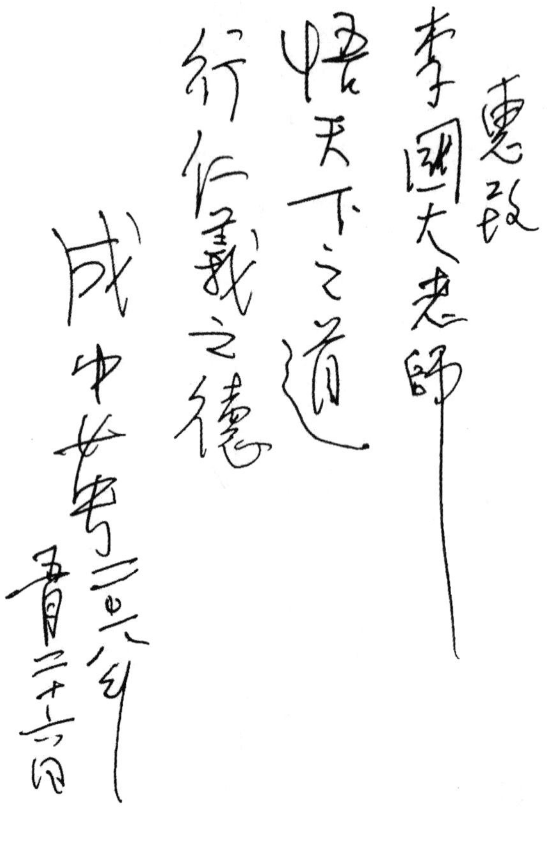

成中英，中国先秦史学会易道研究会顾问、国际著名华人哲学家、第三代儒学代表人物、哈佛大学哲学专业博士、夏威夷大学终身哲学教授。2016年荣获“中华之光”奖。

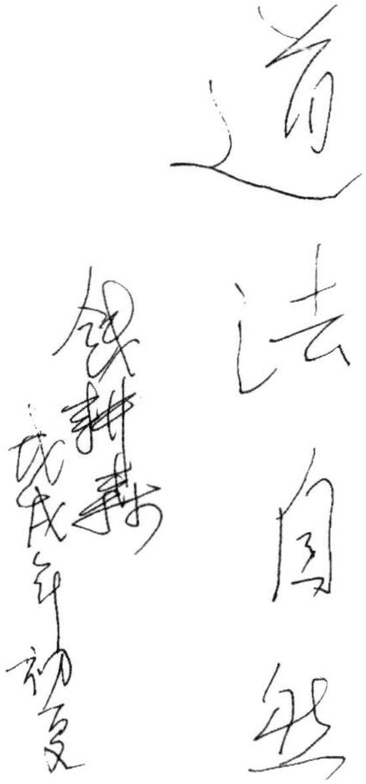

钱耕森，1952年、1958年先后毕业于清华大学、北京大学哲学系，师从冯友兰、金岳霖、张岱年先生。现为安徽大学哲学系资深教授、国际知名学者、中国道家道教研究会理事、周易研究中心主任。“大道和生学”新哲学体系荣获2017年中国学术最高奖汤用彤学术奖。

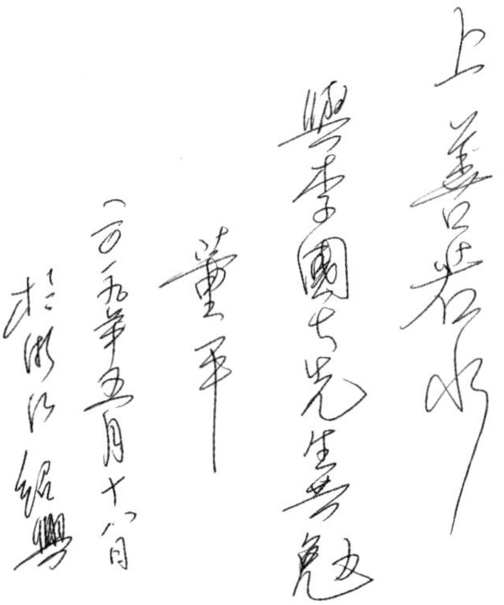

董平，中国哲学史学会副会长、浙江大学哲学系主任、浙江省稷山王阳明研究院院长。

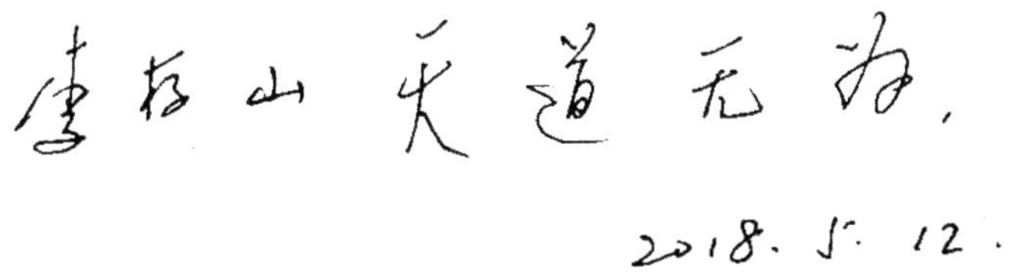

李存山，中国社会科学院哲学研究所研究员、中国哲学史学会副会长、中国孔子学会副会长。

向李国文先生学习

顾久

顾久，贵州省人大常委会副主任。

春秋悟道

查金路于康山

2019年12月15日

查金路，中国军事科学研究院将军。

道之大原出于天

天不变 道亦不变

杨朝明于曲阜尼山

2019.11.30

杨朝明，孔子研究院院长、洙泗书院院长。

石跃峰，中国书法家协会理事、山西省书法家协会主席，原山西省文联副主席、副书记。

赵望进，原山西省政协文史委员会副主任、中国书法家协会理事、山西省书法家协会主席。

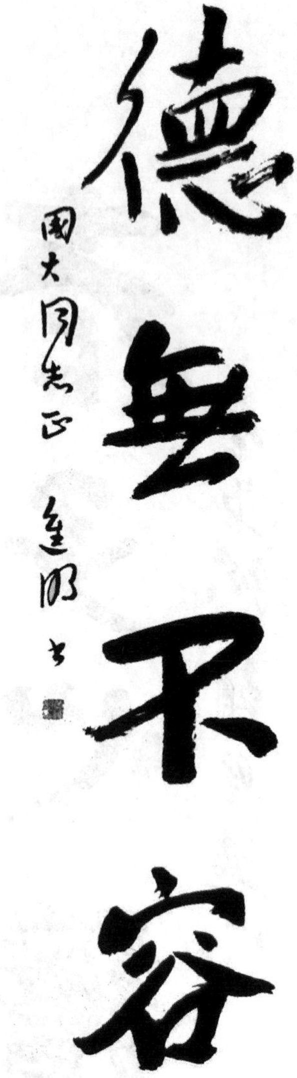

黄进明　山西省委副秘书长、省书协副主席。

张建国　山西省书法家协会理事，吕梁市书法家协会副主席，原柳林县书法家协会主席，柳林县政协副主席，柳林县老年大学校长。

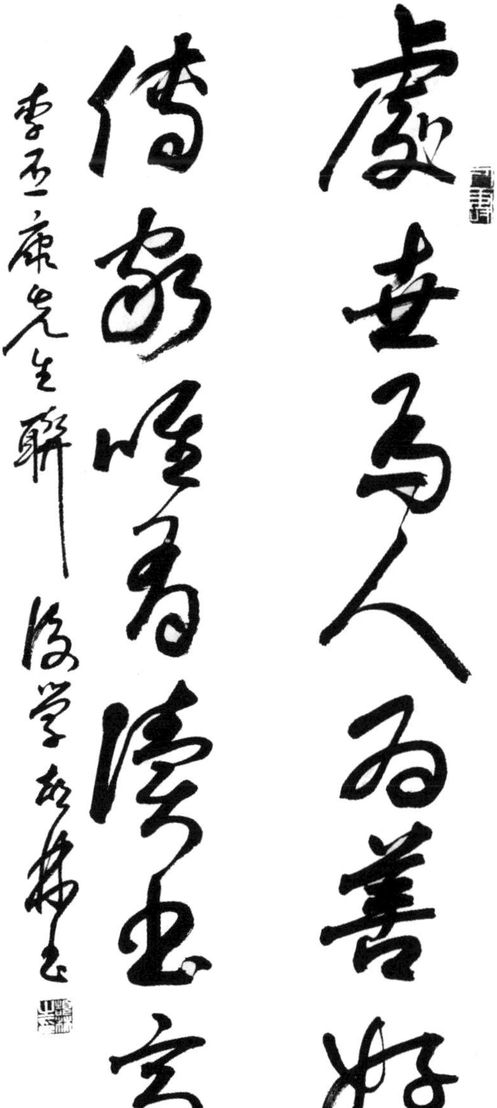

李丕康　为作者李国大父亲。

颉　林　1987年毕业于首都师范大学，师从欧阳中石先生。现为中国书法家协会会员、山西省书法家协会副主席、吕梁市书法家协会名誉主席，山西艺术研究创作中心创研部部长。

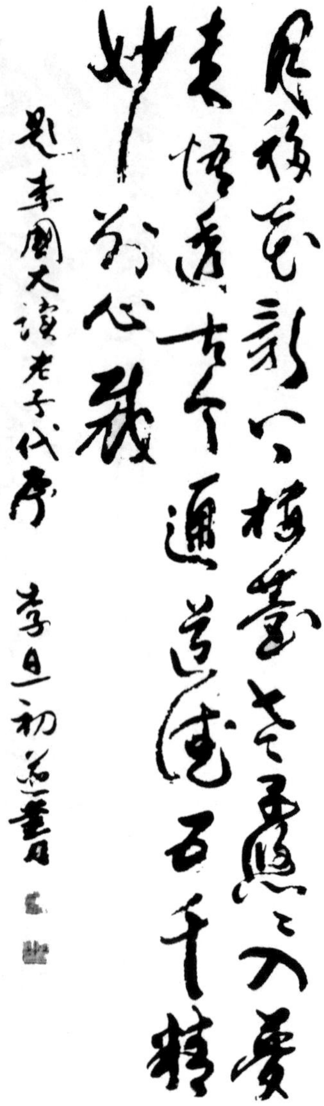

李旦初，1935年生，湖南安化人，山西大学原校长，教授，著名诗人，著名文学理论家。中国作家协会会员，中华诗词学会理事，山西诗词学会副会长兼秘书长。

姚国瑾，中国书法“兰亭奖”评委、中国书法家协会学术委员会委员、山西省书法家协会副主席、山西大学书法硕士研究生导师。

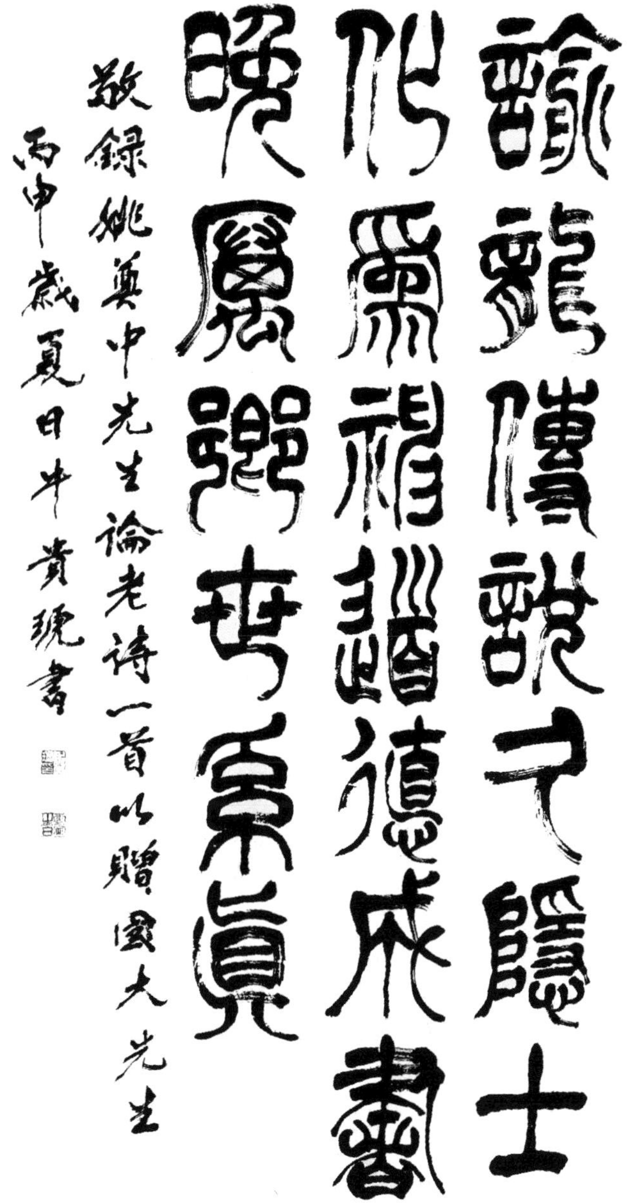
敬録姚奠中先生論老詩一首以贈國大先生
丙申歲夏日牛貴琥書

牛贵琥，山西大学文学院教授、博士生导师、奠中书院副院长。师从姚奠中学习国学和古代文学。

白兴元　《翰墨诗章》作者

时　新　山西诗词学会秘书长

序一　让道鲜活起来

郭继民

关于老子《道德经》的学术著作，早已汗牛充栋。因此，若无甚特色与新意，再出版一本阐释《道德经》的专著意义似乎不是太大。不过，山西人民出版社出版的李国大著作《春秋悟道——老子心读》具有鲜明的特色，还是颇值得一读的。

谈及该书的特色，主要有四：

其一，"哲学味"较浓。《老子》当然是哲学，然而有些研究老子的著作，多从文学或训诂的角度探讨，并不能凸显"哲学味"。该书则不然，由于作者具有较厚实的哲学功底，熟稔诸种哲学流派，故举凡古今中外的哲学道理，多信手拈来，以佐证老子之"道"，表现了老子的深邃之思，从而使老子真正归位于大哲学家的行列。该书第一章对"道"的探讨、第二章对价值判断的论述，皆凸显了此特点。

其二，道理讲得透。《老子》的核心观念在于"道"，核心宗旨在于"无为"，操作手段在于"守静"或"守柔"。老子认为，道的表现形式乃是以"对反式"转化之样态呈现于世界之中，如，有无、阴阳、善恶、刚柔、静躁等。固然，老子也曾以事例的方式来描述事物间的转化，如以水、草、婴儿等意象隐喻之。然而，总体而言，比喻不是太多。《春秋悟道》无论在解读老子之道、老子的“辩证法”抑或老子的“无为”宗旨时，皆能用鲜活的事例把复杂、呆板的概念和高深的道理解释得通透、清晰，让人读后有一种酣畅淋漓的顿悟之感。譬如，该书第十一章，作者用霍金的太空研究、丁肇中的寻找暗物质等科学研究成果，将“有无之变”的道理展示出来。

其三，视野放得宽。该书视野宽广，举凡自然科学、人文艺术、政治管理、生态伦理等理论皆能为“我”所用，且用得恰到好处。尤其值得一提的是，作者书中对老子之道与自然科学的耦合更是如此（如第十四章关于“是谓道纪”的论述），作者通过爱因斯坦相对论、牛顿力学、量子力学乃至霍金的相关理论进行挖掘，使得古老的老子智慧与前沿科学超越时空对话，颇能启迪思维、开阔视野。

其四，语言用得活。该书的最大特点是语言鲜活，由于作者的研究是凭兴趣为之，故不受外在“文体”的制约，而是“兴之所指，心之所至”。故作者以散文的随性、诗歌的浪漫把老子之深邃之道鲜活地呈现出来，增加了可读性。

要之，该书的出版对于传统文化的普及传播具有一定的推动作用，相信读者将从中获益不少。

（郭继民，海军陆战学院政工系教授）

序二 《春秋悟道》之悟

刘长城

己亥初夏，有幸受邀于河北师范大学，参加“百年中国哲学和文化发展的回顾、总结与前瞻——纪念五四运动100周年暨张岱年先生诞辰110周年”学术研讨会，与与会山西学者李国大先生相识。李先生赠我一部他著的《春秋悟道》，感谢李先生，使我有机会拜读其大作。李先生在该书的扉页中写了两句话：道通宇宙，德贯中西。窃以为，这两句话是本书的主题，也是《道德经》（《老子》）的灵魂。先哲探道明德，为天地立心；后学传火接薪，弘道新人。李先生就是传火接薪、弘道新人的一名学者。他为弘扬中华民族优秀传统文化，身体力行，笔耕不辍，孜孜以求，其诚可感。

古往今来，研究《道德经》的论著不知有多少，代有哲人，老学可谓历久弥新。《道德经》是中华民族文明的源头活水，其“天光云影”随时代之赓续而多所变幻。每一时代有每一时代对老学的解读，而解读的关键即在于对“道”的理解。古人讲“道”常常与“天”相关，讲“道”不可不讲“天”（或曰“天地”）。

冯友兰先生把“天”界定为五：“曰物质之天，即与地相对之天；曰主宰之天，即所谓皇天上帝，有人格的天、帝；曰运命之天，乃指人生中吾人所无奈何者；曰自然之天，乃指自然之运行；曰义理之天，乃谓宇宙之最高原理。”[①]冯先生说，《诗》《书》《左传》《国语》中所谓“天”，除指物质之天外，似皆指主宰之天。古代所说的天，是具有主宰的、有意志的天。《论语》中孔子所说之天，亦皆主宰之天也。孔子即这样主张，墨子也作如是说，但到了孟子这里，情况似乎有所变化，那就是把具有主宰意义的天赋予义理的意义。天既然具有了义理的意义，那它就具有了道德的意义。道、德合而论之即人的社会行为规范。但在古代，道与德本是两个不同的概念，且先不论道，单就德说，“德者，道之舍……德者得也，得也者，谓其所得以然也。”（《管子·心术上》）德即得之于道，从这个意义上说，道是根本，德则其次。道德与天合而论之，即具有义理意义亦即道德意义的天。而具有主宰、道德意义的天在《道德经》中则发生了逆转，如“天地不仁”者即是，天地既然“不仁”，那它就失去了其道德的意义。失去了道德意义的“天地”，在《道德经》中则以“道”的形式出现。

那么，究竟如何界定“道”，也即是说如何给“道”以定义，老子是这样说的：“有物混成，先天地生。寂兮寥兮，

① 冯友兰著《三松堂全集》（第二卷），河南人民出版社2001年1月第2版，第281页。

独立不改，周行而不殆，可以为天下母。吾不知其名，字之曰道，强为之名曰大。”（第二十五章）这样看来，老子把道说为“字之曰道”，“强为之名曰大”。实际上，老子并不知道“道”的名字，曰道、曰大仅仅是“字之”“强为之名”。老子在说到“道”的作用时：“道生一，一生二，二生三，三生万物。万物负阴而抱阳，冲气以为和。”（第四十二章）这就为后人留下了一个千古智慧之谜，让后人自己去弄清“道”。后人为了解道、识道、说道、体认道、悟道，写下了种种著作，各有各的解说，各有各的道理。李国大先生在当今时代，为“悟道”而作《春秋悟道》，这样一“悟”，为老学百花园中又平添了一朵奇葩。

李国大先生在本书首篇即对“道”作了“心读”。心读并非简单地从字面上“读”，而是对于“道”的心悟。他说：“人们在解读《道德经》五千言时，遇到最大的困惑就是‘道’为何物。这是一个世界级的大问题，这个问题目前还没有一个准确答案。”到目前为止对于“道”的困惑，李先生是这样“悟”的：“在我们的象形文字中，一个小小的方块汉字，便蕴含着人们思想意识中的一个整体观念。道，从这个字的本身来看，是否暗示着几分玄机。”他是这样悟的：“道”字里的“首”，不正是我们的大脑吗？大脑乘车而远游，是思想意识的远游，精神的远游，独与天地精神相往来的远游。天地精神是无边无际的，永恒的，亿万年以来，宇宙间就运转着一个高度和谐的境域。康德在《宇宙发展史概论》一书的结束语中说："在晴朗之夜，仰望星空，就会获得一种愉悦，这种愉悦只有高尚的心灵才能体会出来。在万籁无声和感官安静的时候，不朽精神的潜在认识能力就会以一种神秘的语言，向我们暗示一些尚未展开的概念，这些概念只能意会，而不能言传。"在这里，李先生对于汉字"道"的"悟"，把其与西方哲学家的"神秘语言"联系在一起。这种"悟"，不仅仅是中国传统哲学的"悟"，而是中西合璧式的"悟"。本来，中国传统哲学对于概念的解释并不是十分清晰而明白，它本身就具有一种神秘感。这种神秘感，如果想用清晰的、有层次的、严谨的逻辑推理去把握它，不是说解释不清楚，而是一旦从逻辑上解释清楚了，那么，它在中国传统哲学中本来所具有的神秘感立马就失去了令人陶醉的神秘光环，所剩者只有一个干巴巴的哲学概念，不能令我们心驰神往，当然也不能令我们想入非非。换言之，你如果把中国传统哲学中的似是而非的、含混不清的概念解释清楚了，它的精神愉悦感就没有了。在这个解释学的领域里，冯友兰先生在其早年的两卷本《中国哲学史》中做了大量的学术解释工作，把本来不清晰的哲学概念给解释清楚了，但从另一个方面说，中国哲学所固有的"独与天地往来"的精神就黯淡了许多。因此，冯先生在其后来的著作中特别注意到了这一点，那就是他所提出的"负的方法"。相对于负的方法，前者对于概念的逻辑分析就是“正的方法”。正的方法虽然可以使概念清晰，但不能达到哲学的最高境界；不能达到哲学的最高境界，就不能体现中国哲学的精神。要想体现中国哲学的精神，就必须运用负的方法。从这个意义上说，李国大先生对于老学之“道”的心悟，正是他自觉不自觉地在运用冯友兰先生的负的方法“悟”道。

事实上，读《道德经》，不仅仅是从字面上去读，而是靠“悟”，靠心悟。如果不靠心悟，一部《道德经》是无论如何也不能从“精神往来”上读通它、读明白、读透彻。正是这种悟，才能悟出老子在五千言中之开首所讲的这段千古哲理的奥妙：“道，可道，非常道；名，可名，非常名。无名，天地之始；有名，万物之母。故，常无，欲以观其妙；常有，欲以观其徼。此两者，同出而异名，同谓之玄，玄之又玄，众妙之门。”

道，并不是不可以说，但是，你一旦说出来，它就不是老子《道德经》中的道了。这就是说，“道”是不可以说的，只可以用心去“悟”它。如果一定要用语言去说它，它可以是“无”，也可以是“有”，无即无名，有即有名。无名也好，有名也罢，它统统是道。这看似是矛盾的，实际上是统一的，或者说是同一的。从“无”讲，这是其“妙”，从“有”论，这是其“徼”。李先生对此的解释是：从无讲，这是天地之本始；从有论，它是不同的万物之存在。无论是无还是有，同出于道。据此，可以说，无亦谓有，有亦谓无，“同出而异名”。这样一说，似乎有相对主义之嫌，怎么办？我们不说它，我们去体悟它，从心而悟。这样一悟，则可见其玄机之大焉。正是这样的“玄”，才是天地万物一切变化的根本。

《春秋悟道》中，李先生认为，道是形而上者，现实的世界是形而下者。那么，在形而上与形而下之间，如何从无到有？这是一个问题，是一个哲学的大问题。李先生为了解决这个问题，从道的“能动性的绝对”以推向对这一哲学大问题的解决。为了论述形而上与形而下的关系，他又将西方哲学——柏拉图哲学、康德哲学的“不可逾越”论拿来与中国哲学的“道”作比。我们知道，柏拉图、康德把“世界”作二分：理念的世界（物自体）与现实的世界（现象）。现象的世界是理念世界的影子，此二世界有一条不可逾越的鸿沟。在老学中，没有这样一条不可逾越的鸿沟。为什么中西哲学在这个重要问题上会有如此之不同？李先生给出了一个令我们非常惊喜的答案：道是能动性的绝对！我可以说，这个答案是中肯的，是合道的，是道自身所固有的本质，这是李先生悟道之精华所在。西方哲学把理念（可用中国哲学的道以界定）规定为“静止不动的绝对”，而静止不动的绝对是无论如何也不可能使现象世界动起来；而老学把道规定为“能动性的绝对”，这就把二者之间的不可逾越的鸿沟“填平”了。

形而上与形而下之间既然没有不可逾越的鸿沟，那么，道与天下万物即可和谐而无冲突，也因此说出了中国哲学的一贯主旨：和。从道的“能动性的绝对”以“观其妙”、以“观其徼”，这个“观”字，在李先生那里，并不是分析、推理、论证、解释，应当是“悟”，或者说是心悟。悟出了什么？悟出了天地万物在道的形而上的统率下而形成的五彩缤纷的现实世界！

二十年前，我在撰写《传统文化时述》[①]时，把老子作为先秦诸子之一设一专章加以论述，指出了老子哲学体系的最高范畴是“道”。尽管也点出了老子对于“道”的界定，也论述了道与宇宙万物的关系、道如何生育万物等问题，但与李先生的《春秋悟道》作一比较，现在看来，我的论“道”重点在于“读”，而不是像李先生的重点在于“悟”。读与悟是有差别的。今读李先生的书，颇有醍醐灌顶之感。

再次感谢李先生赠书于我。

注：本文刊载于《吕梁学院学报》(2019)第4期

作者简介：刘长城，生于二十世纪五十年代，中国现代哲学研究会、全国冯友兰研究会常务理事，郑州大学哲学学院教授，著作：《冯友兰研究论丛》(全四册)、《青山之路》、《沉浮神州：段祺瑞军政生涯》等。

---

①刘长城著《传统文化时述》，2007年1月由大众文艺出版社初版。又以《冯友兰研究论丛》(全四册)之一部，由九州出版社于2010年6月出版。

老子出關
壬辰夏月

我们一起读《老子》

李国大

《老子》是中国传统文化中著名的经典之一，是中国历史上第一部用极富诗意的语言阐述哲学思想的巨著。其文约而义丰，精到而自然，凝练的五千言，引导人们进入高度抽象思维的境界，告诉人们自然界万事万物发展变化的总道理。

2500多年来，老子的思想光辉已经渗透到中国人的血液里，其中许多名言警句已经成为脍炙人口的行动格言。《老子》注者如云，有几位皇帝都为其作注释。如唐玄宗李隆基、宋徽宗赵佶、明太祖朱元璋、清世祖爱新觉罗·福临等，都有御注。不仅如此，还因其深邃的思想、博大精深的智慧、独特的思维方式，引起了世界的高度关注和重视。早在唐朝，玄奘法师就将《老子》译成梵文，传播到印度等国。从16世纪至今，西方人就把《道德经》翻译成了拉丁文、法文、英文等多种语言。现可查到的各种外文版《道德经》已有1000多种。据联合国教科文组织的统计，《老子》是被翻译成外国文字发行量最多的世界文化名著。

《老子》是体现人类智慧的卓越作品。它拥有博大精深的思想理论体系，内容涉及政治、经济、哲学、科教、军事、管理、文化、文学、修身等各个方面。《道德经》的思想具有超越时空的永恒价值，它散发的正能量，也为处理自然、社会与人类的协调发展关系，为现代科技与文明的持续性发展提供着重要的可借鉴的理论知识。《道德经》已经成为全人类解决生存与发展问题的共同思想资源。老子不仅是我们中国人的哲人圣贤，也是全人类共同的救星。希望和本书结缘的读者们用心研读老子的金玉良言，从中汲取智慧和力量，不断提升自己的境界和格局。果真如此，吾心甚慰。

在人类已迈进21世纪的今天，急需一批老子的传道者，和我们一起读老子，然后引领这个世界走出诸多迷茫。

2020年12月7日于太原

目　录

导 论

一个追求宇宙真理的人，必然是一个仰望星空，仰望古文化的人。他会不由自主地感叹宇宙的神秘和深奥，对支配亿万星辰运行的自然规律，对支配人类社会发展的历史规律充满神往。

18 世纪德国最伟大的哲学家康德在他的《实践理性批判》一书最后一章中说："有两种东西，我对它们的思考越是深沉和持久，它们就越使我内心充满常新而日增的惊奇和敬畏：这就是我头上的星空和心中的道德律。"

康德逝世后，这句话被刻在他的墓碑上，被誉为人类思想史上最气势磅礴的名言之一。

康德的这两种东西，不正是 2500 多年前老子提出的"道"和"德"吗?

"道"就是规范宇宙运行的自然法则，"德"就是规范人类社会运行的道德法则。二者是相通的、全息的，都是能够被人类认识和追寻的。爱因斯坦有句物理学界耳熟能详的名言："最不可理解的事情是这个世界竟然是可以理解的。"说明了中国优秀的传统文化与人类的道德法则的终极价值完全是一致的，也体现了人类优秀的传统文化与道德法则终极于自然法则。

第一章

道，可道，非常道；	道，可以说得出的道，就不是常道；
名，可名，非常名。	名，可以叫得出的名，就不是常名。
无名，天地之始；	无名，是形成天地的本始；
有名，万物之母。	有名，是创生万物的根源。
故，	所以，
常无，欲以观其妙，	常处于无的境界中，去体悟认识天地的奥妙变化，
常有，欲以观其徼。	常处于有的状态，去观察认识万物的终极存在。
此两者，同出而异名。	无（无形）有（有形）这两者，同处于道，但不同名。
同谓之玄，	它们都可以说是很幽深玄妙的，
玄之又玄，	幽深之中还有幽深，
众妙之门。	它就是天地万物一切奥妙变化的根本。

心读

千百年来，研究老子学术的争端之所在，就是本文第一章的“道”与“名”这两个关键名词。

人们在解读《道德经》五千言时，遇到的最大困惑就是“道”为何物。这是一个世界级的大问题，这个问题目前还没有一个准确答案。

这成了老子的秘密武器，同时也成了中国文化中的一道风景线，令所有对文化思想哲学感兴趣的人，无论是中国人还是外国人，都在它面前驻足凝视琢磨，绞尽脑汁。

在我们的象形文字中，一个小小的方块汉字，便蕴含着人们思想意识中的一个整体观念。道，从这个字的本身来看，是否暗示着几分玄机？

“道”字里的“首”，不正是我们的大脑吗？大脑乘车而远游，是思想意识的远游，精神的远游，独与天地精神相往来的远游。天地精神是无边无际的，也是永恒的，亿万年以来，宇宙间就运转着一个高度和谐的境域。

康德在《宇宙发展史概论》一书的结束语中说：“在晴朗之夜，仰望星空，就会获得一种愉悦，这种愉悦只有高尚的心灵才能体会出来。在万籁无声和感官安静的时候，不朽精神的潜在认识能力就会以一种神秘的语言，向我们暗示一些尚未展开的概念，这些概念只能意会，而不能言传。”

2500多年前，老子也是否和十八世纪德国伟大的哲学家康德一样仰望星空，获得一种愉悦，得到一种感悟，并从感悟性的思维中，形成了一种对宇宙妙不可言的认识？在愉悦的认识中找到了答案，他说：“有物混成，先于天地而存在，它无

声无形，不依靠外力，循环运行，永不停止，为天地万物之母。我不知道怎样称呼它，把它叫作道。”（第二十五章译文）

老子的道和康德的宇宙尚未展开的概念一样，但他用中国汉字独有的灵活性，用一个字“道”来称谓，从而激活了人的思维。

在《道德经》第一章中，“道，可道，非常道；名，可名，非常名”用白话解读，就是你能说清楚的已经不是宇宙本体了。你能够界定它的名称说出它的内涵，就已经不是这个东西了。

意思是说“道”只能用心去领会，如果用语言来描述的话，描述只能是近似的，无限地近似，却不可能替代最高的本体本身。这种描述那只是一个假名，也就是说，我们暂时借用这个名字来说说它的无限广阔的含义，它无限深邃的思想，还是要我们用心去领会。

老子清楚地告诉我们“道”这个名称，也并不是它的名称，“道常无名”。（第三十二章）

“道”是世界的本体，是一个哲学语言，在此是指构成宇宙的实体与动力，万物运行的规律，人类行为的准则。通俗来讲，就是世界的规律。世界的自然和必然，人的规律，人的自然和必然，这就是“道”。

“道”是永恒本体，终极存在，它不可以用言词来描述。沉默的时候，才能保持其完整。对不可言说者只能保持沉默，一种崇高的沉默，在沉默中体会“道”的神圣性、神秘性、永恒性、整体性、终极性。

不能用语言来定义描述“道体”,那么如何才能认识“道体”呢?老子不得不采用“无”和“有”这两个名词概念。

“有”就是存在的意思。它代表正在孕育万物的一种生机状态,是万物的生母。即万物是从“有”中孕育产生出来的。

“无”这个概念具有“有”所不具备的“实际存在”。“无”并非是空无一物,它与“有”都具有包揽万物的品格,是一切生命的源泉。它是机能和动能的,人类应当做的是去发展这个“无”的精神实质。不仅是通过理智的分析,而且是探寻面前具体而生动地证明自己理解了“无”乃是生动的真理。“无”也是“道”,“道”也是“无”。

“无”,我们理解为没有的意思,代表天地还没有生成以前的混沌状态,说明天地是从无中生出来的,即“无”是充满生机的,由之产生感知世界中的一切形式。请记住不能以惯常的认识理解“无”,而必须用你的整个身心去感受它、把握它。

在老子的形而上学系统中,“道”无形无象称之为“无”,但无形无象的“道”是形成万事万物的本源,所以它是“有”。“无”离开“有”无法无,“有”离开“无”无法有。

道之所以能形成万事万物,是因为道本身就包含着能动性的绝对,它有实现自身形成万物的本能冲动。如果没有“道”这样一个在无穷远处的终极存在,无与有,天、地、人及万物是永远也不会自行激活的;无是永远不会变成有的,有也永远不会变成无，从而也就既不存在“有”，也不存在“无”了。

所以，尽管它是形而上学的，但是它是能够一层一层地向下落实，创造天地万物。也就是说在老子的哲学中，形而上的世界和形而下的世界之间，或者说可能世界和现实世界之间，根本不存在一条不可逾越的鸿沟。

反观西方形而上学系统中，理念的世界和现象的世界就被一道不可跨越的鸿沟隔断，形而上的世界过渡不到形而下的世界。正因为如此，亚里士多德批评过柏拉图的理念说，但是亚里士多德本人也没有解决好这两个世界之间的关系问题。如何从形而上的世界向形而下的世界过渡，在西方哲学史上一直是一个没有得到解决的哲学难题。其原因在于西方哲学家们都把形而上的终极实在看成是静止不动的绝对。然而问题在于，静止不动的本体怎么可能产生运动变化的现实世界呢？

老子的形而上学系统中根本就不存在这样的鸿沟，因为老子所谓的“道”虽是绝对的，但却在不断地运动变化，是一个包含着能动性的实体。它“周行而不殆”。（第二十五章）

老子的“道”本身包含着能动性的主体，所以“道”起了永远推动的作用，也就是永远的推动，无限的推动，而不需要一个绝对者来推动它，像欧洲式的上帝作为“第一推动者”然后世界运动不休。

老子把“道”视为“象帝之先”（第四章），自本自根，未有天地自古以固存，生鬼，生帝，生天，生地。

以上是对“有与无”、“有名与无名”问题的讨论，也就是哲学上的形而上与形而下问题的讨论。其实是说明了宗教哲学中宇宙万物的来源论，以及纯粹哲学的唯心、唯物、一元、多元、有神、无神等学说的探讨。

前面说到无是天地的原始，有是万物的来源，因此，老子接着说：“故常无，欲以观其妙，常有，欲以观其徼。”

这句话用白话来解释就是，人们要想体认道体的有无，必须要修养到常无的境界，这样才能观察体察到有生于无的妙用。

如果要想体认无中如何生有，就要从有处来观察这个“有”而终归于本来“无”的边际。“徼”字就是边际的意思。

“妙”按汉字的组字法，可以拆分为“少”和“女”。少女不但处于妙龄，而且是纯真、纯洁的象征，这里用在“道体”中可以理解为天地的本始。

“徼”取交媾之意，交媾生万物，就是老子的“道生一，一生二，二生三，三生万物”。（第四十二章）讲“道”是生万物的总根源。

在这里“妙”和“徼”最能表现“道”的运动变化的性质。“无”与“有”此两者是一体同源，因为作用与现象不同，所以从无名之始，而到有名之母，从欲观其妙到欲观其徼，必须要用不同的命名加以区别。如果要追溯有、无同体，究竟是怎样同中有异的，那便是愈钻愈深，永远也说不完、道不尽了。

然而，“妙”和“徼”最能表现“道”的运动变化规律，所以用一个形容词来描述它，便称之为“玄”。并再三反复地说，玄里面还有玄、妙。“玄”意为玄妙、转变，变化来变化去就构成了天地万物的“众妙”。

“众妙”里的“妙”和“观其妙”里的“妙”本质意义不同。“观其妙”的“妙”表现的是万物中的生机，而“众妙”的“妙”表现的是天地未生前的生机。

这样去体认“道”的有无相生，真是妙中有妙，妙到极致，更有妙处。

造化之妙，在于它能够在一切地方、一切领域体现出它的存在，即“众妙之门”。

第二章

天下皆知美之为美，	天下的人都知道美之所以为美，
斯恶矣；	丑的观念也就产生了；
皆知善之为善，	都知道善之所以为善，
斯不善矣。	不善的观念也就产生了。
故	所以
有无相生，	有与无是相对而产生，
难易相成，	难与易是相对而形成，
长短相形，	长与短是相对而显现，
高下相倾，	高与下是相对而存在，
音声相和，	音与声是相对而和谐，
前后相随。	前与后是相对而随行。
是以，	因此，
圣人处无为之事，	有道的人以“无为”去处世，
行不言之教，	实行“不言”的教导，
万物作焉而不为始，	任万物自然生长而不加干涉，
生而不有，	生养万物而不占有，
为而不恃，	化育万物而不自以为尽力，
功成而弗居。	成就万物而不居功。

夫唯弗居，　　　　　　正以为不居功，

是以不去。　　　　　　所以他的功绩永存。

心 读

老子在首章中，以道立论，论述了形而上的道是"独立不改"永恒存在的。"道"乃"至道"的定名，都是为了表述的方便。

然而在形而下的世界里，要想明白先有可悟之人，还是先有可悟之道，只有在实践中去领悟。在实践中才能了解"有"与"无"同出而异名的玄妙。因此，本章老子提出美与善的概念加以阐发。

美也是善也是真，真善美是古今中外人所追求的崇高境界。"愿天常生好人，愿人常做好事"那是理想国中美好的愿望，不可能在形而下的世界上出现。

其实，一存此念，早已离道而远去。因此老子便说："天下皆知美之为美，斯恶矣；皆知善之为善，斯不善矣。"

此句里"天下"在老子的哲学中就是指形而下的世界。"天下皆知"是说在现实世界里，对立物是人思想领域的抽象概念，因此，它们不是绝对的。我们一旦把自己的注意力集中到任何一个概念上，同时也就创造了它的对立面。

美与丑、善与恶并不是不同范畴的绝对经验，而只是同一实在的两个方面，同一整体的两个极端。一切对立物都是两个极端，从而也就是一个统一体。这种认识在老子哲学中被看作是最高目标。

从这个目标的价值上来认识现实世界的一切事物，及其称谓、概念与价值判断，就都是在相对的关系中产生的。而相对的关系是经常变动发展着的，因此一切事物及其称谓、概念与价值判断，也在不断地变动发展。

“美之为美”是美的标准，不合标准的就不美，但是如果没有这个标准，就没有美不美的问题了。像选美比赛，大家知道了那样叫“美”，相对的“丑”也就出现了。

善也是一样，给善定下了标准，那么不善也就出现了。如有人每年给孤儿院捐一百万，大家说他是善人，他在行善，这样一来，我们不捐钱的或者没有钱可捐的就变成不善了。为什么？因为你把善规定在某些事上，那么做不到的人自然也就变成不善了。

如果把美和善定格了、规格化了，以此为标准，美和善就变成了一种外在价值，而人的价值是要以内在价值做基础的。所以不要太刻意地给美和善下定义，因为美和善的价值不应该被外在化，美是一种相对的价值，任何判断都是相对的。

老子先阐明了美与善的道理后，紧接着指出有无相生，难易相成，长短相形，高下相倾，音声相和，前后相随的六个对比关系中，“相生、相成、相形、相倾、相和、相随”是指相比较而存在，相依靠而生成，只是不同的对立概念使用的不同动词。这六个动词的重点还在于理解生、成、形、倾、和、随六个字的用法，特别是用心领悟其深意。

总之，老子认为自然界中有无、难易、高下、长短、音声、前后这六组相互关系中，显现相成的作用，彼此互相对立，而又相互依赖不可分割，进一步说明循环往复的规律中相互作用，互为因果。没有一个绝对的善或不善，美或不美的界限，而一切概念与价值，都是人为设定的。这些主观和独断的判断，在后世引起了无休止的言辩纷争。

那么在相对价值面前，应该怎么办？

在本章中老子首先提出了圣人这个概念。在《道德经》中，圣人一词至少出现过三十二次。什么样的人为圣人，真让人难以判断。按照中华文字的构成，是否可以这样理解，圣（聖）为耳、口、王三字组合而成，王为首，耳可闻，口可言。首者为人的大脑，为第一者。“圣”是说“道”，闻“道”，得“道”的第一者，是知“道”的第一人。

所以，圣人是得“道”讲“道”的第一人，知“道”和明“道”的第一人，也就是遵循自然规律比普通人先走了一步的人。

他做事依循自然规律，也就是效法“道”的运动准则。而“道”是“无为”而自然的，圣人效法“道”，以“无为”的态度来处世。而不是随心所欲，想干什么就干什么。圣人用辩证的思想，指导社会生活实践，帮助人们寻找顺应自然，遵循事物发展的客观规律。

圣人顺应自然规律，努力去帮助人们做事，尽自己的责任，从不贪图利益的多少，不求功名。他以清静、无为而无不为处世，以“不言”的方法来指导、教导人们要有所作为，而不是强做妄为。

所以老子概括说：“是以圣人处无为之事，行不言之教。”

老子又说：“万物作焉而不为始，生而不有，为而不恃，功成而弗居。”这是说天地间的万物，任凭各自自然生长，蓬勃发展而不拔苗助长。生养万物而并不占为己有，也不自恃有功于人，不自恃有功于天地，成功了也不居功自傲。

正因为天地万物如此这般不居功自傲，才使人们更尊敬，更体认自然的伟大与神奇。自然是人类的母亲。

“生而不有，为而不恃，功成而弗居”就是教导人要发挥自己的想象力、创造力，而不可居功自傲。

这里的“生”“为”“功成”是要人充分发挥自己的想象力、创造力，充分发挥自己的主观能动性，去为社会贡献自己的力量。

“生”和“为”即是顺应客观事物的发展规律，去发掘人类的潜能，去发挥人类的努力。而人类的努力所得来的成果，却不必据为己有。即使自己暂时拥有，也没有资格浪费。

“不有”“不恃”“弗居”，即是要消解一己的占有行动。人类社会争端的根源，就在于扩张一己的占有欲，因而老子极力褒奖“有而不居”的崇高品格，也就是“大道之行也，天下为公”的精神。

由此可见，所有的价值观和判断都是相对的。这个世界上所见的一切，不但在感官上是相对的，在认识判断上也是相对的。老子看透了这一点，认为以人的欲望为中心去思考问题，最后必定徒劳无功。不如换一个角度，超越人类本位的自私和贪欲去思考问题。而超越人类本位，首先必须采用顺其自然的态度来对待人和事。这种无所作为的处世哲学看似消极，却是一种真挚的积极，是对人类自身精神境界的提升。圣人能真正地理解自然规律，并和自然融为一体，顺应自然的各种变化，尽量避免人为的造作。因为人为的造作越多，带来的麻烦越多。

强调相对价值的目的，是教导我们不要盲目进行价值判断。其实好与不好都在一个整体里，换一个角度，好就变成了不好，不好就变成了好。

总之，在老子哲学中，把永远变化着和流动着的实在称为"道"，阴和阳这对基本对立面的相互作用就是"道"的一切永远变化的准则。人类不应该去抗拒永远变化着的"道"，而应该使自己的行动与它相适应。

现实世界的一切事物都是相对的、变动的。本章通过相对比较的关系来说明"道"（自然无为）之绝对。

第三章

不尚贤，使民不争；	不崇尚有才能的人物，使百姓不争名夺利；
不贵难得之货，使民不为盗；	不重视和珍惜难得的物品，使百姓不偷盗；
不见可欲，使民心不乱。	不显耀足以引起欲望的事物，使百姓的心不被迷乱。
是以圣人之治，	因此“圣人”治理社会的原则是，
虚其心，	使百姓心态平衡舒畅，
实其腹，	填饱百姓的肚子，
弱其志，	削弱百姓争斗的心志，
强其骨，	强健百姓的体魄，
常使民无知无欲。	常使百姓保持没有知识和没有贪欲的天真状态。
使夫智者不敢为也。	即使那些自作聪明的人也不敢妄为。
为无为，	依照无为的原则去处理事务，
则无不治。	就没有办不好的事。

心 读

本章是对上一章相对价值观的进一步阐述。老子首先提出“不尚贤，使民不争”的观点，其实“尚贤”与“不尚贤”也不是绝对的，这句话本身所包含的思想承载了人类的一种生存智慧。

老子生活在春秋末期，社会动荡不安，各学派选贤用能的学说已成强大的社会舆论。各诸侯国强调“尚贤”，主张起用贤人来主政、当政，争用贤才已经形成一种“流弊”。在这样一种社会背景下，老子提出“不尚贤，使民不争”的主张，与当时百家诸子形成对立的观点，是不是不合时宜？其实在老子的学说中，并不包含贬低人才、否定人才的观点，而是说，统治者不要过分招贤纳士，以免使“贤才”成为一种诱惑，从而导致人们的一种不健康的竞争——明争暗斗。

老子认为，现实中的一切事物都是相对的，各诸侯国网罗人才，起用贤才，作为争权夺利、称王称霸的资本，其结果会导致许多伪装的言行。而贤者愈多，则天下的乱源（渊薮）也就愈难根除。

“尚贤”与“不尚贤”到底哪一样好，都不是关键所在。重点在于一个领导阶层不管对任何事，如果不特别标榜一个标准，那么有才智的人会依着自然的趋势发展。才能不足的人，也就安安稳稳地过日子。如若标准如何如何才是好人、是才人，大家为了争取达成这种目标，就会不择手段地去争取那好人的模式。

如果用手段去争取好人的模式，在争的过程中，反而使人事紊乱。与其让人们因崇尚好人而争得你死我活，还不如没有好人这个目标，也就避免了人为的争抢，所以老子的“不尚贤，使民不争”并非是消极的思想。

对于“选贤能”的标准，千古难定论。以道德做标准呢？以仁义做标准呢？或以才能做标准呢？其结果都会是被坏人所利用。有了正面标准的建立，就有反面作为模式的出现。

所标榜的贤人，又能贤到何种程度？有时候大奸似忠，贤与不贤很难鉴定。

“尚”就是重视推崇的意思，“贤”就是德、才、智三方面统一。天下这样的贤才本就难得，有高超的智慧，不炫耀自己的所长，针对危难的弊端能因势利导的治平大贤者更难以选得。

其实，老子主张“不贵难得之货，使民不为盗；不见可欲，使民心不乱”，这两句话和第一句“不尚贤，使民不争”的内在逻辑是一致的。这三句话，文从字顺，读起来很容易理解。总的意思是说，名位的争夺，财物的贪欲，会使社会上不良的风气越来越严重，这是导致社会混乱和冲突的主要原因。

而依照自然规律办事的人，懂得治理社会的办法首先是关注民生，让天下人填饱肚子，“实其腹，虚其心，弱其志，强其骨”，活得心情舒畅，心理平衡，有幸福感，有强健的身体。淡漠功名利禄的欲望，削弱争斗的心理因素，认真做事做人，这样社会风气自然淳朴，各项事业生机盎然，好风气压倒歪风邪气，即使那些自作聪明的人，也不敢在这样的社会里肆意妄为。

天下人的欲望淡了，人心也就厚道了；人厚道了，天下自然而然就太平了。也就是说，只有当人心彻底平衡安静的时候，天下才能得到真正的安定。

所谓“不见可欲，常使民无知、无欲”，这里“无知”并不是行愚民的政策，而是消解不良心理行为。如果把“无知”理解成教化人不知道、不懂知识，那就是对老子的误解。老子讲的无知是指去除那些不好的因素。不好的因素会使人有不好的行为。教化人不要贪欲的正确道理，不是愚民而是净化人们的心灵。

“无欲”也并不是要消除自然的本能，而是消解贪欲的膨胀。本能的欲是生存必然有的。如生者无欲，便不为生，便不为动，便不为变，变就是生，自然是生变的存在。如果人类没有占有支配欲的自然本能，这个世界岂不沉寂得像死亡一样没有生气吗？欲是人生命存在的原动力，包括生存和生活的一切需要。

“不见可欲，使民心不乱，常使民无知无欲”，事实上在现实社会里，是绝不可能实现的事。除非天地再来一次混沌，人类重返原始社会。

古往今来，有许多人认为老子的无知无欲是愚民的思想。

其实这不是老子的本意。老子实际是主张人要少私欲，有欲但不要膨胀，见素抱朴，有钱财也没有资格浪费。这一思想对当今社会也具有重要指导意义。

所谓“为无为，则无不治”，“为”是去工作，去努力做事，“无为”便是去除私欲妄见的活动而归真返璞。用20世纪英国历史学家李约瑟的话说就是“克制违反自然的行为”，即顺应自然规律的变化而为，顺应人的天性，去处理各种社会事务，不要左一个运动，右一个政策，搞得天下人无所适从。让天下人各尽其能，各守其职，各得其所，天下就没有办不好的事。

第四章

道冲,	道体是空虚无形的,
而用之或不盈。	然而作用却没有极限。
渊兮,	是那样深远啊,
似万物之宗。	它好像万物的本源。
挫其锐,	磨掉锐气,不露锋芒,
解其纷,	减少心灵的雾霾,
和其光,	隐蔽光耀,
同其尘。	混同尘世。
湛兮,	是那样无形无象啊,是那样的空彻透明,
似或存。	像是若有若无地存在着。
吾不知谁之子,	我不知道它是从何处来,
象帝之先。	似乎在上帝之前就已经存在了。

心　读

在第一章中老子突出了道的几个相关概念,如名、无、有、妙、徼、玄。这些概念都无法解释道的真正内涵。本章我们将对其进行分析,在以后各章中还会从各个角度进行分析解读。

在老子哲学中把永远变化着和流动着的终极实在称为“道”，并且把它看作是一种包罗万象的宇宙过程。老子对于它的相互关系比对于物质看得更为重要。

老子的哲学和近代物理学的宇宙观是一样的。近代物理学把宇宙看作是不可分割的网络，它们相互联系，是动态的而不是静止的。这个宇宙网络是有生命的，它不停地运动、变化和发展。这与老子的“道冲，而用之或不盈”的表述是一样的，“道冲”就是对宇宙本体动态的最形象、最直观的描述。

所谓“用之或不盈”就是说，道是动态的，在不停地运动变化着，它的作用却是无穷无尽的。其作用力表面上看起来是虚无的，而运动变化的实质是存在的实体。

道的作用指在宇宙空间中的作用，作用力是表现在宇宙万物之中的。“渊兮”是说那样的深远啊，其作用力表现出来的规律比具体的事物要抽象得多，深远得多。

道的作用力表现出来的虚空，就是天地万物的本源和归宿，是万物的概括和本质。它比上帝更本源、更抽象、更本质，上帝也是道作用的结果。

“渊兮，似万物之宗”，道是万物的本源。

“湛兮”是指道无形无象。有形的不一定有用，无形的不一定没有用。道隐无名，道隐无形，然而是那样空彻透明。

“湛兮，似或存”是讲道的特点，实而虚，动而网之，似有似无。有与无存在表象是自然混沌的存在，自然是生变的存在，生变的实质就是动变,动变的实质就是存在的实体,像是若有若无地存在着。似亡而实存。

“吾不知谁之子”这里的吾,不能代表我,而代表一种悟性思维,就是指道从哪里来,是谁的儿子,是谁所生的。这个问题是难以悟出来的,经反复研究,最后老子悟出来了,下了一个结论是“象帝之先”。也就是说,道在上帝之前就已经存在了,道是宇前就存在。再次需要说明的是“帝”字,不能解释为天帝、上帝、帝王,因为这都是生物的化身。“帝”应该解释为宇宙更为准确。

“帝”是生物的化身,是“有名”,不足以与道相提并论。道本无名、无形,老子提出“道”的用意之一,就是想以它取代古人所信的“天”或“上帝”。“道”比“上帝”更至高无上,更抽象,更本源,更自然。

道是精神性的,还是物质性的,老子本身没有深说。老子的认识已经是处在当时中国古代人类认识的最前沿。

老子的哲学使人从宗教神学中初步摆脱出来,在当时是了不起的贡献。然而在人类看来,自己在自然界里最奇妙莫测了。他不能了解肉体是什么,更不能了解精神是什么。而最不能了解两者是如何结合起来的,这是人类最大的难题,但恰恰就是人类自身的存在。

本章老子对“道”的描述,“道”之本体是为了“道”之用,所以老子一开始就讲到“道冲,而用之或不盈”。这“用之”是指用于人类社会生活。而老子讲的“挫其锐，解其纷，和其光，同其尘”的意义在于道也是生活，是与自然而然的社会生活密切结合的。

如将“挫其锐”用于社会人事方面，就要明白锋芒毕露非智者所为，提醒人们不要自以为凌驾于众人之上，就自命不凡地成为形而上意识，自以为大如天地，自视重如泰山，锐气十足，锋芒毕露，招祸惹事。

“挫其锐，解其纷”是为了使人们的心态变得平和安静，减少心灵的雾霾，懂得包容。

将“和其光”用于社会生活方面，就会看到人之居处原本就该“阴阳适中，明暗相半”。为了“和其光”，防止“明多伤魂，暗多伤魄”，室内房中必置帘备屏，这样会使人住得心情舒畅，和睦安静，身心健康。

由此用于社会人事方面，如同商品广告中的过分炫耀引起人的反感一样，人之炫耀也同样引人反感，都不符合“和其光”的原则。

有一句话“火生有光而不用其光，果在于用光；人生有才而不用其才，果在于用才”，这可算是对老子“和其光”的最好释义和解读。

讲到“同其尘”，这“同其尘”犹如入乡随俗，也犹如背井离乡，流入异地打成一片方能生存下来一样。所以从社会人事方面解释为：“天地间到处弥漫着尘埃，人世间的纷繁复杂情况也是如此，超尘出世的想法是不合理的，众人皆浊我独清的做法是行不通的；不图标新立异，只有同流合污，把特殊混同于普通中，才合道理。”（张松如著：《老子说解》，齐鲁书社，1998年）确实如此，举世皆浊我独清，众人皆醉我独醒带来的只能是痛苦。

令人遗憾的是，古往今来，无数人误解了“和其光，同其尘”，他们认为所谓“和光同尘”就是不分好坏、随波逐流。其实不是，“和其光，同其尘”用现在的语言来说就是贴近社会生活、贴近实际，让自己真正融入社会生活实践中，依循自然规律行事，密切联系社会实践，从实践中来，到实践中去。不脱离社会生活实践，不鹤立鸡群。大洋若土、大雅若俗、大智若愚，大思想家若平常人一样普普通通、朴朴实实，看上去和普通人没有任何差别，但他们心中的那盏明灯始终是亮着的，他们的道德修养也丝毫不会改变。这种境界用周敦颐的话来说，就叫“出淤泥而不染，濯清涟而不妖”。

第五章

天地不仁，	天地是没有仁慈的，
以万物为刍狗，	把万物当成刍狗，让它们自然生长；
圣人不仁，	圣人是没有仁慈的，
以百姓为刍狗。	把百姓当成刍狗，让他们自己发展；
天地之间，	天地之间，
其犹橐籥乎？	岂不正像一个风箱吗？
虚而不屈，	空无一物却不会穷竭，
动而愈出。	鼓动越大，风量愈多。
多言数穷，	言论太多，反而理屈词穷，
不如守中。	还不如持守虚静。

心　读

本章承接第四章，对“无为”思想作进一步形象而生动的描述，从“天道”推论至人道，从自然推论至社会，天道的“无为”也适用于人道的“无为”。

“天地不仁，以万物为刍狗；圣人不仁，以百姓为刍狗”，这两句话，读起来文从字顺，有力量，有精神。但要真正理解这两句话的涵义，必须先对本文中有关名词的内涵进行解读说明。

“刍狗”就是用稻草扎成的狗，不是真的狗，它有着特殊的功用，是古代祭祀用品。

刍狗未登上祭坛之前，被看得很重要，受人珍惜照顾。在这种场合，它被赋予了特殊的象征意义，而不是一个普通稻草扎成的小狗。但是一旦祭祀活动结束，神灵走了，先祖的灵魂也已离去，这时候稻草狗就又恢复了它本真的意义，不再被人顶礼膜拜，备受重视，而是视同废物，任意践踏，最后被焚烧掉。

“仁”字在本章中代表了周秦时代诸子百家所标榜的仁义之“仁”，也就是爱护人或对万物的仁慈、仁爱。

用今天的话说，“天地不仁”的天地就是大自然，大自然的力量是无穷的，而这种无穷力量是没有意识的。没有意识，也就没有任何选择，它所表现出的一切都是按照顺其自然发展的规律而运动变化的。换言之，天地是一个自然的客观存在，是一个物理的自然存在，只具物理性，不具思想性，不具有人类的理性和感情。

老子对于当时社会的人们自称圣人，以仁义治世感到好笑，认为这是欺世盗名。他认为天地间万物按自己的规律自然生长，理想的治世者应效法事物发展的自然规律，任凭百姓自我发展。也就是使人的个性、创造性、特殊性、差异性都得到发展。

“天地不仁，以万物为刍狗”，意为天地无所谓偏爱，对万物一视同仁，把万物看成是用稻草扎成的狗一样；“圣人不仁，以百姓为刍狗”，意为圣人无所谓偏爱，对百姓一视同仁，把百姓看成是用稻草扎的狗一样。这两个不仁的观念里，老子将天道的“无为”借用到人道的“无为”。人道法天道的基本精神就在这里。

从这个意义上理解，老子的“天地不仁”实际上是“天地大仁”，“圣人不仁”实际上是说圣人有爱满天下的精神，有大我的精神，而不是小我。也就是大道之行也，天下为公的精神。

天地间万物的生灭造化，“其犹橐籥乎？虚而不屈，动而愈出”。

“橐籥”是古代农业社会冶铸铁器时用以生风旺火的工具，俗话叫作风箱，里面虽空，但可以鼓动气流。

古人也将天地作各种比喻，如房屋、帐篷等，而比喻成“橐籥”只有老子一家。他从风箱中悟出了“无”的伟大，其实那里不是真正的“无”，而是充满了空气。按照诺贝尔奖获得者、华裔物理学家丁肇中领导的团队宣布的研究成果，宇宙中看不见的物质就叫暗物质，它无所不在，却又无迹可寻，没有它就没有我们的宇宙，更谈不上今天的人类。暗物质在宇宙中所占的份额远远超过目前人类可以看到的物质。宇宙中最重要的成分是暗物质和暗能量，暗物质占25%，暗能量占70%，我们通常所观测到的普通物质只占宇宙质量的5%。虽然老子那个时代对空气还没有足够的认识，但他用日常生活用品的风箱来说明这个物质世界的一切运动变化，只是气的变化，动而用之，静而藏之。

其实，天地万物都是在永不停歇地循环旋转着，在动态中生生不已地活着。活像是动，动是活力的表现，并无真正的静止。

“虚而不屈，动而愈出”里的“虚”不是消极的内涵，而是有积极的意思，含有无穷的创造基因。虚与动说出“道”的本性，道是虚而不见、动而无穷尽的，生命（生存者）要时刻适应“道”的虚动变化。

总之，天地不仁，天地虚空是老子对“无为”思想形象而生动的描述，是对“无为”思想的比喻和引申。

“无为”的反面是强作妄为。人世间的是非纷争，都是妄为所致。妄为必将多言，“多言数穷”，即河上公注说的“多事害神，多言害身”。多言必多心，多言必多事，言论太多，反而理屈词穷，适得其反。

“不如守中”这里讲的“中”，不是儒家讲的中正之道、中庸之道、不偏不倚，老子讲的这个“中”还含有“数穷”的意思。数穷不等于数字，数字是死的，一就是一，二就是二，而“数穷”中的数是有生命的，是活的，不是死的，一而二，二而一，是变化的。

“多言数穷，不如守中”，意为不要多发表言论，对事物不作明确的肯定或否定，守中正虚静之道，适时保持沉默。有时有意的沉默同语言一样具有表达的能力，很好地掌握并利用好它，就能达到你所预想不到的结果。

有一句谚语“是非只为多开口，烦恼皆因强出头”，便是对“多言数穷，不如守中”最有力的释义和说明。

第六章

谷神不死，	虚谷之神妙莫测的道，变化是永不穷竭的，
是谓玄牝。	产生万物的母体是微妙的，叫作玄牝。
玄牝之门，	玄妙的生殖之门，
是谓天地根。	可称之为天地万物的总根源。
绵绵若存，	它绵绵不绝似乎永存，
用之不勤。	其作用是无穷无尽的。

心　读

在第五章老子以“天道”喻“人道”。天道就是天的法则，人道就是人应该遵循的法则，人道本应遵从天道。以后还以“物”喻“道”，如用水喻“柔”、喻“阴”、喻“智”。本章用简洁的文字以“谷”喻道，其本意是想通过对“道”的描述，使人们能想象出“道”的模样来。

“谷”是指山谷，山谷虚怀，具有内凹的容纳性，风、气、动物、植物都依谷而生。山谷中空气不能对流，凡有声响动静，必然会有回声，这种回声是因为空气不能对流而产生。而古人认为空谷回响，必有神灵所居，因此而有回声。其实回声是物理的现象,并不是有神灵在显灵。

谷神之所以为神,是因为虚空的变化永不停歇,是永存的。看似虚无而蕴藏的变化无穷,远远超出了它本身。

人们游山咏山,以山喻"仁",仁者乐山。而老子最早以"谷"喻"道",要比以山喻"仁"高明得多,深刻得多。把"谷"比喻作"道",用"谷"来象征道体的虚无状。如清朝魏源在《老子本义》中说:"谷之于响,惟其无所不受,是以无时不至。"也有明朝大儒说过:"心如空谷呼之则响,原非其本有。"

"谷神不死"是说万物可以消灭,而谷神永存,万物有尽而谷神无尽。谷神也就是老子的"道"。所以谷神不死是指"道"的不灭,永远存在于天地之中,是天地的根本属性,永恒性即常道。

虚空而变化永不停歇的谷神,可以比喻为微妙的母性,便叫它是"玄牝"。

"玄牝"中的玄字,也作根源,是万物的初始根源,是极其微妙的第一因素的代名词。"牝"在中国上古的文字中指母性、母体,指雌性生殖器官的文雅称呼。

在这个世界上,一切动物,虽然由牝牡两性的结合而生命延续,但个体生命绝大多数由雌性的生殖器官而生。古人对生殖器有一种图腾崇拜,尤其是对阴性(女性)的生殖器更为崇拜,生命的结晶都从这里孕育。

"玄牝之门"是神秘而奥妙的,虽中空无物,但却是孕育天地万物的生命之门，可称之为天地万物的总根源。它绵绵不绝，无形而实存，实存而复归于虚无。这一自然法则，是否和我们的阴阳互变的法则一样？老祖宗很早以前在《易经》这部典籍里讲过，阴极变阳，阳极变阴，阴阳是互变的。

“绵绵若存”是形容“道”的功能。“用之不勤”是说孕育产生万物而生生不息。其作用是无穷无尽的，但用得太勤，就会违反“绵绵若存”的妙用功能。那么“用之不勤”的真正蕴意是什么呢？中国有句谚语“吹毛用了急须磨”，意为即便是吹毛可断的利剑，也要一用便加以修整，随时保养，才能使它保持常新。“绵绵若存”，便是对“用之不勤”的最好解读和说明。

第七章

天长地久。	自古以来，天地长久。
天地所以能长且久者，	天地所以能长而且久，
以其不自生，	是因为它们不为自己而生存运作，
故能长生。	所以能够长久存在。
是以圣人后其身而身先，	因此有道的人把自己退在后面不争先，反而能占先，
外其身而身存。	把自己置之度外，反而能保住自己的存在。
非以其无私邪？	不正是由于他没有私心吗？
故能成其私。	所以能成就他自己的理想。

心　读

从天道中推导出做人的准则，在老子书中经常看到这样的观点。本章里就表达了这种观点。

盘古以来，天就是这个天，地还是这个地，太阳就是这个太阳，月亮还是这个月亮。古人称为天荒地老，老子以天长地久形容，长为久，久为远，便是说天地空间是长而久地存在着。

不变的，永存的，是相对于万物而言。但是，就天地自身而论，却不可说是永恒的，(在《道德经》(二十三章)说“天地尚不能久”)真正永恒的只有“道”。(参考第二十五章的解读)

“天地之所以能长且久者，以其不自生，故能长生”，意为天地所以能长而且久，是因为它们的一切生存运作都不是为自己，所以能够长久存在。如清朝魏源在《老子本义》中说“天施地生而不自私其生”，又如《管子·心术下》中说“天无私覆，地无私载”。

老子认为，圣人要师天法地，效法天地不自生的法则，立身处世，先人后己，无私而立天下。忘掉自身其实是把自身寄托于天下的最好选择。

“后其身而身先”，意为圣人不把自己个人得失和利益摆放在前面(“后其身”)，不争先，自然能赢得人们的拥护和爱戴，反而能占先(“身先”)。

“外其身而身存”，意为圣人不为自己的个人得失、利益优先考虑，只考虑天下人的需要，百姓的利益，把自己忘掉，忘掉虚荣、兴衰、贵贱、成败，甚至生死。(“外其身”)把自己置之度外，自然能完成他的精神生命，能保住他自己的存在。(“身存”)

“以无私能成其私”，以无私而立天下，把天下之大业，当成是自己的大业。把为天下人谋幸福，当作是自己最大的快乐，最大的幸福，反而能得到天下人的拥护和支持，其结果是使自己的梦想得到实现。

在《淮南子·道应训》中有一段话："战国鲁相公仪休喜欢吃鱼，却从不接受别人贡献的鱼。"在回答为何不受其贡时说："正因为喜欢吃鱼故不能接受别人献的鱼，因为受其鱼（犹如受贿）有可能被罢免相位，不接受其鱼（拒贿）就不会有罢相的危险。不罢相位，反倒可以长期吃到鱼。"这段话便是对"非以其无私邪？故能成其私"最充分的印证和解读。

"故能成其私"不是"无私"的目的，而是无私的自然结果。在《阴符经》中说"天之至私，用之至公"，这种理论是说，大公与大私本无一定的界限与标准，自私到极点，私极就是公。换言之，大公无私到极点，即是大私。这样的大私，也可以叫作大公。

由大公到大私，或由大私到大公，这都是道。朱子曾经说过，"道就像路一样，是人们所共同拥有的"。但是，由大私起步，路就在脚下，是从下往上走，普通人容易看见，也容易实行，走得通；由大公起步，路在虚空中，是从无往有走。胸怀大志且悟性极高，有智慧者才能深明其理，并践行着道的规律而行。

第八章

上善若水。	最好的善像水一样。
水善利万物而不争，	水善于滋润万物却不与万物相争，
处众人之所恶，	他心甘情愿地处于众人所不喜欢的低洼之处，
故几于道。	所以水之善最接近于“道”。
居善地，	居处善于避高趋下，
心善渊，	心胸善于保持沉静，
与善仁，	交友善于真诚相爱，
言善信，	说话善于遵守诚信，
正善治，	为政善于精简廉明，
事善能，	办事善于尽其所长，
动善时。	行动善于待机而动。
夫唯不争，	正因为有不争的美德，
故无尤。	所以才不招人怨恨。

心　读

这一章老子以自然界最常见的水来喻人，教导人，赋予水人文精神，用水性来比喻品德高尚者的人格，认为他们的品格像水一样以柔克刚，以退为进，用不争达到争的目的。这和第七章的思想方法、思维方式是一致的，写作手法也基本相同。本章文字并列直观，简明练达，干脆利落。读起来，有音韵，有精神，有美感。

领会“上善若水”这一句话的含义，不仅要参悟语言本身的意义，就连心灵都得参悟进去。一个上、一个善、一个若、一个水，会立刻给人以美感，其意深矣！并潜移默化地影响着人们的观念和行为。用这四个字组合成“上善若水”这样堪称人类绝唱的话语，真不知老子是如何悟出来的。

“上善”如何解读，“上善”就是至善、崇善、最高的善。善是真，也是美，而至高的美则是老子的“道”。合于道体的人就是上善的人，亦即真善美的人。

“上善若水”就是说合于道体的人品格如水，至柔、至刚、至净、至洁、至纯，能包容万物，有大海般的胸襟和气度。

那么，水对人的影响是什么呢？水具有亲和力和无穷大的力量。天地人自然界的所有生物都离不开水，水是大地之母、生命之源。它滋润万物，养育生灵，为生命所不可或缺。我们生活的土地上，因为有了水，才有了草木繁盛，才有了飞禽走兽，才有了从猿到人的生命进化。是水让这个星球生机盎然，富饶美丽。

水无色无味，有形而无状，谁也说不清它的形状。用什么样的容器装它，它就呈什么形状。柔弱得好像没有自己的性格，谁都可以任意欺负它。垒水坝拦它，它就静止不动；用刀斧砍它，它也默默承受；把它无情地抛到空中，它会凝成水珠圆润地飘洒到地上。它遇热成气，遇冷结冰，遇水相融，遇风走浪。河由它淌成，海由它汇成，井有水而成井，泉有水而成泉。谁都愿意向高处走，唯独水，它无论身处多么显贵的高位，都会谦卑地向下淌流。

明末大儒王夫之解读说："五行之体，水为最微。善居道者，为其微，不为其著；处众之后，而常德众之先。"不争达到争，这就是水的最显著特性和作用。

"水善利万物而不争"，就是说水是大地之母，生命之源，滋润万物，以利万物，之所以善利万物而不争，是因为它本身的特性决定的。它是柔软的，流动的，功成而不居，所以能滋润万物而不争。

"处众人之所恶"，意思是说水心甘情愿，从大家所厌恶的地方一路流过。从高处往下流经凸处冲洗之，流经凹处还是冲洗之，这样一路走来涤荡尽所有的脏东西。从表面看是藏污纳垢，其实它的本质是水净沙明，晶莹剔透，而不为外物所污染。

"故几于道"的"几"字，除了说水的特性合于道，水与万物不争，也包含其中。

"几于道"是说水善利万物最接近于"道"，但并不等于"道"。古希腊哲学家泰勒斯认为水是万物的本源，一切有生命的东西都离不开水。没有水,植物无法生长;没有水,动物无法存活。但老子认为"道"是万物的本源和基础,没有"道"的话,哪里有东西可以存在? 水也不会存在! 譬如,水总是居于卑下之处,亦即"处众人之所恶";而"道"对万物无所不能,无所不容,无处不在,无时不有,既无高低之别,也没有好恶之分。

"水"滋润万物而不争,老子以此教导人也像水一样避高趋下,往低处走。这样做有悖于"人往高处走,水往低处流"的常理,然而,这恰恰是老子思想的精华之所在。

曾国藩在给兄弟的信中说:"至阿兄忝窃高位,又窃虚名,时时有颠坠之虞。吾通阅古今人物,似此名位权势,能保全善终者极少。"(《家书》同治元年六月二十二日《致沅弟季弟》)为了防止从高处颠坠,在给兄弟的信中他又讲道:"此后总从波平浪静处安身,莫从掀天揭地处着想。吾亦不甘为庸庸者,近来阅历万变,一味向平实处用功。非委靡也,位太高,名太重,不如是皆危道也。"(《家书》同治六年正月二十二日)

"居善地,心善渊,与善仁,言善信,正善治,事善能,动善时",这七个排比句的含义,唐宋八大家苏辙对此曾有精辟的解读。他在《道德真经注》中说:"避高趋下,未尝有所逆,善地也;空虚静默,深不可测,善渊也;利泽万物,施而不求报,善仁也;圆必旋,方必折,塞必止,决必流,善信也;洗涤群秽,平准高下,善治也;遇物赋形,而不留于一,善能也;冬凝春冰,涸溢不失节，善时也。”

老子一气呵成，七个“善”字，都是受水的启迪，都是有关水的性状，同时也是介绍上善之人所具有的品格。上善之人的品格，像水一样柔软、不争、处众人所恶之处。

不但做有利于众人的事而不争，而且还愿意去众人不愿去的卑下之处，做别人不愿做的事情。（“居所恶之处”）能忍辱负重，任劳任怨，尽其所能地贡献自己的力量去帮助别人，而不去与别人争功、争名、争利。（“善利万物而不争”）与万物无争，所以永无过失，没有招人怨恨，即“夫唯不争，故无尤”。

需要说明的几点：

在《道德经》中，以水比喻至柔至刚的相关部分有：“犹川谷之于江海。”（第三十二章）“天下之至柔，驰骋天下之至坚。”（第四十三章）“江海之所以能为百谷王者，以其善下之，故能为百谷王。”（第六十六章）“天下莫柔弱于水。”（第七十八章）

第九章

持而盈之，	若是占有太多，
不如其已。	不如适可而止。
揣而锐之，	若常显露锋芒，
不可常保。	锐势难以保久常。
金玉满堂，	金玉堆满厅堂，
莫之能守。	却不能长守住财富。
富贵而骄，	那富贵而骄傲的人，
自遗其咎。	必自取祸殃。
功成身退，	功业完成就身退，
天之道。	是合乎自然的道理。

心　读

第八章老子用水描写一种智慧，这种智慧表现在外好像是无为，不争而无尤，事实上没有什么事做不到。那么本章老子举例说明，作出肯定的回答。盈、锐、满、骄，不知足必是招灾祸的根源。此二章互为里表，讲历史人生的辩证法，即人生之道。

人的贪欲是永无止境的，是无法满足的，这一劣根性决定了人会一直追求名利富贵权势。这是人的本性使然。那么人如何克服自身的弱点，秉持生命本有的真实性、自然性，这就成了个非常重要的问题。

“持而盈之，不如其已。”“持”意为占有、积累，占有积累得太多就会盈满，“盈”即是满溢、过度的意思。常言道，“月盈则亏，水满则溢”，月亮到了最圆的时候就开始出缺了，水倒得满了就开始往外溢了。“已”是指停止，自我克制约束。这句话的意思是说若是占有积累得太多，还不如适可而止的好，否则，适得其反，最终得不偿失。这种满盈则溢的道理人人都明白，但这种现象和人的贪欲联系在一起时，就不是每个人都能明白和做得到的了。俗话说“欲壑难填”，为什么？因为人心是贪得无厌的。

“揣而锐之，不可长保。” “揣”是比喻很突出尖锐。这句话也就是说最锋利的尖刃，最容易卷，不可能长久保存，形容一个人有智慧，却不懂得谦虚涵容，有权势而不知隐遁退让，有财富而不知适可而止，最终不能长保。

“金玉满堂，莫之能守。”我们经常讥笑某某有钱人是“守财奴”。其实，有财而能守，谈何容易！“守”的学问大得很。古人便有“创业难，守成不易”“富不过三代”等千古名训。此话意为家中金满箱，银满柜，财宝堆满了厅堂，却不能永久保住它，这些财富最终会离你而去，那些东西不是真正的东西。守在你身边的只有时光年龄，那些财富的停留仅仅是瞬间。

"富贵而骄，自遗其咎。"咎：灾祸。富而骄，贵而傲，那便是自己和自己过不去，终会自招恶果，后患无穷。最好是"贫而乐道，富而好礼"。有人说，人穷志短，人穷就没有"道"，其实不是这样。你如果真的悟出了"道"，穷不穷就真的不重要了。悟出道的人就是富而不骄、贵而不傲、富而好礼的人。

功成身退，天之道也。"身退"不是退出、避位而去，是敛藏不发露。"功成身退"并不是要人退出权力位置，避位而去过隐居深山生活，而是要人功成名就后，不要自我膨胀、锋芒毕露，贪恋权位名利。而要收敛贪欲，含藏智慧和能力，从危机四伏的政治舞台，回归平民生活，投身自然境界。王真在《道德经论兵要义述》中说得好："身退者，非谓必使其避位而去也，但欲其功成而不有之耳。"

"功成身退"，是老子深刻总结历史经验教训而得出的一种"无为"不争的大智慧。一部历史有多少不懂功成身退的元勋重臣身败名裂？最典型的事例如：李斯官至秦国宰相，富贵功名集一身，显赫不可一世，最终却做了阶下囚。《史记·李斯列传》记载："二世二年七月，具斯五刑，论腰斩咸阳市。斯出狱，与其中子俱执，顾谓其中子曰：'吾欲与若复牵黄犬，俱出上蔡东门逐狡兔，岂可得乎！'"不仅丞相做不成了，连做一介布衣与儿子一起外出狩猎的机会也没有了，可谓死前大悟。

上下五千年，从商鞅、白起、吴起到大夫仲等名臣事例都说明一个道理，都是该退不退，终致杀身之祸。

看透了历史的污浊，官场的黑暗，对老子“功成身退”之道理，理解运用堪称典范的是春秋时期的范蠡。

范蠡可谓得老子哲学思想的真谛，运筹帷幄小变大，金戈铁马弱胜强。在越王勾践被吴王夫差打败之后，范蠡建议他亲自去吴国做人质，以求保全越国，等待机会东山再起，勾践听从了这个建议。于是范蠡亲自陪着勾践前往吴国，卧薪尝胆三年，其目的是，一方面麻痹吴王夫差，另一方面为越国积聚实力准备反攻赢得时间。

范蠡建议的卧薪尝胆，就是第一层次的以“不争”为“争”。没有几个国王可以屈尊纡贵亲自做人质，而越王勾践做到了，把“不争”之道发挥得淋漓尽致，这样后来的“争”才变得很容易。

辅助越王勾践灭掉吴国成功复仇之后，范蠡深知“大名之下难以久居”的道理，便辞去高官，甚至不肯答应越王分国而治，给自己也搞个国王当一当，而是弃官从商，“下海经商”，带着美人西施乘舟浮海，回归江湖。做买卖发了大财，且能三聚三散。据《史记·货殖列传》中，太史公司马迁说范蠡：“十九年之中三致千金，再分散与贫交疏昆弟，此所谓富好行其德者……”就是说，范蠡在经商过程中十九年有三次盈利达千金以上，每次都是达到之后，就把钱捐赠给贫苦百姓，然后另选择地方重新做起，到一处惠泽一处。太史公把他称为“富行其德”之典范，时人美誉陶朱公，后人尊为“商圣”，最后善终。范蠡的人生实践，为《道德经》中“功成身退，天之道”作了最好的脚注与示范，也说明了“功成身退”是一种更高层次的“不争”和“大争”。天就是自然，天之道就是自然之道，就是自然规律，就是自然界的运作规则。

需要说明的几点：

“天之道”，在《老子》中有多次论述，与本章类似的说法有：

“天之道，不争而善胜。”（第七十三章）

“天之道，其犹张弓与？”（第七十七章）

“天之道，利而不害。”（第八十一章）

第十章

载营魄抱一，	使精神与形体合一，
能无离乎？	能永不分离吗？
专气致柔，	凝聚精气以致到最柔和，
能如婴儿乎？	能像婴儿一样纯真吗？
涤除玄览，	洗涤杂念除净邪恶，而深入静观，
能无疵乎？	能没有瑕疵吗？
爱民治国，	爱民治国，
能无为乎？	能不用智巧自然无为吗？
天门开阖，	运用感官与外界接触，
能为雌乎？	能致虚守静吗？
明白四达，	彻悟明白各种事理，
能无知乎？	能不用心智吗？
生之，畜之；	它生成万物蓄养万物；
生而不有；	生万物而不占有；
为而不恃；	养育而不居功；
长而不宰；	引导而不主宰。
是谓玄德。	这就是自然无为之德。

心读

本章用六句提问、六句回答的方式而展开。这六句话按照王弼注的流行本的编排来读，寓意深远，无可厚非。但有时好像很矛盾，是否王弼的排序有错乱？今有帛书《道德经》等出土，亦很难确定谁是谁非，是否有错乱。当代著名学者陈鼓应先生在《老子注译及评介》一书中将其文序调整解读如下：

载营魄抱一，能无离乎？

涤除玄览，能无疵乎？

专气致柔，能如婴儿乎？

天门开阖，能为雌乎？

明白四达，能无知乎？

爱民治国，能无为乎？

“无离”“无疵”文法辞例一致，“营”“魄”分别说形、神；“涤除”“玄览”亦分别说形、神的高境界修炼，“如婴儿”与“为雌”同一辞例，也是相近的比喻。“儿”说其“和”，“雌”说其“守”，这是老子修身的两种形式而同一指向的最高境界。

“无知”“无为”也是一样的辞例，“明白四达”，却若“无知”，是“营魄抱一”“涤除玄览”“专气致柔”“天门开阖”等修养的终极结果，而“修之于身”的“余德”之自然流行，便是以“无为”去“爱民治国”的“修之于天下”。

还须说明的是“载营魄抱一”的“载”字，为“哉”字。《册府元龟》唐玄宗天宝五载诏云：“顷改《道德经》‘载’字为‘哉’，仍隶上句。”是在第九章的末句“天之道”后面加一“哉”字。从文句结构看，此说可取，这样去掉“载”字后的“营魄抱一”“涤除玄览”“专气致柔”“天门开阖”“明白四达”“爱民治国”，均为四字一句，都是平行的句法，读来一气呵成，朗朗上口，韵味久远。

“营魄抱一，能无离乎?”“营”是指人体生命中的血液和养分等，“魄”指在肉体生命中的活动力，便是它的作用。俗话说这个人有“魄力”有“气魄”，就是这个意思。

人的灵魂(精神)跟肉体是不是经常在一起，(是否精神和肉体合抱为一不分离)人的灵魂和肉体经常是不在一起的，大多数时候它们是处于分离状态。我们的灵魂经常想要达到一个很高的境界，但肉体却无法承担，俗话讲心有余而力不足，就是这个意思。万丈雄心经常在残酷的现实面前表现得极其脆弱，这是人的最大烦恼，它带给我们心理与生理上的失调。而且在天地万物中，只有人有这样的痛苦，动植物并不存在这种失调现象，这是因为它们的生长都是依靠自然法则，遵循自然规律而发展前行。

动植物的灵魂和肉体是同一体的，是经常在一起的。它们不会对任何事物进行意识判断。而人有自己的精神与意志，这是人区别于动植物的最大特点，人能利用自己的精神、意志和智慧去思考与判断，来理解自然，人化自然，改造自然。

一个体魄健全的人意志力坚决，有开拓创新的精神，这样的人就是灵魂(精神)和肉体合抱为一的人。

“抱一”一以贯之,这个“一”是什么?就是“太极”。“太极”就是两仪,一跟二是分不开的。一阴一阳谓之道,道生一,道就是太极,太极保持一种平衡,稳定就是“抱一”。“抱一”即是抱道,能“抱道”,即是使肉体生活与精神生活达到和谐的状态。

“涤除玄览,能无疵乎?”洗涤杂念,除净邪恶,摒弃妄见,懂得自然规律,将心灵之门打开,心灵深处像是一面大镜子——玄鉴,心如明镜,宇宙万象通过此镜一览无余。镜面必须经常擦拭,去除污垢才能明察世间百态。在有限的生命中,一定要有一个无限的东西,支撑我们的心灵,在这生命有限和理想无限之间获得一种平衡,也就是心的力量和头脑的力量构成一种平衡。头脑给我们理性,帮助我们做出判断,心则给我们信念。身心达到平衡就能做到心境极其静定,有利于自身修养。

做到“专气致柔,能如婴儿乎?”也就差不多可使“营魄抱一”了。这句话看似简易浅显,用婴儿的境地来形容,婴儿的特征柔弱,如刚出生的小孩子,骨肉该有多么柔弱了,但是,“尽管骨弱筋柔”,他那小拳头却总是握得紧紧的,这叫“握固”,“骨弱筋柔而握固”。婴儿抱即乐,饱即睡,睡中笑,饥即啼,无虑无忧无欲,天真无邪率真纯朴,一切顺应人的自然本性,没有烦恼和痛苦,灵魂和肉体是合而为一的。

老子却向往婴儿的境界"专气致柔",就是把自己的精神和元气凝聚起来,集气到最柔和的境地像婴儿般的柔软状态,就能长盛不衰。气柔是心境极其虚静的一种状态,在这虚静状态中,心灵才可以动起来,才可以发现自然的奥秘、世界的发展规律,发现真实的自己、真实的他人。

"天门开阖,能为雌乎?"天门即自然之门,是指人的感官。人运用感官与周围环境接触,神经系统无时不在受外界的刺激与反应。尤其是在这样一个竞争激烈、节奏加快的社会环境中,能够处于相对虚静状态,不浮躁,安顿好心灵,让心静下来,并非易事。

"明白四达,能无知乎?"是说真正有领导才能的人,大智若愚,决不会轻用自己的智能来处理天下事,而是集思广益,博采众议,然后有所取裁。"知不知"和"为无为"是同一理,真能用世而成不朽的功业,善于运用众智而成其功谓之大智,但是透彻明白此道理者甚少。

具备了知不知与天门开阖而无雌的最高虚静修养,才能做到"爱民治国,能无为乎"。为而不为而治,表面看是入世,实际上是超越世俗的人。

"生之、畜之",意为它生成万物,养育万物,护佑万邦,安养百姓。

"生而不有,为而不恃,长而不宰,是谓玄德",亦是第五十一章的结束语。这四句是说创造万物而不占有,不居功自傲,引导而不主宰，这就是自然无为之德，也即是深厚的德行。

需要说明的几点：

关于以“婴儿”比喻悟道之人保存了原始的淳朴状态，在本书还有多处，如“如婴儿之未孩。”（第二十章）“复归于婴儿。”（第二十八章）“含德之厚，比于赤子。”（第五十五章）

第十一章

三十辐共一毂，	三十根辐条汇集到一个车轴上，
当其无，	有了轴心中空虚之处，
有车之用，	才有车的作用。
埏埴以为器，	揉合陶土制成陶器，
当其无，	有了陶器中空虚之处，
有器之用。	才有陶器的作用。
凿户牖以为室，	开凿门窗建造房屋，
当其无，	有了门窗四壁中空虚之处，
有室之用，	才有房屋的作用。
故，	所以，
有之以为利，	“有”给人以生存便利。
无之以为用，	“无”发挥了它的作用，真正有用之处，还是在于空虚的“无”。

心读

本章讲虚实相生、有无相生的关系。与第一章所讲的“有”与“无”是两个不同的层次，是完全不同的两个概念和范畴。

第一章所讲的"有"与"无"是就可能世界、形而上的世界、本体世界而言。"有"与"无"是形而上世界的两个专有名词，也就是老子专设的名词，用来指称形而上的"道"是如何一层一层地向下落实而产生天地万物时的一个活动过程。

本章所讲的"有"与"无"是就现实世界、形而下世界而言（形而下者谓之器），用三个比喻，车、器、室。"有"是指有一实物，可以给人增加生活上的便利，但是这种便利若要真正发挥用处（作用），则必须靠"无"。"无"是指无一物，空虚而已。"有"与"无"相互依存（共存），互相配合，相互为用，一物之功用才可彰显。老子在此教导人们不要只注重实有东西的作用"有"，而忽略空虚作用的"无"，不要重"有"而轻"无"。

"三十辐共一毂，当其无，有车之用。""三十辐"，《考工记》曰："轮辐三十像日月。"即古时候的车轮由三十根辐条构成，"三十"取法于月数（每月三十日）。毂，车轮中心的圆孔，即插轴的地方。车的三十根辐条汇集到一个车轴中，有了轴心中空虚之处，才能放车轴连接两边的车轮，然后车轴才可以使用。

"埏埴以为器，当其无，有器之用。""埏"，揉合。埴，粘土。揉合陶土制成陶器，有了陶器空虚之处（容量），容量不是实物，是无，才能用来盛装东西。

"凿户牖以为室，当其无，有室之用。""凿"，打孔开洞。户牖，门窗。开凿门窗建造房屋，有了门窗四壁中空虚之处，房屋才能居住。房屋的使用价值取决于使用面积或体积，也就是取决于它的空间，即“无”的体积、面积。

这三个例子是说，车子的作用在于载人运送货物，器皿的作用在于盛装物品，房屋的作用在于居住，这是车、皿、室给人生存的便利，也就是“有之以为利”。如果没有中心的圆孔可以转轴，车子就无法行驶。如果没有中间空虚之处，可以容量，器皿就无法盛装物品。如果没有门窗四壁中空虚之处可以出入，采光照明，空气流通，房屋就无法居住。由此可见，空虚之处所发挥的作用，这就是“无之以为用”。

“有”给人以生活生存的便利，“无”发挥了它的作用。真正有用之处，还是在于空虚的“无”。

有无相生，虚实相生，有了实物（有）才有利用价值；有了空虚（无）才能发挥种种功能、作用，这就是“道”的规律。别看它听起来很抽象，落实到人类生活中，真的是妙用无穷。

“有”和“无”是道的核心原理。如计算机基本运算原理是二进制，即基本符号：0与1。“0”即“无”，“1”即“有”，0和1构成了浩瀚无穷的互联网络、云计算、大数据。

比如，全身瘫痪的英国剑桥大学教授霍金，是继爱因斯坦之后最伟大的理论物理学家，是第一个科学证明宇宙中有一种暗物质，第一个提出黑洞理论的人。他以研究太空著称。他提问，如果宇宙有边缘，那边缘之外的空，这空外之空是什么呢？这使霍金不顾残疾之身而坚毅地用智慧之脑在思考着,写出了《时间简史》《果壳里的宇宙》等书,至今畅销全球。

霍金对太空研究取得的成果,说明老子"无之以为用"这一思想的伟大与深刻。

诺贝尔物理学奖获得者、美籍华人物理学家丁肇中教授,将老子的思想运用到研究领域。2013年4月3日下午5时,在日内瓦欧洲核子研究中心,他首次公布其领导的阿尔法磁谱仪(AMS)项目,18年之后的第一个实验结果——已发现的40万个正电子可能来自一个共同之源,即人们一直寻找的暗物质。

暗物质促成了宇宙结构的形成。如果没有暗物质就不会形成星系、恒星和行星,更谈不上今天的人类了。由此说明暗物质(空虚即无)所发挥的作用,这就是老子所说的"无之以为用",而地球这颗行星(有)的作用在于给万物以生存的便利,这就是"有之以为利"。

五代谭峭在他的名著《化书》中说:"抟空为块,见块而不见空,土在天地开辟后也。粉块为空,见空而不见块,土在天地混沌时也。神矣哉!"

这句话是对虚实相生、有无相生最绝妙的解释,读后给人以无限的哲理思考。

再比如,双耳全聋的贝多芬,创作出博大、繁复、严谨、壮丽的《第九交响乐》高唱欢乐女神的颂歌,表达他向往世界大同的心愿,歌颂和平,反对战争,追求人类走向大同。

贝多芬双耳全聋却能创作出美丽动听的乐章,这就是"无之以为用”。在这里“无”指向双耳全聋，双耳全聋用心灵才能倾听到天籁、地籁、人籁的和谐之音，才能听到宇宙是一个六声部的交响。这美妙的音乐只有双耳全聋的贝多芬才能用心灵听到，从而创作出博大、精深、优美、动听的《第九交响乐》。

在现实生活中，一般人只注意实有的东西及其作用，而忽略空虚(无)的发挥作用。

我们绘画、写文章、读文章都要留有空间。读文章不但要读字与行，即“有”的部分，还要读字里行间，即“无”的部分。

政策不但要看它规定了什么，管住了什么，更要看它留下了多大发挥个人与集团的积极性的空间，有哪些方面它是不限制、不禁止的。

市场经济之所以优越于计划经济，是因为它留下了更多的“无”靠价值规律，靠有“一只无形的手”即“无”，而不是靠“有”行政意志和计划。

一个人说话做事，人们不仅要看他说了什么，做了什么，还要研究他或她没有说什么，没有做什么。比如孝敬父母，不只是要听父母说出来的话，还要听父母没有说出来的话。很多时候，父母说出来的是一个意思，心里面想的却是另一个意思。如若只照表面意思去理解，很可能无法让父母开心。

20世纪50年代宋庆龄副主席访问印度，尼赫鲁总理在致辞中说：“夫人，许多年来我们注意着您说了什么，做了什么，没有说什么，没有做什么。”这句话讲得妙极了。

世界上万事万物都必须留有余地，这样才能发展壮大。

有时候“无”是最高境界的“有”，是最美妙的“有”。一个人没有最高的头衔，例如孔子，如果当了鲁国的宰相，如果有过商鞅、吴起、李斯、管仲、苏秦、张仪式的职位辛劳，他还能被万世景仰，誉为“万世师表”吗？

有时候，“有”变成实在的“无”，才是最高境界的“有”。众所周知，世界首富比尔·盖茨退休后将巨额资产回馈社会，受到全世界人们的尊重与爱戴，成为真正的世界首富。

有时候，放弃是一种更大的拥有。

有时候，施舍可造就一个人的伟大人格。

“无”常常是“有”的前提，“有”常常是“无”的后续结果。如无心插柳柳成荫，有心栽花花不开。无了昨天，才有今天。无了黑夜，才有白天。无了两千多年封建专制，才有今天的民主、自由、法治。无了两次世界大战，才有今天的和平盛世。无了愚昧迷信，才有了科学理性。无了自吹自擂，才有了实事求是。无了小桥流水的四合小院，才有远离自然的水泥森林宅居，等等。

关于“无”即“空虚”伟大作用的论述，是老子的一大发现，一大贡献。一个时代若忽略了“无”（无形）的意识，怎么说都是可悲的、幼稚的。有形的不一定有用，无（无形）的不一定没有（没用）。有时无形的意识是一种正能量，这种正能量释放出无穷的能量，能发挥出无尽的作用。

第十二章

五色令人目盲；	五彩缤纷使人眼花目盲；
五音令人耳聋；	五种音调使人耳朵发聋；
五味使人口爽；	五种滋味使人舌不知味；
驰骋畋猎令人心发狂；	纵情狩猎使人内心狂乱；
难得之货令人行妨。	新奇的物品使人行为不轨。
是以	因此
圣人为腹不为目，	“圣人”只求饱腹，而不求声色之娱，
故去彼取此。	所以摒弃物欲的诱惑，重视内在实际需要。

心 读

本章原文，句法统一，通俗易懂，使人难以相信这就是2500多年前的文字，好像针对的就是今天，针对的就是极度膨胀的消费主义，针对的就是艺术趣味的丧失，感官刺激的泛滥。

细品读老子说的话，可以说是2500多年前中国人作出的最深刻的文明批判。

“五色令人目盲”，古代所讲的“五色”依序是青、红、黄、白、黑，这也是五行的顺序，青属木，红属火，黄属土，白属金，黑属水。“目盲”不是指瞎眼，喻眼花缭乱，丧失了判别事物本原的能力。

“五音令人耳聋”，“五音”指宫、商、角、徵、羽五种音调。“耳聋”不是指真的耳聋，是各种噪音强烈刺激使听觉不灵。

“五味令人口爽”，“五味”也是按照五行的顺序来的，酸、苦、甘、辛、咸。酸属木、苦属火、甘属土、辛辣属金、咸属水。“口爽”的“爽”字是指味觉出了毛病，口腔乏味，食欲不振，和我们今天常用的“爽快”“清爽”的意义不同。

“五色”“五音”“五味”之所以会伤害我们的器官，是我们自身的欲望无限膨胀的缘故。其后果是什么呢？老子从人的感性欲求的角度指出：

五色本来是视觉享受，但是光怪陆离、五彩缤纷的色彩令人眼花缭乱，终致视觉迟钝、视而不见。

五音本来是听觉享受，但是强烈刺激的音响使人听觉失灵。

五味本来是味觉享受，但是山珍海味太丰盛，味道太多太浓会使人味觉丧失，舌不知味。

“驰骋畋猎令人心发狂”，“驰骋”，纵横奔走，喻纵情；“畋猎”即狩猎，狩猎曾是早期人类谋生的最重要手段，也是人类最早开展起来的生产和军事活动。“驰骋畋猎”是古代最富于刺激性的户外活动及群体的野外活动。这种野外活动印证了人类的动物本性最早在狩猎中得到了体现。它是充满野性的不文明行为，这种行为让人们的精神变得疯狂和残忍，心灵不安而狂乱。

现代人认为，刺激才是享受，疯狂才够刺激。越刺激内心越狂乱，心气越浮躁。心灵失去了一个宁静的家园，这种心理状态是滋生社会动乱的主要根源。

“难得之货令人行妨”，“难得之货”就是在社会上流行的稀有珍贵之物（金银珠宝、玉器、玉璧、青铜器、瓷器、名石及近几年流行的红珊瑚等）。正是难得之货的珍贵稀有性强烈地撩拨起人们占有它的贪婪欲望。在这种欲望的驱使下，人的行为会变得怪异反常，容易出现不轨的行为如盗窃、掠夺等犯罪行为。

连续五个“令人”语句，句法结构相同，含义层层推进。

五色、五音、五味是对人生理器官的影响，驰骋畋猎是对人心灵的（刺激产生的）影响，而难得之货对人的影响要远远超过以上四种。“令人行妨”，不仅仅局限于人之本身（主体自己），还在人我之间产生影响（主体与客体之间产生影响），会给自身和社会带来不良的后果。

“是以圣人为腹不为目”，配合第三章（不贵难得之货，使民不为盗，与本章难得之货令人行妨，前后相呼应）。“圣人之治，虚其心，实其腹，弱其志，强其骨”，“腹”谓内，谓之身，“目”

谓外，谓之外物。“为腹”，即“实其腹，强其骨”，“不为目”即“虚其心，弱其志”。此句是说，遵循自然规律的人，他懂得社会的正常生活是：但求饱腹，不求纵情于声色之外物悦目。

在此老子所反对的是奴隶主贵族的腐朽生活方式，并不是普通大众的五色、五味、五音、打猎游玩。珍贵物品的占有，并非一般劳动大众可以拥有，而是贵族生活的组成部分。

“故去彼取此”，并不是说反对人们享受生活的乐趣，而是提醒人们追求享受要适可而止，不可无限制地满足自己的贪欲，要知足常乐。他希望人们能够丰衣足食，建立内在恬淡宁静的生活方式，而不是外在贪欲的生活及私欲的满足。一个贪婪满足自己外在私欲的人，会在这外在化的漩涡里不能自拔，使自己产生自我疏离，精神日益贫乏，心灵日益空虚，骚动不安，静不下来，于是焦虑、怀疑、悲观……接踵而来。因此，老子提醒我们：要彻底摒弃各种外界物欲生活的诱惑，始终保持内心(心灵)的清静与满足，确保固有的天性，从而解决好人与自身内心之间的问题。

在物欲横流、科技暴力的今天，我们所面临的世界是一个人文精神疲软，而科技暴力所向无阻的时代。

所谓科技暴力就是不管你愿意还是不愿意接受都得就范。比如你不喜欢机器，可是电脑你要用，手机你要用，这就是科技暴力，无孔不入。

物欲横流使很多人无法抵挡物欲的诱惑，不惜代价地满足自己的声色欲望，价值观、道德观、世界观、人生观严重扭曲。而大量有害信息的侵入，导致不轨的诱惑，有些甚至走向犯罪道路。

在大工业社会商业规则的垄断与统治下，我们已到了“脱衣舞”的时代。在古典女性那里，暴露在外的最多是“一抹酥胸”，服装的掩饰让她的美给人留下无尽的联想。而脱衣舞一览无余，不需要联想，因为那不经济，那需要付出精神成本。古典艺术是高山流水，气韵生动耐人寻味，是生命美妙的律动，是天地间最动人的和谐。古典音乐讲究旋律美，“子闻韶三月不知肉味”，韶乐的旋律太美了，以至于孔子听了，好几个月吃肉都吃不出滋味了。

而今天节奏代替旋律，音乐已经变成了重金属加疯狂念咒。听觉和视觉本来是最重要的审美器官，它们应将我们带入只有人类才能体验的精神境界。但在今天，视觉听觉享受已退化到驰骋畋猎令人发狂似的纯粹的感官刺激。认为刺激才有享受，疯狂才够刺激。

太精致而丰盛的美食弱化着消化能力，剥夺着天然的味道，使人类整体免疫力低下，造成了越来越多的高血脂、高血压、高血糖，以及脂肪肝与肥胖症、爱滋病、非典型性肺炎、甲型H1N1流感、新冠病毒肺炎等恶性病的大量出现。

老子说得多么有远见！2500多年前就为当今的人们作出了最深刻的文明批判。

当然还有老子所无法预料到的其他问题。首先是环境污染问题，比如沙尘暴、雾霾天气、臭氧层破坏、地球变暖；人口剧增、消费膨胀带来的垃圾污染；自然灾害问题，如地震、泥石流、海啸、冰灾、水灾、雪灾、瘟疫等频繁发生；生态平衡破坏，使许多动物已消失或濒临灭绝；滥伐森林，破坏植被，带来水土流失、土壤沙化问题。还有许多能源几近枯竭，淡水资源匮乏。军备竞赛白日化，由冷兵器到热兵器发展到今天的核武器、生化武器、电子网络武器，战争变成陆、海、空三位一体的立体信息战术。公共资源的争夺，有南北极海洋资源的争夺和太空领域的争夺等社会问题。在高唱人类文明进步，欢呼人类的生存与享受达到前所未有的高度时，我们不能不清醒地反思人类在造什么孽，我们的发展究竟是文明的进步还是退化。

科技迅猛的发展与更加便捷的设施，使人们远离了自然，失去了地气、阳光与风，失去了对大自然季节变化的深切感受。

健康的、正常的生活享受是朴素自然的，有节制的，有理性的。精神文明与物质文明要同步发展，不能偏废。要摒弃一切虚假的享受和愚蠢的放纵，静心聆听老子的教诲，接受老子的文明批判。

第十三章

宠辱若惊，	得宠和受辱都会感到惊恐不安，
贵大患若身，	宠辱这样大患看得与自身一样珍贵。
何谓宠辱若惊？	为什么得宠和受辱都会使人惊恐呢？
宠为下，	得宠的人本来就卑下，
得之若惊，	得到宠爱觉得尊显，为之惊喜，
失之若惊，	受到耻辱觉得丢人，为之惊恐，
是为宠辱若惊。	这就叫做宠辱若惊。
何谓贵大患若身？	什么叫做把大患看得像自身一样重要？
吾所以有大患者，	我所以有大患的毛病，
为吾有身，	由于遇事常想到自身，
及吾无身，	假使不考虑自身，
吾有何患？	哪还有什么忧患呢？
故	所以说
贵以身为天下，	能够舍身忘我去为天下的人，
若可寄天下；	才可寄予天下的重任；

爱以身为天下，	像爱自身一样爱护天下的人，
若可托天下。	才可以将天下重任委托给他。

心　读

本章告诉人们得意受到荣宠与失意遭遇羞辱都是外界强加于你的，不要看得太重，这些都属于身外之物。正常的生活应是第十二章讲的“为腹不为目”。凡能够真正做到“为腹不为目”的人，才有能力担当治理天下大事的重任。

“宠辱若惊”此句将宠辱等同，意为“得宠”并非“荣”而是“辱”。令人遗憾的是，“世人皆以宠为荣，却不知宠为辱”。清魏源在《老子本义》中解释：“宠人者上人，宠于人者下人。”为“人下”不是辱又是什么呢？

人是有真情实感的，对荣辱这种情感体验十分敏感，当一个人得意时受到恩宠便会欣喜若狂，喜极而泣。但这种欣喜若狂是短暂的，因为人有患得患失的弱点，得到宠爱并不会令我们永远快乐。同样，当我们受到上级或别人的批评、冷眼、辱骂、轻视的时候，我们也有可能会垂头丧气，表现出不安焦虑、惊恐的状态。人自身的弱点决定了人无论得到宠爱还是受到屈辱都会感到忧心忡忡，惶惶不可终日，这就是宠辱若惊。

贵大患若身，“贵”，以此为荣，看重，重视；“大患”，极强的忧患；“若”，如得宠就惊喜，受辱就惊恐。该句的意思是，十分看重自身的宠辱，甚至是重视身外的宠辱远远超过身家生命。把宠辱这样大患看得与自身一样珍贵。

“何谓宠辱若惊？宠为下，得之若惊，失之若惊，是谓宠辱若惊。”此句一问一答，一问是说为什么得宠和受辱都会使人惊恐呢？因为“宠”对人尊严的挫伤和“辱”相比并没有本质的区别，受辱固然损伤了自尊，得宠何尝不是被剥落了人格的独立完整呢？

在当今社会，竞争是不可避免的，有人为了使自己的目的尽快实现，就不择手段地博得领导的欢心，借以得到领导的宠幸，而一旦得到了领导的恩典，便会有一种说不出的幸运感。感到这是一份意外的殊荣，惟恐失去这种恩宠于是就更加小心谨慎、诚惶诚恐地去待人、做事，以求博得领导更多、更长久的恩宠，就会想尽一切办法向上级献媚，结果失去了更多的自我，从而使自己的人格尊严无形地萎缩下去。由此可知，得宠也是卑下并不光荣，因此老子将“宠“定为下。

反之，当一个人以本真的态度来面对一切事物时，还有什么好担忧的呢？这种人在任何人的面前都可傲然而立，保持自己的人格尊严。

“何谓贵大患若身？吾所以有大患者，为吾有身，及吾无身，吾有何患！”“有身”，心里还存在自身的利益；“无身”，无自身利益之念；“为”就是因为；“及”，如果。这句话的意思是说，我所以有惊恐的毛病，是因为我拥有这个身体。如果我没有这个身体,我还有什么忧患呢?

这句话不太容易理解。一个人活着怎么可能没有身体,身体怎么会是大患的来源呢?因为人有身体,有生命,就有七情六欲,就会产生无穷的欲望,要求各种物质享受以及世间的名利权位。然而这些东西的得与失往往受制于外在条件,受制于人,因而造成自己无穷的烦恼。

而老子的本意是说,人不要太在意自己的身体、生命,不要太在意物质享受、功名利禄、荣华富贵的追求。过分在意的话,就必须以放弃你的人格独立、道德尊严为代价,这难道就是人生真正的价值所在?

人活着不仅仅是为了生存,更是为了悟道。我们要有人生的精神追求,而不是满足这些身体的欲望需求。要怀有一颗平常心,得到不惊喜,失去也不惊恐,做人生真正的主宰者。对生命要贵要爱,但也要警惕自己不要陷于大患。这里面包含了一种对生命的终极关怀。

"贵以身为天下,若可寄天下,爱以身为天下,若可托天下。"如此说来,就不是"及无吾身",而是"贵身",以天下为己任,爱天下贵天下如自身,以大爱大我之心来呵护关爱天下人民。这样有大爱之人,方可以寄以"系天下安危于一身"的重任。

寄天下、托天下与天授王权或真龙天子的理念不同。成为天下的领导者是有条件的,条件就是能摒弃外界物质生活的诱惑，秉持内心的安定，清心寡欲，对一切声色利货之事皆无动于衷，然后可以受天下之重托，献身天下，天下即吾身，吾身即天下了。

第十四章

视之不见，名曰夷，	看它看不见，称它为“夷”，
听之不闻，名曰希，	听它听不到，称它为“希”，
搏之不得，名曰微，	摸它摸不着，称它为“微”。
此三者，不可致诘，	这三者的形象无从追究，
故混而为一。	原本就混然而为一体。
其上不皦，	它上面不显得明亮，
其下不昧，	它下面也不显得阴暗，
绳绳不可名，	它绵绵不绝的样子而无法定名，
复归于无物。	一切的运动又回复到无形无象的状态。
是谓	这叫作
无状之状，	没有形状的形状，
无物之象，	不见物体的形象，
是谓	也可称
惚恍。	它为惚恍不定的状态。
迎之不见其首，	迎着它，看不见它的前头，
随之不见其后。	随着它，看不见它的后头。
执古之道，	秉执着这亘古就已存在的道，

以御今之有，	就可以来处理当今的一切，
能知古始，	能够认识这亘古就存在的道法自然，
是谓道纪。	这就是道的普遍规律。

心　读

这一章描述形而上的实存之道，是人的感官不能直接认识的，但"道"确实是人类精神意识中不可言的实体。和现实世界的任何事物都不同，它不是一个有具体形象的东西，却又主宰着一切事物的发展变化。

本章老子开门见山地提出："道"是看而不见，听而不闻，又触摸不到的混然一体的东西。说它是物吧，无法用我们的感官去感知，只能用意识去体会；无法用概念来分析和判断，只能以精神来接近。它不像物质世界的物体那样可以看得见，听得到，摸得到。说它不是物吧，宇宙万事万物的存在都由它造化而来。老子用三个字"夷""希""微"来描述道不可见，不可闻，不可触。视觉、听觉、触觉都无法把握在理念上命名的"道"，说明"道"具有超越人类一切感官认识的特征。

视觉、听觉、触觉这三种基本感觉的作用，原来是一体的三角形，它与物理世界的声、光、触觉是有密切联系的，也可以说它是一体的三种作用，不可寻探它的个别界限。它们原本就是无形、无声、无状，不可分割的一个整体（东西）。这些无形、无声、无状的东西根本无法穷究底细，我们说它是混然一体的。

“视之不见，名曰夷”，“夷”，灭也，形容无形，是说看不见的东西，不能否认它的存在，是要人看到“没有”看到“空无”。比如你站在平原上极目远眺时，看到的只是地平线，而地平线那边的景物是看不到的；又比如在没有任何仪器的辅助下，你也观察不到细菌的活动，然而细菌却是实实在在地存在着。这些用眼睛无法看到的东西称之为“夷”。夷是平和白的，在你的眼前一片平白，你自然不可能看到任何东西，这就是大道无形。老子在另一章中说“大象无形”，意思是说大的图象是没有形状的，感觉像是没有，其实有。人从认识有形到认识无形，这是人类认识世界的一次飞跃，也是人认识上的一次飞跃。

“听之不闻，名曰希”，“希”，静也，形容无声，是说听不到的叫寂静。我们用耳朵听不到的声音，也不能说它不存在。比如超声和次声，都是用耳朵无法感知的；或是一根针，掉在沙土上的声音。这些用耳朵无法听到的声音称之为“希”。希就是稀薄，就是大道无声，意思是说要人听到寂静，听到无声之声。老子在另一处说“大音希声”，是说最大的声音充盈无穷的空间，以至听不见。这样我们就知道寂静其实是一种声音。人之所以感觉不到寂静的声响，是因为它已完全占据我们的心灵，天籁、地籁、人籁合而为一。

“搏之不得，名曰微”，“微”，无也，是说捉不到的叫“微茫”。我们用手无法捕捉的事物，也同样不能认为它不存在。你是否能用手捕捉到一粒漂浮在空中的尘粒，恐怕不能；你是否能用手抓住一束光，显然也做不到。这些用手无法捕捉的事物就称之为“微”，微就是细小，细小到能从你紧握的指缝中轻易溜走，这就是大道无形，意思是我们捕捉的“微茫”，微茫如暮色，仿佛不可触摸。其实人走在暮色中，全身都是暮色，吾身与暮色融为一体。

“其上不皦，其下不昧”，上如下，下如上，是虚空。这个虚空充满光，从整体看它，它上面不显得明亮，它下面不显得阴暗，这样“道”又具有超越时空的特征。

“绳绳不可名”，迷茫的宇宙虚空见不到它完整的形状，冥冥之中感觉到它是变化的，是无影无形无声无息，没有亮光和黑暗，没有前进与后退，没有静止与运动，它绵绵不绝的样子无法定名，说明“道”又具有超越物质的特征。

“复归于无物”，“无物”，并不是指空无所有，而是指“道”不是普通意义上的物。普通意义上的物是有形体可见的东西，道是没有形体不可见的东西，迷茫一片，见不到它的原貌。它没有丝毫的相对性，它是永恒的，是生生不息绵延不绝的。当你感觉到它的存在，似乎可以把握到时，它却又忽然回归到先前无形、无象、无迹可寻的混沌状态中去了。

这种混沌状态，若有若无，无状而又有状，无物却又有象，

这叫作“无状之状，无物之象”，也可称它为惚恍不定的状态。（以惚恍形容道可参看第二十一章）

宇宙空间的原始状态是无始无终，无上无下，无左无右，无前无后。其大无外，其小无内，是没有形状的形状，看不见物体的形象，没有最贴切的概念来表述，因此把它叫作“惚恍”是没有办法的办法，把它勉强名之曰“道”，也是不得已而为之。

“迎之不见其首，随之不见其后”，是说面对着它，看不见它的前头，看不见开头并不是没有开头；往后面看，看不见它的后头，找不到结尾，并不是没有结尾。

这两句话描写得生动有趣，看不见头，看不见尾，而无头无尾的运转，这就是“道”。

“执古之道，以御今之有”，“古”是远古，“道”是自古以固存，在一切之前即已存在；今之有，“有”是指万物。这句话是说秉执着这亘古长存的“道”，就能够理解万事万物运动变化的规律，从而可以来处理当今的一切。（详情参看第二十五章）

“能知古始，是谓道纪”，“道纪”指自然规律。是说能够了解宇宙并非只是一个万事万物发生的环境，其自身也处在不停的运动发展和进化之中，宇宙不断运动产生的力和这些力所遵从的规律，就是万事万物运动变化发展的规律，就是本章老子所说的道纪。能够认识了解这亘古就存在的道法自然的法则，这就是“道”的普通规律。

近现代科学家们发现的宇宙规律,就是对老子“道纪”的具体解读。凭着他们天才的悟性,用极度浓缩的数学语言,描述他们所发现的宇宙规律简洁明了得可能是一句话,或是一个方程式,

例如,爱因斯坦说:$E=MC^2$;

杨振宁说:对称性支配自然。

爱因斯坦创立的狭义相对论方程为$E=MC^2$,即能量等于质量乘光速的平方。二者相互转换,揭示了宇宙物质运动变化的真正原因,从而树起了相对论的大旗,改变了人类对时间和空间的根本认识,以及对宇宙的基本看法。

创立广义相对论,揭示了引力与光的关系,为人们探索宇宙提供了重要的理论基础。

再比如,伽利略的自由落体定律;

开普勒1618年在他的《宇宙和谐》一书中表述了他的第三定律,即任何两个行星公转周期的平方与它们的太阳平均距离的立方成正比(为日后牛顿研究铺平了道路)。

牛顿的运动方程、万有引力定律便能说明宇宙体系的一切现象,将分析数学应用于这一原理,推导出一切天文现象和行星,卫星与慧星运动上的许多参数,于是天文学变成了用力学解答的一个重大问题。天体运动的根数是力学方程式里的任意常数。

力学得以十分确定地解释大量的各种天文现象,而且解

释这些现象的原理又是异常简单。

我们绝不害怕新发现的天体会否定这个原理，我们可以预先肯定它的运动，必然遵循这一原理。

1687年牛顿出版了他的《自然科学的数学原理》一书。该书将几何学的结果转化为自然界的定律，这些定律包括整个宇宙，使人类了解到原来自然界的很多现象可以用准确的数学语言描述，自然界的发展变化情况一概可以纳入到数学公式里去。是什么赋予这些方程以生命去创造一个为它们所描述的宇宙，就是牛顿的《自然科学的数学原理》一书告诉人类自然界的事情是符合准确规律的。牛顿力学的诞生不仅让人类第一次对自然界的认识有了质的飞跃，由此诞生的万有引力定律，更是人类文明进程中第一个被完整揭示的物质运动规律。

有了19世纪的麦克斯韦方程组，才有了今天从讲演的话筒到卫星上天，以及宇宙航天事业的一切发展。

狄拉克方程是惊天动地的成就，是划时代的里程碑。没有这个方程，就没有今天的原子、分子物理学与化学。

海森伯说："透过原子现象的外表，我看到了异常美丽的内部结构。当想到大自然如此慷慨地将珍贵的数学结构展现在我眼前时，我几乎陶醉了。"

有关原子理论的全部纵横关系，凭借其数学的抽象性以一种简单得不能再简单的方式呈现出来。这些纵横关系不可能被发明，它们从开天辟地以来就一直存在。

海森伯的量子力学使物理学跨入一个崭新的时代，更直接影响了20世纪的工业发展。核能发电、核武器、激光技术、激光武器、半导体元件等都是量子力学的产物。

还有以霍金为代表的科学家们，致力于把爱因斯坦的广义相对论与量子力学中海森伯的测不准原理统一起来。他们的努力正在取得引人瞩目的进展，但是大自然实在微妙而精深，它会不断地使我们感到始料不及和惊讶不已。求得一个大统一理论的终极目标，也许就近在咫尺，但也许它恰恰已经超越了我们所能理解和把握的范畴。

以上所列举的这些科学家们，从某种程度上讲，他们就是发现“道”，传播“道”的人。他们能在非常复杂的物理现象之中，提出其精神，然后把这种精神通过很简单但又很深刻的想法，用算学方法表现出来，用简洁的数学语言，道出自然界的基本法则。这些基本法则即规律，或者说“道”，造化出一个秩序井然的宇宙（数字世界）。

他们所了解的宇宙结构，发现的宇宙规律，说明宇宙并非只是一个万事万物发展变化的环境，其自身也处在不停的运动变化发展和进化之中。宇宙不断运动所产生的力和这些力所遵从的规律，就是万事万物变化发展的普通规律。这就是本章老子所说的“道纪”。“道纪”就是宇宙规律，就是宇宙演化的动力和法则。它自然无为天然状态的客观实存特性，时刻昭示人们应遵循客观规律而为。要认识和运用宇宙规律，有效地指导我们的日常生活和工作实践，顺规律而行，一帆风顺，逆规律而行，就会受阻，甚至遭受祸患。

令人惊讶的是，今天人类对宇宙本体的认识，如康德和拉普拉斯太阳系起源的“星云说”，20世纪中叶提出的宇宙诞生于大约150亿年前的一次大爆炸学说，还有黑洞理论、暗物质等对宇宙终极真理的认识，与2500多年前老子对宇宙本体“夷、希、微、惚恍”的描述与思考，有着惊人的相似。

这是否说明，人类精神的两个方面，一种是理性的推理能力，一种是直觉的感知能力。理性能力靠逻辑推理，靠实验与演算；直觉能力靠形象思维，灵感悟性，靠假想、猜测。它们是不同的，又是互补的，不能通过一个来理解另一个，也无法从一个推出另一个，二者都需要，并且只有相互补充，才能更全面地认识真理，尤其是力图靠近终极真理。

也是否说明，中国古代哲学家的伟大之处，就是在于他们提出了很多要后来的实证科学家去充分证明的命题，证明宇宙是最理想的引力实验室。引力成为主宰宇宙最重要的力，太阳系的行星运动是理想的牛顿力学实验室。宇宙是生命起源与演化的实验室，是最大的化工厂。人类是在宇宙演化进程中诞生的。

第十五章

古之善为士者，	古代善于行道的人，
微妙玄通，	细微精妙玄奥通达，
深不可识。	深刻而难以理解。
夫唯不可识，	正因为难以理解，
故强为之容。	所以要勉强来形容他。
豫兮，若冬涉川，	他小心谨慎，像冬天涉足于河川，
犹兮，若畏四邻，	他警觉戒惕，像提防四周的攻击，
俨兮，其若客，	他拘谨严肃，像做客的贵宾，
涣兮，若冰之将释，	他融和可亲，像春风中冰雪消融，
敦兮，其若朴，	他淳厚朴质，像未经雕琢的素材，
旷兮，其若谷，	他心胸开阔，像深山空旷的幽谷，
混兮，其若浊，	他浑朴纯和，像混浊的河水，
孰能浊以止？	谁能使混浊动荡的水停下来？
静之徐清。	安静下来使它渐渐澄清。
孰能安以久？	谁能安定而长久？
动之徐生。	活动起来使它慢慢生机。
保此道者不欲盈。	得道的人不求圆满。
夫唯不盈，	正因为不求圆满，

故能蔽不（而）新成。　所以能去故更新而不断取得成效。

心　读

从上一章“道”之本体的描述，到本章对体道之士的描写，如现代学人蒋锡昌在《老子校诂》中所说的：“上章言道之为物，无状无象，无声无响，此章言有道之人君，亦应无形无名。”于是就有了本章开头的这句话，“古之善为士者，微妙玄通，深不可识。”

“士”是指古代行为和品质端正的读书人，专志道业，是真正有学问的人。

“道”是玄妙精深，恍惚不定，难以捉摸的。一般人对“道”感到不可理解，而世俗的人与得道之人有明显的不同。世俗之人，利欲熏心，如庄子说的“嗜欲深者天机浅”。这一类人极其浅薄，让人一眼就可以看穿他。而古代得道、行道、体道的人“微妙玄通”，意为行道之人的境界，精微到妙不可言，办事皆能恰到好处，一切万物皆可以随心所欲把握在手，也就是形容有道之人，宇宙在手，万化由心。

老子称赞古时得道之人的“微妙玄通”，这深远伟大的概念，令人惊叹！细微，精妙，玄奥，通达，是他们掌握了事物发展的普通规律，即“道纪”。懂得运用普通规律来处理现实世界的一切事物，也可以说这是教导常人掌握和运用道。得道之人的精神境界、价值观念、人格修养和心理素质，远远超出一般人所能理解的水平，他们有很强的定力含而不露，从外表看清静无为，而实质上蕴藏着巨大的潜能，极富创新精神，只是不愿意显山露水；为人处世不自满自傲，低调做人。所以说“深不可识”，深刻而难以理解。常人简直没有办法认识他，也没有办法理解他，因为他已经在学识、智慧与道德的修养上达到游刃有余，无所不通，有顽强的意志和理想的人格形态。

“夫唯不可识，故强为之容。”这里的“容”不是指面容，而是指人的风貌和人格形态。要对得道之人的风貌和人格形态试图作一番描述“强为之容”，须从以下七个方面描写体道之人的形象和心理状态，从而概括出行道之人的优良品质和人格修养的精神面貌。

“豫兮，若冬涉川”，豫，警惕、慎重的样子。一个真正得道的人，做人做事不草率，凡事都先慎重考虑，也就是古人所说，凡事“豫立而不劳”。一件事情，不经过大脑去研究。贸然下决定，冒冒失失去做去说，那是常人的习惯，而得道的人无论遇到什么事都会表现出谨慎小心。处世态度好像冬天涉足于冰上一样。

“犹兮，若畏四邻”，“犹”是猴子之属的一种动物，这种动物每次出动，必须先东看看，西瞧瞧，一切都观察清楚，知道没有危险，才敢出来行动。有道、行道之人如同犹一样，好像四面八方都有情况，必须提高警惕，随时提防四周的攻击。所以老子告诉人们，一个得道之人的所有行动如同犹一样畏惧四邻。在日常生活中处处事事严格要求自己谨言慎行，不放肆干扰他人的生活，这样的行为，看起来容易，其实做起来不简单。一个能誉满天下的人，却往往不能获得邻居的好评。也就是说，人是群居动物，得道之人也是人，不可能生活在世外桃源，他们要生存就要时刻严格要求自己与周围的人建立良好的人际关系。

“俨兮，其若客”，“俨”，指自尊自重、恭敬严肃的样子，是说一个有道之人，待人处事都很恭敬，绝不马虎，无论在什么情形之下，都会把自己摆在客人的位置，拘谨严肃，认真地对待人和事，在日常生活中不随心所欲。

从生命的本质意义上来考察，人是人生路途上的匆匆过客，是大自然的普通客人，和其他的生物一样，没有生和死的选择权，这是大道的必然规律。得道之人和大道同步，他们温顺地做客人，严肃认真对待日常生活琐事，和世间的庸人有本质的不同。庸人以大自然的主人自居，势必以尊贵的态度对待自己，而以嚣张的态度对待自然，以损害自然为代价来满足自己的私欲，最后以毁灭自己而告终。

这就像鱼离不开水一样，一旦离开水就无法存活。但是，鱼生活在水中，并不了解主宰它的是水，还以为自己是水的主宰，直到它离开水的时候才明白水的宝贵，才知道原来水才是它生命的根源。我们也许会认为鱼很傻，其实，人类有时像鱼一样傻。我们沐浴在阳光中，陶醉在春光里，漫步在沙滩上，依偎在树丛间，开荒造田，育木成林，自由自在地呼吸，这一切都是大自然恩赐给我们的，都是大道为我们创造的。然而，人类并不这样认为，人类以为自己是天地的主宰，征服自然、人化自然、改造自然、创造自然。人类并不知道感恩上天，也不知道这一切的宝贵，直到有一天失去时才明白它们的重要和自身的愚蠢。就像我们现在有了雾霾天气才知道一片蓝天的珍贵，有了交通污染、噪声污染、白色污染、工业污染、环境污染等后患无穷的公害，才知道保护环境、保护生态平衡的重要性一样。老子主张以客人般严肃认真的态度度过一生，而不是以玩世不恭的态度混过一世。

"涣兮，若冰之将释"，春天到了，天气渐暖，冰山雪块遇到暖和的天气就慢慢融化散开，变成清流普润大地。释，消解，形容冰解冻的情形，比喻得道之人，从自己的欲望抱负、追求等重负中解脱出来；恢复本我，就会有难以言表的轻松愉快，悠然自得，这种感觉就像是冰封了一个冬天的河水在春风的吹拂下慢慢消融，是一种轻松惬意的感觉。得道之人之所以会有这种感觉是因为他们懂得如何释放自己。老子把得道之人的感悟恰当地比喻为冰封消融，从而焕发出自然的勃勃生机；对得道之人自身而言，他们能冲破束缚自己的追求、意念、思维，完成自己对自己的征服，不执着于一事一物，了无牵挂，自然也就逍遥自在。

"敦兮，其若朴"，敦，内里端庄、厚重，外在朴素自然。得道之人以端庄厚实的本质能轻易地抵御外界的干扰和诱惑，因而表现出返璞归真的外在形象。敦厚实在的品格是人类社会一直崇尚的，简单朴素的生活方式也是人类社会所提倡的。

“旷兮，其若谷”，则是比喻思想的豁达、空灵，开阔深远。有道的人心胸辽阔，头脑清明而空灵，如同山谷一般空虚高深。为什么一个有智慧的人反应那么灵敏？因为空灵清虚到极点，这时候的智慧自然高远，反应也就分外灵敏。有一句话“宁静致远”说的就是这个境界。

“混兮，其若浊”，是说得道之人是不容易被看出来的。老子在前面已说过，“和其光，同其尘”，表面看上去好像是混浊的外在形象，其实内心是明净透亮，不炫耀自己，不显山露水，没有人识得。如混浊的河水一样，这样的人不会犯错，能有所成就。

“孰能浊以止？静之徐清，孰能安以久？动之徐生。”这两句话告给人们自然界一切生命活动的规律，就是动极而静，静极而动，循环往复以至无穷。

“浊”，是动荡的状态，得道之人在动荡的状态中，静定持心，恬然自养，转入清明境界，即“静之徐清”。这是说明动极而静的生命活动过程。

在长久沉静安定之中，得道之人又能生动起来，趋于创新的活动。“动之徐生”，这是说明静极而动的生命活动过程。此时的“动”不是盲目乱动，不是浊世中随波逐流的动，是在静到极点后的动，动以后则是生生不息，即“动之徐生”。“徐生”的涵义，可说是生机妙用，一切要悠然慢慢地来。这可以说是一切生命的秘密法宝。“徐生”的“生”指有生机，有充满的生命力。

“保此道者不欲盈”，盈则亏，王弼注“盈必溢也”，意思是说凡是做到九分半就已差不多了，要适可而止，不要过了头。人生最好的境界是“不欲盈”。吉事如何得以长久，有财富如何保持财富，有权利如何保持权利，就是做到“不欲盈”。

“夫唯不盈，故能蔽不(而)新成”。正因为凡事不求圆满，能体会到自己的缺陷空白，才有空间，才有未来，所以能去故更新保持旺盛的生命力，从而不断向前发展，获得成效。

第十六章

致虚极，	使心灵达到空虚至极的境界，
守静笃。	就要持守心灵处于极度宁静的状态。
万物并作，	万物兴起都在发展变化，
吾以观复。	在虚静之中观察万物往复循环的变化规律。
夫物芸芸，	虽然万物变化纷纭，
各复归其根。	各自返回到它的本根。
归根曰静，	返回到本根叫作静，
是谓复命，	也叫作“复命”，
复命曰常，	回归本原是万物变化的常态，所以“复命”叫作常，
知常曰明。	认识回归本原是万物变化的常态叫作明智。
不知常，妄作，	不了解这个常态而轻举妄动，
凶。	就会出乱子或招来灾凶。
知常容，	认识这个常态的人就能包容一切，
容乃公，	容纳一切就能公正客观地去办事，
公乃王，	做到公正客观就可以为天下领导者，

王乃天，　　　　领导者须遵循自然规律做事，

天乃道，　　　　顺应自然才能符合于道，

道乃久，　　　　体道而行才能长久，

殁身不殆。　　　终身可免于危险。

心　读

老子以虚心的态度静观天地万物，观悟到万物的运动变化是循环往复的，最终都返回到它的本源。所以叫作“静”。静是天地万物的本根（道体），又是万物变化的总原则（道用），因而本章老子直接认定“致虚极，守静笃”，说明“虚静”既是道体又是道用。也就是说本章是讲道的性质和作用。

“致虚极，守静笃”，“致”是动词，做到、达到的意思；“守”为恪守、保持住。“虚极”就是道的本体，其运用起来是无穷无尽的。“致虚极”是说要做到使心灵没有任何污染达到虚空极致的境界，回归到虚静的本性。因为“虚”是本体，而“静”则在于运用，致虚必守静，“守静笃”是保持心灵常处于极度宁静的状态。

那么如何才能使心灵达到虚静的状态呢？只要我们能让欲望离开我们的本性，只要我们能率性而为，不要放纵自己的欲望。（正常的欲望是人生之本的内在源动力。人正是因为有了欲望、欲求，才有理想信念追求，才有科学的进步，有各种物质和精神的建树。）欲求要有度，不能失度，我们就可以使心灵

达到虚静的状态。

“万物并作，吾以观复”，“观复”是说，智慧的觉悟，要透过观察，观察之后才能去觉悟。我在虚静中观察天地万物兴起的发展变化，其发展变化的规律是循环往复的。

“夫物芸芸”，“芸芸”代表一种普通的草，形容万物生生不息，越生越多，“野火烧不尽，春风吹又生”是对“芸芸”最好的形容。万物变化纷纭，有生机，繁多而无限。

“各复归其根”，“根”是动前状态，老子观察到每个生命皆是依赖它自己的根本而活。草木无根活不了，人也一样。人的根在虚空，在头顶上，虚空就是我们的泥土，这就是人与万物的不同。植物的根扎在泥土里，人的根扎在虚空里。“归根”就是要回归到一切存在的根源，根源之处便是呈虚静的状态，“归根曰静”。而一切存在的根本，既是虚静的状况，还回到虚静“是谓复命”。这里讲的“命”当名词用，对人而言是指既定的条件，无可奈何的发展以及最后的结局。但是在此是对物(一切事物)而言，就是指本来状态或最后归宿，也就是静。本来状态，也就是宇宙生命本源，一切都归于寂静，这是万物之存在的恒常状态(不变)。一个人做你该做的事，一切顺其自然，无心而为。

“复命曰常”，回归本源是万物变化的常态，所以“复命”叫作“常”。

“知常曰明”，“明”代表光明，内在产生觉悟，获得解脱和超越的智慧，亦即从“道”来看世界，看到一切将不再是以前所见的狭隘范围，心胸自然开阔起来，人生境界从此不同。认识到生命回归到本源是万物变化的常态，就叫作明智。但对于一些不明白这个常理的人，他们往往以轻举妄动的行为来追求生命的外在表现，全然不顾生命本质而作无谓消耗，这种行为对于生命的存在来说，是一件非常凶险的事情，“不知常，妄作，凶”，乱作妄为，会招致灾凶，没有好结果。

以上虚极、静笃、观复、归根、复命、曰常、知常、曰明等概念，是一组意义逐渐深入的排比组合，也可以说是一组高深哲理的逻辑排列，即一切事物不论如何纷纭变化，最后都要各自返回它的根源，回归到沉静无为的根本。也就是说我们将一切事物的来源弄清楚。认识这个常规的人，就能包容一切“知常容”。知常便能容，胸襟可以包容万象，盖天盖地。因为有此胸怀、智慧的领域随之扩大，不可限量，故说“容乃公”，自然做到天下为公。“公”字不是指公私的公，是指浩瀚广大，意为容纳包涵的程度是无限的。能接纳一切，就能公正客观地去办事，就能当天下领导者，即“公乃王”。

“王乃天”，便是说当了领导者就要知天意天命，遵循自然规律做事。天地生长万物，日月普照大地公平无差，不计报酬，这就是“天乃道”的自然法则。符合道的原则就是说自然界的运作自成规律，不受人为因素所左右，是自然而然的。一切顺道而行，源远流长，天长地久，故“道乃久”“殁身不殆”。遵循自然规律做事，终身就不会招致任何凶险。

第十七章

太上，下知有之，	最好的统治者治理天下， 百姓只知道他的存在，
其次，亲而誉之，	其次的统治者，百姓亲近他 并且赞美他，
其次，畏之，	更次的统治者，百姓害怕他，
其次，侮之，	最次的统治者，百姓轻侮他，
信不足焉，	统治者的诚信不佳，
有不信焉！	百姓自然不信任他！
悠兮，其贵言。	最好的统治者是那样悠闲自然， 他不随意发号施令。
功成事遂，	事情会圆满成功，
百姓皆谓“我自然”。	百姓都认为：“我们本来就是 这样自然而然地做好的。”

心　读

老子在2500多年前,运用自然无为的思想,给天下的政治家们评了一个等级。这个等级评得好厉害,今天仍然值得我们借鉴,值得我们思量。

“太上，下知有之”，最好的统治者治理天下，以自然无为的态度处理事情。用现在的话说就是宏观调控、宏观决策，并不把人的意志强加给大自然，也不把自身的意识强加在人们头上，让人们自由自在地生活和工作，人们只知有个领导存在而感觉不到他的威严。

这是在讲，不折腾老百姓的政治家是最好的政治家。老子在告诫统治者，不要炫耀权力，好大喜功，瞎指挥，大搞形象工程，甚至制造假政绩。

“其次，亲而誉之”，其次的统治者施行仁政，以德教化民众，人们亲近他，称颂他，拥戴他。

中国历史上的皇帝，汉文帝可以说是体现了这种标准的政治家。汉文帝在位23年，全面遵循老子无为而治的政治思想，法律上首次废除残酷的肉刑，监狱中几乎没有犯人；经济上撤掉关卡，自由通商；思想文化上废除舆论管制，广开言路；个人生活上节俭自律，自己的一件袍子穿了20多年。汉文帝的政治表现和生活作风充分体现了老子主张的“慈”和“俭”，因此开启了历史上有名的文景之治。

“其次畏之”，水平低一些的统治者，以权术愚弄人民，以诡诈欺骗人们，使用苛政酷刑和专制极权统治人们，让人们恐惧他。这属于低级落后的统治者一类。像前伊拉克总统萨达姆这样的独裁者，国际舆论谴责他，他却说人们拥护他，搞了个民意检测，结果竟然拥有百分之百的拥护率。伊拉克民众真的拥护他吗？显然不是，民众害怕他，违心地投赞成票。还有，前利比亚总统卡扎菲，也属于这一类的统治者。

“其次侮之”，最低级落后的统治者，全无章法，不把老百姓放在眼里，而是当作奴隶盘剥压迫。哪里有压迫，哪里就有反抗，压迫越大，反抗越强。最低级落后的统治者，人们轻蔑侮辱他，编他的笑话。例如希特勒，有一个关于他的笑话说：一次他来到一个精神病院视察，问一个病人，是否知道他是谁，病人摇摇头。于是，希特勒大声宣布：“我是阿道夫·希特勒，你们的领袖，我的力量之大，可以与上帝相比！”病人们微笑着，同情地望着他。其中一个人拍拍希特勒的肩膀说：“是啊，是啊，我们开始得病时，也像你这样子。”在这种辛辣的讽刺、轻蔑的戏弄中，穷凶极恶的希特勒顿时就成了一个小丑。

“信不足焉，有不信焉”，老子认为统治者的诚信不足，人们就不会信赖他，就不会信赖该政府，国家就不能真正建立起来。那时候老百姓生存状况很糟糕，生命、生活都得不到保障。

“悠兮，其贵言”，“贵言”是说很少发号施令。最好的政治家看上去好像悠闲而自然无为，不随意发表意见，是善于宏观调控，做好全局的宏观决策。

“功成事遂，百姓皆谓‘我自然’”。最后一句讲得非常精彩，事情办得圆满成功，一切大功告成，百姓怎么说呢？“百姓皆谓我自然。”一读到此句，内心充满愉悦。最好的统治者是让老百姓知道有他的存在,但不觉得受到他的统治,不觉得有人在统治,完全出于他的本能,本性去这么做,能自发地按照国家的政策去做。到最后成功的时候,他们会说:你看这是我们自己成为这样的,一切都是自然而然的。百姓有了这样的感觉,这个国家自然就达到了大治,天下太平。

为政之道,就是要充分发挥人们的主观能动性和创新精神。如果把老百姓的积极性都调动起来,政治家们有什么事情不能办成,有什么样的治国抱负不能施展呢?

需要说明的几点:

“自然”是自己本来就是那样的,而不是一般人所说的自然界。在本书谈及“自然”的还有几处:第二十三章、第二十五章、第五十一章、第六十四章。

第十八章

大道废,	社会政治秩序荒废了,
有仁义。	就有了对仁义的提倡。
智慧出,	聪明智巧出现了,
有大伪。	就有了严重的伪诈行为。
六亲不和,	家庭陷于纠纷不和了,
有孝慈。	就有了所谓的孝慈。
国家昏乱,	国家陷于昏乱不堪了,
有忠臣。	就有了所谓的忠臣。

心 读

老子善于从相反的角度看问题,善于逆向思维,就连正面的话他也要反面说,将辩证思维运用于社会治理。仁义和大道废、智慧和大伪、孝慈和六亲不和、忠臣和国家昏乱等,貌似相反,实则相成。这四对矛盾是对立和相互依存的关系。这几句话,给人的感觉是,逻辑铁定,观念惊人。

"大道废,有仁义","废"是指被人们遗忘、背弃和毁坏;"仁义","仁"字从古人的组字结构来考察,二人为"仁";"义",正义、道义、义气,仁和义合起来就是仁义。在本章中指合情合理，合乎道义，并热爱同类的行为。

这句话的意思是：大道兴隆，仁义行于其中，人人皆有仁义，人人衣食知足，各得其所，各得其乐，不受功名利禄诱惑，一切自然而然，民风古朴，没有必要提倡仁义。

但是随着人们智慧的日益增多，征服自然的能力日益提高，人类文明的范围日益扩大，人们不像过去那样和睦相处了，出现了高低贵贱之分，有了利益纷争，尔虞我诈，自相残杀，远古时代道德原则遭到破坏，民风不淳厚了，大道废弃，人们就开始崇尚仁义道德了。

“智慧出，有大伪”，“智慧”一词在此指聪明智巧，“伪”，人字和为字组合即“伪”，人为就是人有意去做的，而不是顺应自然的行为，是违背了大道的行为。所以我们称人为的东西都是虚伪的，不是朴素自然的。

这句话的意思是说，聪明智巧的现象出现了，相应虚伪狡诈、欺骗的行为也产生了。换句话说，社会越文明，知识越发达，教育越普及，人类社会阴谋诡诈、作奸犯科的事也就越多。

人类科技的发展，尤其是第一次世界大战和第二次世界大战中，我们可以看到，战争是科学发展的酵母，战争推动科学发展，这是非常可怕的。

难道科技不是人类的智慧吗？是智慧，但这个智慧相随的不是更大的一种“大伪”吗？所以中国古圣哲的一些话值得二十一世纪的人类共同思考。

2013年5月15日，两位诺贝尔奖得主杨振宇和莫言，还有著名书画家范曾，在北京大学展开了一场“科学与文学的对话”。其间莫言先生讲：“智慧未必能够弥补道德上的缺陷，邪恶的人智慧越多，道德就越可怕。”和2500多年前老子提出的“智慧出，有大伪”的思想是一致的。

老子在此虽然批评了智慧，但并不是为了否定智慧本身。他反对的是如果太强调智慧，绞尽脑汁为自身打算，以致发展到损人利己、狡诈欺骗等行为，而忽视了天然的大道，就是大伪。

“六亲不和，有孝慈”，“六亲”是指：父子、兄(姐)弟(妹)、夫妻。家庭亲属，天伦之乐，父慈子孝，兄弟手足，在本质上都是血缘关系，在维持着六亲之间的和睦。相亲相爱本来是天性，把慈和孝变成了道德规范，这本身就不自然、不真实了。

老子并不否定孝道和慈爱，自然的血缘关系应该是发自人们内心情感，而这种感情不是靠大力提倡就可以风行于世。所以老子对孝慈的提倡表示反感，是因为它们象征着“六亲不和”，若是没有六亲不和之事，则根本不需要所谓的孝慈。

如若深入研究中国文化特别标榜的“二十四孝”，将发现许多值得讨论的问题。比如拥有大孝美名的舜，就是处在一个问题家庭中，家庭矛盾不断，因此成就了舜“天下第一大孝”的美名。老子并不喜欢这样。由于一个人的坏衬托出另一个人的好，那是不幸的事。而他并不否认，做儿女的孝顺自己的父母，做父母的慈爱自己的孩子，他希望每个家庭都和睦幸福、其乐融融。

“国家昏乱，有忠臣”，忠臣在和平安定的时候是不会显山露水的，只有在国家出现混乱的危急关头他才会挺身而出，拯救国家于危难之中。这和“六亲不和，有慈孝”同理。老子不希望历史上出太多的忠臣义士，出忠臣义士并非好现象。我们历史上所谓的忠臣，如屈原、岳飞、文天祥、史可法等人，皆为人们所景仰，因为他们对国家民族忠心耿耿，置个人安危于不顾。然而，这些可歌可泣的忠臣事迹，无不发生在一个政治昏乱，战争不断，百姓受苦的悲惨朝代。

有两句话“愿天常生好人，愿人常做好事”便是老子此意。

本章老子这些精彩论断的价值在于指出了问题。他的悲哀是深刻地看出了问题的本质，看出了儒家诸教义的不足，却开不出真正解决问题的药方。

有研究老子的人，读了此章之后，不作更深一层的分析研究，妄下评语说，老子反对仁义，反对智慧，反对做忠臣，反对做孝子。这难道不是对老子思想的曲解？其实老子并不反对这些，他只是要我们预防其中可能产生的不良作用而已，或是在叙述客观事实的存在而已。像当代学人陈鼓应在《老子注释及评介》一书中说：“鱼在水中，不觉得水的重要；人在空气中，不觉得空气的重要；大道兴隆，仁义行于其中，自然不觉得有倡导仁义的必要。等到崇尚仁义的时代，社会已经是不纯厚了。”

某种德行的表彰，正是由于它们特别欠缺的缘故；在动荡不安的社会情境下，仁义、孝慈、忠臣等美德，就显得弥足珍贵。

第十九章

绝圣弃智，	抛弃小聪明和违反“道”的智慧，
民利百倍；	人们可以得到上百倍的实惠；
绝仁弃义，	抛弃虚伪的仁德和义行，
民复孝慈；	人们可以恢复孝慈的天性；
绝巧弃利，	抛弃机巧和私利，
盗贼无有。	社会上自然也就没有盗贼了。
此三者以为文不足，	以上三方面的观念把握住就行了， 但作为思想理论是不够的，
故令有所属：	所以要使人们的信仰意识有所归属：
见素抱朴，	那就是外在表现纯真内在保持朴实，
少私寡欲。	减少私心，控制欲望。

心　读

这一章是对第十八章思想的进一步阐述，通过反证论述方式，更可以看出老子思想的精神，不是像某些人断章取义所说的那样，反对仁义，反对孝慈，而是要恢复人的自然本性，“见素抱朴，少私寡欲”，这样才能从根本上具备齐家、治国、平天下的品质。

“绝圣弃智，民利百倍”，“圣”字单独使用，或与“智”字并用时指“聪明”，此处“圣”还有明通的意思。老子生活在社会动荡不安，剧烈变革的春秋时代，也是诸子百家争鸣最热闹的时期，各种学说标新立异，人人均以圣贤相标榜，个个都以雄才大略自居。他们不是把这些东西用来造福百姓，而是作为晋升谋利的工具。老子为此深感痛苦和不满，故提出“绝圣弃智”就会“民利百倍”的主张。此话是说，抛弃小聪明和违背“道”的智慧，人民可以得上百倍的实惠。也就是说，如果将聪明才智用于服务人民，那才是正能量，应大力提倡。但如果用于损人利己，那就变成了负能量，还不如没有智慧。

“绝仁弃义，民复孝慈”，春秋战国时期各国之间互相争战，彼此攻城略地，都是假借仁义的美名，越是特别强调仁义，越是尔虞我诈。所以老子提出要废除那些假仁假义，伤天害理的做法，抛弃虚伪的仁德和义行，规规矩矩做人，认认真真做事，恢复人们自然的孝慈本性。

“孝慈”一语有两种理解：一是第十八章讲的“六亲不和，有孝慈”，使我们“知道”何谓孝慈。二是我们本来就会“实践”孝慈。一为认知，二为行为。

本章和第十八章都肯定孝慈的德行，这和第六十七章“我有三宝：一曰慈，二曰俭，三曰不敢为天下先”是相一致的。

“绝巧弃利，盗贼无有”，是针对人类喜欢耍聪明才智，自认高明而言。使巧用计，耍手段，一般都是为了图利，那是强盗心理，是不道德的。抛弃机巧和自私自利的不良之心，那么社会上自然不会有盗贼作奸犯科。

老子通过以上反证论述后，紧接着说："此三者以为文不足，故令有所属。" "文"，文饰，巧饰。圣智、仁义、巧利这三方面，都是虚饰的文明，有违人性的自然。而所说的杜绝和抛弃这三方面，是不符合客观实际的，是绝对不可能做到的，因此，只要把握住这个观念就行了。所以只有使人们认识到智慧的根本，人的本质，才能使人们的思想、意识、信仰有所归属，人们才能从可行的方向去追求生命的理想境界，遵循自然规律，那就是"见素抱朴，少私寡欲"。

"见素抱朴"，"见素"，"见"指有见地，观念、思想谓之见；"素"乃纯洁干净如一张白纸。"朴"是未经雕刻质地优良的原木，一切本自天成的美，没有后天人工的刻意造作。

"见素抱朴"这句话是说，人活得要简单一些，有钱也不要太追求奢侈的物质生活。一切的奢侈，都不过是给自己套上了一个枷锁，给自己提供了更多的不便。更重要的是心灵的奢侈。对奢侈的物质生活的种种向往和追求，会变成心灵精神的沉重负担。这种负担变成了一种精神的奴役，将使人成为物质的奴隶，被奢侈的物质生活所俘虏，从而失去自然，失去自由，失去快乐，失去幸福，时刻生活在一种压抑烦躁的状态中。

过一种简朴的生活，会使人们内在的心灵天地美丽和谐。

只有人们内在的心灵天地美丽和谐了，才会和谐外在的美丽天地。内外天地美丽和谐了，那么生活在其中才会有幸福感。这才是人生真正的幸福和快乐。

决定人们生活的高度不是由物质财富的多少而决定，而是决定于我们的精神生活、思想境界，决定于我们的生活态度。这种生活态度就是“见素抱朴”，外在表现纯真，内在保持朴实。

“少私寡欲”，作为人们修养的中心原则，寡欲并不是叫人做到绝对无欲，彻底无欲。

人生在世，有七情六欲。欲望、欲求是人生之本的内在源动力。正是因为有了欲望、欲求，人才有理想、信念、梦想的追求，才有社会的进步。但是，欲求要有度，不能失度，变成无法控制的欲望。“少私寡欲”是说：减少私心，控制欲望。降低人的欲望，减少对大自然的索求，避免对环境的破坏和污染，以免资源枯竭，从而延长整个人类的寿命。

“见素抱朴，少私寡欲”这天籁之声，是人类生存的大智慧、正能量；是一个民族、一个国家永续发展的价值观和伦理观。

在天地网络一体化给人们生活带来便利快捷的今天，简朴的生活距离人们越来越远了，奢侈正在成为社会的潮流和时尚。用这种正能量来指导人类生活目标，有非常重大的意义。

老子的天籁之声，时刻提醒人们应大度看世界，从容过生活。

第二十章

绝学无忧。	抛弃世俗的异化之学，就不会有忧愁烦恼。
唯之与阿，	应诺与呵斥，
相去几何？	相差有多少？
善之与恶，	善良与罪恶，
相去若何？	又相差多少呢？
人之所畏，不可不畏，	众人所怕的，也不能不怕，
荒兮，其未央哉！	这风气从远古以来就已如此，好像没有尽头啊！
众人熙熙，	众人都兴高采烈的样子，
如享太牢，	好像参加丰盛的筵席，
如春登台。	又像春天登台眺望美景。
我独泊兮，其未兆，	而独有我却恬淡宁静，不炫耀表现自己，
如婴儿之未孩，	好像还不懂得发出笑声的婴儿，
儽儽兮，若无所归！	疲倦懒散啊，好像无家可归！
众人皆有余，	众人皆有用不尽的才智和能力，
而我独若遗。	唯独我的才智和能力像是不足的样子。

我愚人之心也哉!	我真是愚人的心肠啊!
沌沌兮。	是那样的混沌。
俗人昭昭,	世人都那么光耀显能,
我独昏昏。	唯独我这么昏昏昧昧的样子。
俗人察察,	世人都那么精明灵巧,
我独闷闷。	唯独我这么沉沉闷闷的样子。
澹兮,其若海,	我沉静的样子,像湛深的大海,
飂兮,若无止。	高风飘逸的样子,像没有止境。
众人皆有以,	世人都有所作为,
而我独顽且鄙。	唯独我愚笨又无能。
我独异于人,	我唯独与世人不同的是见素抱朴,
而贵食母。	贵在于我饱尝道的精髓。

心　读

此章是老子的思想独白,也是老子思想的精华。这一思想对后来的世道人心产生了重要影响。

多数人整理研究《道德经》一书,以“绝学无忧”作为此章的开始。也有归于上章之结束,成为“见素抱朴,少私寡欲,绝学无忧”。

“绝学无忧”一语文字简练而含蓄,解读的空间颇大。“绝”有断绝、放弃、停止、绝对之意。

“绝”还有最坏的意思,如绝户,坏事做绝。

“绝”又是最高最善最美最好的意思，是形容词和副词的最高级。

“绝学”这一观念，用佛学的“无学”来诠释颇有相得益彰之效。绝学者，绝顶之学也。

真正的“无学”“绝学”是饱尝道的精髓。自足于道，对事物没有好坏之分，也就没有烦恼和忧愁，那已经是达到至高无上的境界了，即“绝学无忧”。

从另一个角度来解读“绝学无忧”是说书读得越多越愚蠢，而从来不读书学习的人，生活得最幸福快乐，因为他们没有忧患意识，一切顺其自然，不刻意追求什么，也无所谓得与失，也就不会有痛苦和烦恼了。

“从来名士皆耽酒，自古英雄不读书。”这是扬州一个景点的名联，该对联是对“绝学无忧”的最好注解。还有“刘项原来不读书”的说法，也跟以上解释一致。

还可以这样解读“绝学无忧”，亦即抛弃那些世俗的异化之学那一套，人生只凭自然。而且学无止境，《庄子·养生主》说得好：“吾生也有涯，而知也无涯，以有涯随无涯，殆已。”生命是有限的，知识是无限的，人类的文明是无限的，知识经济、物联网经济、计算机、互联网推动了全人类的进步。这种进步变化，将远远超出普通人的知识结构，超出认知的承受范围。一个有限的生命追求无限的知识，无限的文明，将是徒劳无益的。从这个意义上讲，“绝学无忧”一语可以益智读书人的头脑，避免钻牛角尖，可以培养一个人立体开阔的思维意识。一个读书人"绝学无忧"若能真正做到了，反而能以一种清明客观的态度，深刻独到的见解服务于社会。

"唯之与阿，相去几何？""唯"与"阿"两字是指我们说话对人的态度，在语言表达上都是"是的"，但同样是"是的"一句话，"唯"是诚恳接受、顺从的意思，其声音低；"阿"是呵斥的声音，其声音高。"几何"，是指相差多少。整句话的意思是接受顺从与呵斥相差别有多少呢？

"美之与恶，相去若何？""恶"在古代多指丑陋，尤其是跟美放在一起。若何与几何是有差别的，"若何"如好似。美和丑是相对的，要看谁在欣赏，谁在判断，所以美好和丑恶的标准是不一样的。究竟相差在哪里，也不要太认真。

下面的话可以说是"劝世文"，"人之所畏，不可不畏。""所畏"有双重含义，一是指可恶的人，一是指可敬的人。尊敬的也怕，敬而远之。整句话的意思是说众人所怕的（畏惧），我也不能不怕（畏惧）。

"荒兮，其未央哉！""荒兮"指遥远没有尽头，"未央"是还没有结束，无尽的意思，指永远没有尽头。

"众人熙熙，如享太牢，如春登台。我独泊兮，其未兆，如婴儿之未孩。"老子将众人和自己作了极其鲜明的对比。当众人兴高采烈地沉浸在春天般的美景里，享用着丰盛的筵席，我却独自寂寞，怀着无比恬淡宁静的心境，就如同刚出生婴儿般的无为状态。

“儽儽兮，若无所归。”我疲倦懒散啊，好像无家可归。

“众人皆有余，而我独若遗。”世上的人都认为自己了不起，皆有用不尽的才智和能力，唯独我的才智和能力像是不足的样子。

“我愚人之心也哉！沌沌兮。”“愚”，并非真笨，“沌沌”不是糊涂。此句意为我是愚人的心肠啊！是那样地混沌，但内心清清楚楚。

“俗人昭昭，我独昏昏。俗人察察，我独闷闷。”世人都那么光耀显能，而我昏昏昧昧；世人都那么精明灵巧、细心，而我沉沉闷闷。

“澹兮，其若海”，我沉静的样子，像湛深的大海一样。

“飂兮，若无止。”“飂”，不是台风，而是徐徐的清风，朗朗的天风，尤其身处高山夜静之时，一点风都没有，但听起来又像有风的声音，如金石之声。尤其在极其宁静的心境下，在那高远的太空里，好像有无比美妙的音乐，虚无缥缈，无有止境，人间乐曲所不能及。此即庄子所讲的“天籁之音”，没有达到这个境界，是体会不出来的。

“众人皆有以，而我独顽且鄙。”“以”是用，“有以”是都有目的。“顽且鄙”，“顽”是非常有个性，永远坚持不变，“鄙”是指所有的言行举止，让人看不起。这句话是说，世人都有用，有本事，有才干，有所作为，只有我愚笨又无能，被人瞧不起。

“我独异于人，而贵食母。”唯独我与世人不同，在于我看重的是本质、本体，追求的是终极关怀，见素抱朴，自足于道。道是万物的母体。我“贵食母”，“母”字代表生我者，也就是禅宗说的“生从哪里来，死向何处去”的生命根本。我和道在一起，即我和我的母亲在一起。饱尝道的精髓，就像一滴水和海洋在一起，永远不会枯竭。

这一章老子没有对世人的思想作出任何批判，他只是通过众人的思想来反衬自己的思想，使我们看到的是他和世界的隔离、孤寂及清醒。老子不喜欢熙熙攘攘的热闹，在热闹中，人是容易迷失自己的。

老子不仅愚民、愚官，他是连自己也要一起愚进去。例如他不无欣赏地自我评价，“我愚人之心也哉！俗人昭昭，我独昏昏。俗人察察，我独闷闷。众人皆有以，而我独顽且鄙。”认为自己“沌沌兮，如婴儿之未孩”。

现在我们终于明白，老子说的愚蠢其实质是淳朴自然，没有算计之心。老子认为社会之所以黑暗，政治之所以败坏，统治者之所以贪婪残暴，老百姓之所以悲惨无助，都是文明惹的祸，都是由于随着文明的进步，人变得更加聪明，于是耍心计，玩阴谋，互相争夺，互相坑害，互相残杀。用老子的话说是“智慧出，有大伪”，人越聪明就越虚伪，这样的结果只能是大家都输，大家都过不去。只有回到淳朴自然的状态，才能结束这种人间悲剧。

因此，老子把回到自然淳朴状态的所谓愚蠢，叫做“大智若愚”，认为这种愚蠢，才是大智慧。而现在人们互相盘算的所谓智慧，不过是小聪明，到头来一定是聪明反被聪明误。

“大智若愚”是老子主张的意识形态。他认为遵循这个意识形态，才能实现无为而治的政治理念。

第二十一章

孔德之容，	大德之人的一切行为表现，
惟道是从。	都是随道变化而变化。
道之为物，	将“道”作为一种东西，
惟恍惟惚。	是恍恍惚惚无固定形状的物体。
惚兮恍兮，	惚惚恍恍啊，
其中有象；	恍惚之中具备了宇宙的形象；
恍兮惚兮，	恍恍惚惚啊，
其中有物；	恍惚之中涵盖了天地万物；
窈兮冥兮，	深远幽暗啊，
其中有精。	深远幽暗之中自有精气神。
其精甚真，	这精微之气最具体实惠，
其中有信。	最真切可信，其中还包括有信息。
自古及今，	从古到今，道一直存在，
其名不去，	它的名字永远不能改变，
以阅众甫。	依据它才能认识万物的本始。
吾何以知众甫之状哉？	我怎么才能知道万物本始的情形呢？
以此。	根据就是凭借着“道”。

心读

本章和第十四章一样，用诗的手法，绚丽的辞章，集中描述形而上之道。形而上之道无形无象，看不见，听不到，摸不着，是谓恍惚不定的状态，但确是"有物、有象、有精、有信"。这都说明"道"的真实存在性，亦即道由极其微妙的物质所组成，天地万物都是由它产生的，"道生万物"。

《老子》不仅讲道，也讲德，"德"也是该书的一个重要命题，在这里被第一次提出。该书就是由"道经"和"德经"两大部分组合而成的，故又称之为《道德经》。

"孔德之容，惟道是从。""孔"，是指大。"孔德"，指大德之意，"大德"是指遵循"道"而产生的"德"。而大德之人的一切言行举止都是随着道的变化而变化，从属于道而转移。

这句话作为本章的第一句，主要说明"道"和"德"的关系，现引用现代学人陈鼓应先生在他的《老子注译及评价》一书中说，一、"道"是无形的，它必须作用于物，透过物的媒介，而得到显现它的功能。"道"所显现于物的功能，称为"德"。二、一切物都由"道"所形成，内在于万物的"道"，在一切事物中表现它的属性，亦即表现它的"德"。三、形而上的"道"落实到人生层面时，称之为"德"。即"道"本是幽隐而未形的，它的显现，就是"德"。

在这里，"德"是"道"的形式，"道"是"德"的内容，没有"道"就没有"德"的功用，没有"德"也就不能显"道"；"道"是

“德”的根本，“德”是“道”的显现。二者的关系，既具体又抽象，既形象又深刻。

“道之为物，惟恍惟惚。”在2500多年后的今天，有一些研究老子哲学的人，糊里糊涂地以老子提到的“物”字为依据，说老子是唯物的，不是唯心的。在老子所处的春秋时代，并没有唯心、唯物的分野之论。所以老子讲“道之为物”的“物”千万不能当作唯物来解读，那样解读太离谱。用现代名称来说，便是“这个东西”的意思，它不是指某一具体事物，是一种抽象之存在。无法注解，只有自己体会领悟也。

“恍惚”是指若有若无不定的状态。这种状态的描写和想象与康德–拉普拉斯星云说和我国著名天文学家戴文赛关于星云旋转、集中、收缩、冷却、坍塌、扁平化的假设有惊人的相似之处。

“道之为物”是说道这个东西是惟恍惟惚的，就像是我们今天说的星云说，它是一种真实的存在，若有若无。然而就是这种恍惚不定的状态却体现着宇宙的大形象；在这种恍惚中还有一种物质的流转，那就是大气在流动。这个大形象和大气在恍惚中存在着。它们是那样的深邃幽远。虽然无法寻到它们，但是其中有一种极其精致细微的物质真实地存在着。亦即“其中有象，其中有物，期中有精”。

“有象”者是说在恍惚之中具备了宇宙的大形象，无边无际的光明境界也，“其中有物”是说在这个光明境界里似乎却有这么一个东西，既非唯心，亦非唯物，而是心物一元的那个东西。它不是指具体一事物之存在，而是抽象之存在，只能用心去体会。

“窈兮冥兮，其中有精”，“窈”是形容其深远，“冥”是形容高大，对“精”这个词千万要注意，不可以用物质观念来解读这个“精”，如精虫卵子之精。在医学上，《黄帝内经》所指的“精”也不是精虫卵子，是指人身确实具有的一股活力，一个人精神好与不好与人体的生理机能和心理状况，有相互作用的关系。它是无法用言词作具体形容的，然而那正是事物的本质之所在。

这一本质已超过我们人类的认识范围，但是我们能够感知到它们的存在，并依靠我们的意识来证实这一点，就好像地球绕太阳公转而又自转，使我们每天早上看到日出，傍晚看到日落一样。我们从这种宇宙规律中获得了信息，这就是“其精甚真，其中有信”。宇宙规律是个绝对真实的东西，它无始无终，不生不灭永恒存在，从而使我们感知到大道(宇宙规律)的存在对人类的影响是深远而伟大的。

“自古及今，其名不去”是说，这个至高无上恍惚的“道”是天地的造化之母，不生不灭，永恒存在。但世界上表达“道”之名称，千差万别，不止一个，神灵、心、物、上天、上帝、如来等都是道的别名。这个东西永远不会改变，永远不可磨灭，亦即“其名不去”。

"以阅众甫。吾何以知众甫之状哉?以此。""众甫",指万物本始。整句话是说,依据"道"才能认识万物之本始状态。我为什么能够知道万物本始的情形呢?根据就是凭借着"道"开始认识的。得了道,便可穷究宇宙万象之理,仰观自然天成之美。

需要说明的几点:

关于"惟恍惟惚"一语,可参考《庄子·天地》"视乎冥冥,听乎无声。冥冥之中,独见晓焉;无声之中,独闻和焉。故深之又深而能物焉;神之又神而能精焉"。其意为:"看过去一片昏暗,听起来毫无声响。一片昏暗之中,只有他见到了光明;毫无声响之中,只有他听到了和音。所以,在无比深远之处,却有东西存在;在无比神妙之境,却有真实存在。"

第二十二章

曲则全，	委曲就能保全，
枉则直，	弯曲就能伸直，
洼则盈，	低洼就能盈满，
敝则新，	破旧就能更新，
少则得，	少取就能多得，
多则惑。	多贪就能迷惑。
是以	所以
圣人抱一为天下式。	有道的人掌握万事归一的法则，可以成为治理天下的榜样范式。
不自见，故明；	不自我表现，反而能显明；
不自是，故彰；	不自以为是反而能昭彰；
不自伐，故有功；	不自我夸耀，反而能有功；
不自矜，故长。	不自高自大，反而能长久。
夫唯不争，	正因为不与世人争，
故天下莫能与之争。	所以天下没有人能与他相争。
古之所谓“曲则全”者，	古人所说的“委曲反能保全”的道理，
岂虚言哉？	怎么能是虚言空话呢？

诚全而归之。	确实能够做到委曲而求全的,是谓顺应自然之道。

心 读

本章开篇"曲则全……多则惑。"一气呵成的六句话,从文字上看,非常有气势,容易理解。正像今天人们常说的"贪多嚼不烂、慢工出细活"这些话一样,此句里包含着丰富的辩证思维,亦即对立的双方不仅是相反相成的,而且还是处于相互转化的过程之中。这是一条永恒不变的真理,也就是老子讲的"道"。

"曲则全",在物理世界没有一样东西是直线的,都是由曲线所构成的,故曰"曲成万物"。在这里"曲"指委曲,"全"是指什么呢?有的人受到委屈要愤怒,但这里指受到委屈表示沉默,不愤怒,求得平静安全。"曲则全"意为委曲反而能够保全自己。

"枉则直","枉"本意是纠正的意思,把歪的东西矫正过来,就是枉,在这里"枉"指弯曲。"枉则直"意为弯曲反而能够伸展、正直。成语"矫枉过正"是对此句的最好注解。荀子《劝学》说:"木直中绳,輮以为轮,其曲中规,虽有槁暴,不复挺着,輮使之然也。故木受绳则直,金就砺则利,君子博学而日参省乎己,则知明而行无过矣。"

"洼则盈",凡是低洼之处,流水积聚必多,最易盈满。

“敝则新”，“敝”，指破旧，这句话是说破旧反而能得到更新。

“少则得”，少取反而能够多得、精得，如“读书在精不在多”。

“多则惑”，“多”指无法理出头绪，贪得多反而陷入迷惑。

有一个点石成金的笑话故事，说吕洞宾下山传道，一时间找不到合适的人选，就想办法考验凡人。一次碰到一个人，吕洞宾随手一指，点石成金，送给那个人，那个人说不要。吕洞宾又点了较大一块的石头，送给那个人，那个人还是不要。吕洞宾暗暗高兴，心想这个人不贪，是个成仙的好材料。他最后一次点了更大的一块石头送给那个人，那个人还是不要。吕洞宾于是觉得可以谈谈了，便问他：“这么大块的金子为什么不要？”这个人回答说：“我不想要金子，我想要你那个点石成金的手指头。”吕洞宾听了，只有赶紧腾云驾雾溜走。这就是人的贪欲。这个故事是对“少则得，多则惑”最有力的说明。

“是以圣人抱一为天下式”，什么叫“一”？是指统一的整体，是对道的一种描述。“一”者，道也，“抱一”亦见于第十章。圣人所抱之“一”，亦即是指由整体来看变化，则一切都是相对的，不是绝对的。这句话的意思是说：“有道的人掌握万事归一的法则，可以成为治理天下的榜样范式。”

“不自见，故明”，“不自见”就是要人不可固执自己的主观成见，不要总以为自己所见到的是对的。如果你都以自己所见到的为标准，那你就看不明白这个世界。当一个领导，千万不可有自见，要多听不同行业、年龄、阶层人物的意见，把所有人的智慧，集中为你的智慧，那就合乎“不自见，故明”的道理了。

“不自是，故彰”，“自是”与“自见”差不多是同一个道理，但同中有异，“自是”是自己认为自己一定都是对的，绝对没有错，如拿破仑说“拿破仑的字典里没有‘难’字”，乍听很有气魄。其实，拿破仑就因“自是”，最终导致失败、死亡。他的字典里面没有“难”字，那是“自是”。“不自是”就是不要总认为自己都是对的。如果总认为自己都是对的，绝对没有错，就容易忽略真实的情况。我们常说“你不要太主观”。局限于自己的所思所见，要客观地看问题，才能做到实事求是，一切从实际出发，也就是遵循道而为。

“不自伐，故有功”，“自伐”是自我表扬的意思。“不自伐”是不要到处夸耀自己。你不自我夸耀，反而能有功。一个真正有修养的人，不自伐，有功等于无功，功在天下，功在国家。他知道，没有一个人可以做成所有的事情，你需要各种条件的配合和别人的帮助，发挥团队的智慧和精神。如现代社会民主选举，你选举胜了，可是背后不知有多少人在支持你给你投票，绝不是你一个人可以做的。

“不自矜，故长”，“自矜”就是现在所说的自尊与自高自大。二者几乎是同一心态，但用处不同，效果就不一样。用得不对了就是骄傲自大，压人一头无人买账。用得好就是自尊。“不自矜”，就是不仗恃自己，不自高自大，这样的人才能领导别人，事业才能成功，所以说，不自高自大，你的事业反而能保持长久不衰。今天这个时代，人人都有民主意识，有自己的主见。如果你能够以服务意识来代替领导意识，以谦虚的姿态来当领导，你的事业就能保持长久不衰。

这四句话，道、儒、佛三家教人的道理，几乎都是一样的。佛家、儒家是从正面上讲，叫人不要自我执着，不要固执，懂得尊重和理解别人。道家、老子是从反面上讲，意义更深刻，不但要尊重理解别人，对宇宙万物都要加以尊重。即使在自然科学技术高度发展的今天，人类也须效法古人，尊重自然，敬畏自然。

这四句话的道理并不深奥，但实际上却不易做到。老子告诫人们：“大丈夫能屈能伸，小不忍则乱大谋，欲速则不达。”为人立身处世，必须要牢记这些道理。一生受用不尽。

“夫唯不争，故天下莫能与之争”这句话很有意思。《道德经》全书八十一章，有七章八处谈到“不争”。“不争”代表我没有必要在每一点上胜过别人。每个人各有优点专长，不用去争。我若有某一方面的专长，到时候轮到我上台，我自自然然就去做了。如果我每样都去争，争到最后恐怕两败俱伤，别人看见你有优点，也不见得愿意承认。即便你能够胜过别人，也要以“不争”作为处世原则，等到你非争不可的时候，别人自然会尊重你。

一个人少争，不争，会发现自己的心胸一下子变宽了，世界一下子变大了。不争是人生至境。得失看轻一些，争不起来；心胸开阔一些，争不起来；境界高一些，争不起来；为别人考虑略多一些，争不起来；功利心稍淡一些，争不起来……生活中有无数不争的理由。不争是人生至宝。

有一首杨绛译的诗，诗是英国诗人兰德写的《生与死》：

我和谁都不争，和谁争我都不屑，

我热爱大自然，其次就是艺术，

我双手烤着生命之火取暖，

火萎了，我也准备走了。

“古之所谓‘曲则全’者，岂虚言哉？成全而归之。”可见《老子》的有很多章节，第一句话最重要，是纲要，下面即是对这个纲要的进一步阐述。本章第一句“委曲就能保全……”的道理，就是本章的纲要，由此引申出以下阐述，这个纲要怎么能是虚言空话呢？一个人确实能够做到“曲则全……多则惑”，是谓成全天然之美，顺应自然之道。

上古之人所说的委曲就能保全的道理，不是一句空谈而不实之言。

“诚全而归之”，诚信之言得以求全之理，归为道之理。

第二十三章

希言自然。	无言之言，才符合自然运行的规律。
故	所以
飘风不终朝，	狂风刮不了一早晨，
骤雨不终日。	暴雨下不了一整天。
孰为此者？	是谁主宰这种现象呢？
天地。	是天地。
天地尚不能久，	天地的狂风暴雨尚不能持久，
而况于人乎？	何况我们人类呢？
故从事于道者，	所以，从事于道的人，
道者同于道，	就同于道，
德者同于德，	从事于德的人，就同于德，
失者同于失。	失道失德的人就会丧失一切。
同于道者，	同于道的人，
道亦乐得之；	道也乐于得到他；
同于德者，	同于德的人，
德亦乐得之；	德也乐于得到他；
同于失者，	同于失道失德的人，

失亦乐得之。	会得到失败失德的结果。
信不足焉，	对于道之存在信心不足的人，
有不信焉。	才不信任有自然之道的存在。

心 读

与本章“希言”有类似观点的是，第十七章“贵言”和第二章“行不言之教”的“不言”，也即无为之理念。

“希言自然”，“希言”不是不说话，是少说话的意思，是说有意义的话，少说官话、套话、虚话、假话、废话和没有用的话。很多话如果保留不说，不但对别人没有损失，还可以减少困扰。西方有句民谚：“话说得愈多，误会愈多。”又如佛典所说的“不可说”之说，是最高的道理，最高的境界，不是语言文字所能表达的。这就是“希言”的内涵。

什么叫“自然”呢？这里所说的自然，不是指大自然（自然科学的自然，物理世界的自然），而是老子哲学中那自然而然存在着的宇宙本体和天地万物的根本规律。天底下只有一个定理就叫自然规律。亦即自然本来就不是静止不变，是变化的，变化的背后有一个不变的定理就叫自然律。所以说，宇宙只有一样东西叫自然，这个自然是指它本来就是如此，亘古不变的意思。它既没有过去，也没有未来，是自在而已然存在着的一个东西。

“希言自然”意为，用语言文字无法表达清楚的，才是真正符合自然动中之恒道，化中之定律，“化成天下”的道理。

“飘风不终朝，骤雨不终日。孰为此者？天地。天地尚不能久，而况于人乎？”“飘风”即狂风。无论多么强大的风都不会整天吹，到了中午就会减弱下来，故说狂风刮不了一上午。“骤雨”是指夏季的大雷雨，只是下一阵，不会持续下一整天。狂风、暴雨这种特殊现象是谁造化的呢？是天地。天地比人更伟大，人类无法和天地相比，天地造化出来的狂风暴雨都不能长久，何况我们渺小的人类呢？

老子的这几句话说明了在中国的固有文化中，早已了解到这个天地世界是有生有灭的。（现在经典的宇宙大爆炸理论学说已证明，150亿年以前宇宙所有物质都密集在一个点上，有极高的温度，迅速膨胀，这急剧膨胀而产生大爆炸，然后膨胀物质逐渐冷却，由于分布不均衡，这种物质凝聚成不同的星系，形成了今天的宇宙）不管它经过多少万亿年后，终归要有结束的一瞬间。那么人更不能永久地存在，因此人生的规律必然也是有生有灭。

老子认为，在自然界任何现象的出现，都要保持平衡、稳定的状态才能长久；做任何事都不要有超越常规的行为，才能够真正持久。也就是说，人类的行为要体现大自然的精神，只有合乎自然精神，顺其自然规律发展，才能延长人类的寿命，人类才能够持久存在。

“故从事于道者，道者同于道，德者同于德，失者同于失。”

“道”是形而上的“道”，它与形而下的“德”对称，“德”是代表用。德者，得也，指万物得之于道者。还可解释为，德是良好行为的结果。

所以从事于道的人，自然喜欢与从事于道的人结合在一起，志同道合。今天最流行的一个形容词“手忙脚乱”。手忙者，打麻将也；脚乱者，跳舞也。喜欢打牌跳舞的人总会在一起。从事于德的人，是顺着天地万物的本性与禀赋来行为，合乎自然规律。而失道失德的人，也就是违背自然规律做事的人，必然会受到自然的惩罚。总之违背自然规律做事等于自我毁灭。

“同于道者，道亦乐得之；同于德者，德亦乐得之；同于失者，失亦乐得之”是文学化的写法，意思是，你遵循自然之道，老天会在旁边帮助你，这不是老天对你好，不是有神在里面主宰，而是你顺着自然规律在走，合乎自然精神发展，好像人们常说的和真理一致的人，真理也愿意得到他；和错误一致的人，错误也愿意得到他。这些话都是从正反两方面论述，须认真阅读，细心领会。

“信不足焉，有不信焉”，是说自然是各种现象的一种循环往复的变化，变化的背后有一个不变的规律。对于自然之道信心不足的人，他不会信任有一个不变的定律存在，也就是不会信任有一个自然之道的存在。

第二十四章

企者不立；	抬起脚后跟用脚尖站立，反而站不稳；
跨者不行；	跨大步想走得快，反而快不了；
自见者不明；	固守自己所见，反而难辨是非；
自是者不彰；	自以为是的，反而不得昭彰；
自伐者无功；	自我夸耀的，反而不得显功；
自矜者不长。	自高自大的，反而不得长久。
其在道也，	从道的观点来看，这些以自我为中心的行为表现，
曰余食赘行，	简直都是剩饭、草包，
物或恶之，	人们都厌恶它，
故有道者不处。	所以有道之人是不会这样处事的。

心　读

本章“自见者不明；自是者不彰；自伐者无功；自矜者不长”四句，与第二十三章相互呼应。前一章是反说，这一章是正说，不管是反说，还是正说，其中所包含的辩证法思想，是老子思想中极富精义的部分。

“企者不立，跨者不行”，“企”是抬起脚后跟用脚尖站立的意思。“企者”就是好高看得远，但脚尖不堪重负，所以只能事与愿违，自找苦吃。企本身并没有错，错的是人的思想和行为违背了自然规律，其结果必然失败。抬起脚后跟用脚尖站得高，反而是很难长久站立。同理，跨的意思是跨开大步走，三步并作两步，这种走法是不科学的。“跨者”就是骛远，是为了快才跨，但就这么一跨反而走不了路了。“跨者”又是情绪焦躁的表现，急于求成，心急吃不到热豆腐，焦急烦躁办不成事。跨这一动作，本身也并没有错，关键在于我们的动作和行为是否能达到目的。如果不能达到目的，就是违背自然规律。其结果是跨大步想走得快，反而欲速则不达。

本章首先用立与行这两个人类行动的现象来说明做任何事情都要顺其自然，不能好高骛远。否则就会适得其反，就是甘愿自毁。

“企者”“跨者”是说想要高过别人，快过他人，想要出人头地，于是就有了固守己见和自我表现的行为；而等到真比别人高出一头，领先一步时，也就有了自以为是和自我炫耀的行为，继续发展下去就是“骄矜”行为，而到了“自矜”这一阶段，已不可能有“贵柔”“谦退”“善下”的行为，有的只是争强好胜、逞凶霸道的行为。同时也潜伏了巨大的危机，犹如“矜善游者恒溺，矜善骑者恒坠”一样。亦即“自见者不明；自是者不彰；自伐者无功；自矜者不长”。

“其在道也”，是说从道的观点来看，“立、行、明、彰、功、长”是常态现象，是道在生存中的体现，只须排除刻意造作，不要以自我为中心。但是，这并不是容易做到的事。世间之人少有不画蛇添足、自寻烦恼者。“自见、自是、自伐、自矜”是人类的通病，没有人在一生中能完全不受它的影响。它使人变得自负，自以为了不起。老子形容这些心理行为是“余食赘行，物或恶之”。“余食”是多余吃的，即一个人已吃饱饭了，再吞一口都难于下咽，但还想再吃一个包子，这样非得胃病不可。正常的身体在任何部位长出一个瘤子，那都是多余的。赘就是多余的、无用的。任何一样东西，都有自然常态，变体都是不正常的。即便是植物，如过分长出一个多余的附件，不但自己增加负担，还令人讨厌。

“物或恶之”，“物”是指无用的东西，多余部分，赘也是多余的。“自见、自是、自伐、自矜”都是多余无用的行为，应该像剩饭、赘体一样，都是人们厌恶的东西，必须扔掉或弃之。

“故有道者不处”，“有道者”是指悟道之人，每一个人都有可能成为有道者。所以有道之人是不会这样处事的。

老子作为2500多年前的思想家，他的思想体系，得到了今人的肯定。巴尔扎克说：“许多虚伪的人用粗暴掩饰他们的平庸；你碰撞他们一下吧，他们就像用别针刺着气球一样，瘪了。”培根说：“自夸自赏为明智者所避免，为愚者所追求。”

在当今社会，科学技术的发展导致人类面临文明破裂、道德崩溃，一些人变得越来越浮躁，虚荣心越来越强。自见、自是、自伐、自矜已成为人类社会的通病。针对这一问题，没有人能给我们一个切实可行答案。

老子思想之深刻，无以伦比。虽然不能代替科学的伟大价值，但它能够指导人类科学走向正途。科学是人类需要的东西。要用自然的法则来引导和规范现代科学技术的发展，让科学协助人类过上美好幸福的生活，使人类的道路越走越好，走向光明而不是走向黑暗。所以说老子的思想体系，是人类文化的瑰宝，对当今人类社会依然具有很强的指导意义。

第二十五章

有物混成，	有一个浑然天成的东西，
先天地生。	在天地未形成以前就已存在。
寂兮寥兮，	它寂静无声音，清虚无形象可寻，
独立不改，	它不生不灭，独立长存，而绝对永恒，
周行而不殆，	循环运行而无所不在，永不止息。
可以为天下母。	可以说是天下万物的母体。
吾不知其名，	我实在不知道该如何称呼它，
字之曰道，	把它叫作“道”，
强为之名曰大。	再勉强给它命名叫作“大”。
大曰逝，	大到没有极限，亦不会消逝，
逝曰远，	消逝也就是极远，
远曰反。	极远而又返回本源。
故道大，	所以说，“道”是大的，
天大，	天是大的，
地大，	地是大的，
人亦大。	人也是大的。
域中有四大，	宇宙中有四大，
而人居其一焉。	而人居其中之一。

人法地，	人效法的是地，
地法天，	地效法的是天，
天法道，	天效法的是“道”，
道法自然。	道效法的是它本来自然而然的状态。

心　读

本章继第一章、第四章、第十四章、第二十一章专门论道之后，又进一步说明道的体用合一的道理。何为“道”，这是最根本的哲学问题，千百年来，没有人能用几句话说清楚。本章老子用自然解释道，不像孔子那样“敬鬼神而远之”。老子哲学里没有鬼神存在的空间，天地就是一个自然，道是自然而然存在着的一个自在之物，是天地间最根本的规律。老子对这个问题描述得非常有趣，他说：“有物混成，先天地生。”

“有物混成”这个“物”字，并不同于现代人所了解的“物质”观念的“物”字，古代“物”字的含义，等同于现在的一般口语中说的“这个东西”，它不是指某一具体事物，是一种抽象的存在。

此处讲“有物混成”的物是道的同义字，意为道是混成的，即物质与非物质混合而成，在混沌中自然生成。此前在第十四章已讲过“混而为一”。用黑格尔的话来说，一面是杂多，一面是统一，怎么统一起来的呢？老子说是混而为一，将万物混而为一，一即道，即在最起始的时候，只是“无”存在，尚未出现

"有",亦未出现"名",这就是"一"的由来。混而为一尚未具体形成,这是道的运用,道的功用在于它不但能使万物分离出来,更能使万物混而为一起来。

这个浑然而为一体的"道"的状态,现代学人陈鼓应先生在他的《老子注译及评价》一书中是这样解释的;"有物混成,这说明道是浑朴状态的。道并不是不同分子或各部位组合而成的,它是个圆满自足的和谐体,对于现象界的杂、多而言,它是无限的完满,无限的整全。"

已故国学大师任继愈先生说:"道不是来自天上,恰恰是来自人间,来自人们日常生活所接触到的道路。比起希腊古代唯物论者所讲的'无限'来,似乎更实际些,一点也不虚玄。可能人们受后来的神秘化了的'道'的观念的影响,才认为它是状态的物体,包括有和无两种性质,由极微小的粒子在寥廓的虚空中运动所组成。它是独立存在的,也不依靠外力推动。宗教迷信的说法,认为上帝是世界的主宰者,但老子说的'道'在上帝之前已经出现;传统观念认为世界的主宰者是'天',老子把天还原为天空,而道是先天地而生的。道产生万物,是天地之根,万物之母,宇宙的起源。"

当今哲学大家汤一介先生说:"老子讲的道是先于天地存在,只是说在时间上先于天地存在,而不是在逻辑上先于天地存在。老子讲的道虽是无形无象,但不是超空间的,而是没有固定的具体的形象,这样的道才可以变化成有固定具体形象的天地万物。”这种观点是很中肯的。老子曾说“道在物先”，又说“物在道中”，这种判断是把“天地”作为“物质”的同义语了。

“有物混成，先天地生”究竟是怎么一种情况呢？老子形容说：“寂兮寥兮，独立不改，周行而不殆。”

老子说这个道“寂兮寥兮”，清虚寂静，广阔无边无际，没有形象、声色可寻，永远看不见，摸不着。但并不代表它不存在，它的存在不以人的意志为转移。

“独立不改”，“独立”代表它是唯一的，不依靠外力推动，因为它本身是一个绝对混沌的整体。这个整体就是“道”，也就是宇宙万物变化发展的根源。宇宙万物会消失，道永远存在，在天地生成之前就已经存在了。“不改”是指不会因任何缘故而发生变化，等于说道从开始到现在没有任何增加和减少，不因现象界的物理变化而变化，不因物理世界的生灭而生灭，它不生不灭，独立长存，绝对永恒。

“周行而不殆”是说道无所不在，无所不能。处处都是道，它周流循环运行，像春、夏、秋、冬四季循环往复一样，永远不会停下来，永不止息。

“道”的存在，虽然没有人可以证明，却是的确存在。老子说：“可以为天下母，吾不知其名，字之曰道。”意为道这个东西是一切宇宙万物的根本，可以说是天下万物的母体，很难用一般世间的语言文字来形容、称呼它，不得已，勉强把它叫作“道”。

道之为名，与西方哲学称之为“第一因”——自因，自己是自己的原因，在内涵上彼此是一样的。

“他因”有开始，那个因素就是开始，有开始就有结束。假如没有因素使自己开始那就是“自因”，一定永远存在。

庄子讲“道”时，用了一个词“自本自根”，自己作为本源，自己作为根本，跟西方讲上帝是“自因”意思完全一样。

《圣经》记载：摩西问：“你是谁？告诉我，我才好对百姓说。”上帝说：“我就是自由永存着。”意思是，我就是一直如此。亦即上帝不可能有过去或未来，也是永恒的。

《圣经》里的摩西和中国的老子互不相识，为什么谈到东西会类似呢？因为凡是人，顺着思想的要求就非有这样的结果不可。这其实就是列子所说的“东方有圣人出焉，西方有圣人出焉，此心同，此理同”的道理。世界上真理只有一个，无二亦无三，只是该东西在表达方式上有些不同罢了。

“字之曰道”又“强为之名曰大”，王弼说得好：“名以定形，混成无形，不可得而定。”事实上是无法立名的，老子勉强给它立个名，曰大。是说这个“大”和我们平常所说的“小”不是相对的概念。“大”这个概念大得不是你用感觉和理性所能掌握的。人们能够思考想象的东西都是有限的，而这个“大”是超越你的想象之外的不可思议的东西。

“大曰逝，逝曰远，远曰反”是描述道的全部运行过程、运行规律。

在这里"大"是讲它的广度和幅度之无限延展，无限之涵盖性，即无所不包，大到没有极限不会消失。"大曰逝"。"逝"是讲它的变异性，变异无穷尽，亦称之为远，"逝曰远"。"远"至极时必反，即归根复命本性，亦称之为反，"远曰反"。"反"是讲它的逆向性与循环性，万变不离其宗，物极必反，事物运动终将返回到它的本源。

"道"太大，太远了，若求大，求远，去追求它，反而难以企及，不能自拔。其实"道"就在每个人的自身边，若能反求诸己，回头自省，见"道"才有希望。

逝曰远，远曰反，最远的就是最近的，最后的就是最初的，定神张眼看，天边就在眼前。这是一种觉悟了的生命，觉悟到什么是"道"，觉悟到我的生命与道是合一的，会觉得我们的生命像一滴水融进了大海，永远不会干涸，永葆活力。

老子将茫茫宇宙间拥有巨大能量的四种事物作了逻辑上的排序："故道大，天大，地大，人亦大。"在这里老子把人、道、天、地并列起来，而人在其中，为什么呢？一个人顶多身高2米多，在宇宙中渺小得微不足道，有什么大呢？这里的"人大"来自于人有一种内在的潜能，人有自己的思想和意志，思想形成人的伟大，只有人能体会认识到道的存在，能够感知到天地的力量，能够将自己融合到天地中，与道同行，在天地间上演一套源远流长的历史文化。人类这种"参赞天地之化育"的智慧和能力太伟大了。正因为如此，老子将人、道、天、地并举，“域中有四大，而人居其一焉”。在这一无穷无尽的宇宙中，道、天、地、人这四种东西是最伟大的，而人的价值占了其中之一，被同列为四大之一。

域中这四种存在是人能够做到的，地也能够做到；地能够做到的，天也能做到；天能够做到的，道也能够做到。反过来说，道能够做到的，天不一定做到；天能做到的，地不一定做到；地能做到的，人不一定做到。所以老子便说：“人法地，地法天，天法道，道法自然。”这四种伟大的存在，其整体的内在机制是统一的，而不是分离的，是有序而不能颠倒的。

这四句话读起来朗朗上口，并在潜移默化中影响着人们的观念和行为，却使人难以理解。但这是老子千古不易的密语，是老子思想的精华之所在，他只用十三个字就道明了自然关系的奥秘和真谛，是超越一切宗教的大道学说，是人类共同的精神财富，也是代表人类智慧发展的顶峰。

在这里“法”字是动词，是效法、学习的意思。

“人法地”，首先要了解大地运动不止的意义，地球永远在转动。地球一天不转动，甚至停止一分一秒，我们人类和其他生命都要完结。人生活在地面上，地上生长五谷杂粮和各种蔬菜、水果等物产，人要按照“地”所提供的生存条件生活下去。人活在地球的任何地方都要从周围的地理环境所给予的生存条件中取法，才能够活下去。俗话说“一方水土养一方人”就是这个道理。所以人为地所承载，人当取法于地。“法地”取地之无私载，大地养育了人类。

“地法天”，地指地理，天指天时，天覆盖着大地。天时亦即春、夏、秋、冬，地上万物的生长都要靠春、夏、秋、冬四季来配合，风调雨顺，才能够自然生长。一个地方如果雨水多，草木就茂盛；雨水缺少，就变成沙漠。地理环境受到天时的影响就叫作“地法天”，地为天所覆盖，所以地当效法天。“法天”取天之无私覆，天覆盖孕育了大地万物。

“天法道”，这里的“天”是指有形的银河系自然物理之天，也就是天文学的天体之天，它不是抽象的概念。天效法于道，也就是天师法于道的法则，“法道”取其道化生天下万物，道演化生育了天下万物，无所不包。道最根本的法则是保持一种平衡、和谐、恒久不变的状态。

在域中，月亮环绕地球转，地球环绕太阳转，太阳系环绕银河系转，究竟是谁使它们在转动呢？由哪个作主呢？是上帝吗？是神吗？是佛祖吗？老子却不采用这些具有人神造化的名称，而是根据传统文化中固有的名称，亦即道，道即自然，是最恰当不过了。所以最后说道法自然。

在这里“自然”一词与今天通用的名词“大自然”的含义不同。近代中国翻译西方典籍物理、化学等学科统称为自然科学，是借用老子的名词，但不能因此便认为老子说的“自然”就等同于自然科学范畴的自然。

那么老子说的“道法自然”，这个自然的含义是什么呢？从中国文字学的组合来解释，分开来讲：“自”便是自在的本身，“然”是当然如此，原来如此，本来如此的意思。合起来讲“自然”就是指一种自然无为的天然状态。这种状态，既不能创造，也不能发明，既没有因为什么，也不是为了什么，没有一个由来，本来就是这样的一种客观实存特性，它们从开天辟地以来就一直存在。

这就是道的自然体现，自然便是道，它根本不需要效法谁。“法自然”取其自然而然的天然状态。

“道法自然”是老子道的本质，是老子生态文化、和谐理念的核心思想与根本规律。宇宙只有一样东西叫自然，自然是宇宙普遍生命大化流行的境域。宇宙万物的生成根源于自然，宇宙万物的演化动力来源于自然，宇宙万物相互关联统一于自然。自然是一张有秩序的网，人类是这张秩序之网中的一环，是这张秩序之网中不可分割的一部分。

自然这一观念是老子哲学本体意识的基本精神。自然境界是老子推崇的最高境界，而要达到自然境界就必须做到“无为”。事实上，自然即是无为，体现在实践上、行为上就是“自然无为”。

“自然无为”是由“道”推演出来的，老子在生态方面智慧的基本立场，其中所具有的生态价值意蕴，是指人的精神、行为与外在自然相一致。人的小宇宙与自然大宇宙是相统一的。与自然和谐相处,顺应自然方能无为而不为,从而实现一个人完满和谐的精神追求。

所以说,道是自然的,自然是无为的,无为而无不为,就是道。老子用自然解释道,这个道就不是神秘的存在,就不是高不可攀的主宰。从威力上看这个道和基督教的“上帝”、伊斯兰教的“阿拉”、佛教的“如来”是一样的无所不容,无所不能,无处不在,无时不在,是一切存在的来源,也是一切价值的来源。但老子的道又和“上帝”“阿拉”“如来”有根本区别。道不是一个人格化的神,一个有形体、有灵魂、有意志、有思想、有性格、有最高理念的存在。老子说的道是自然的体现,自然的化身。正如李约瑟博士写的:“在中国的宇宙观中,一切存在之物的和谐协调不是来自它们之外的上级权威,而是受着它们自身内在本性的支配。”自己是自己的原因。用诺贝尔经济学奖获得者、有“欧元之父”号称的罗伯特·蒙代尔先生的话说:“道是宇宙运行的方式,是自然的规律,是一种统一的自发的行动。世界万物和每一种变化都有它内在的必然性,都是部分的协同和合作来促进一个整体。”和谐是宇宙的一个最根本的规律,是宇宙存在的方式。

人类文明的第一个形态是农业文明,距今约七八千年。随着资本主义的发展和第一次工业革命的出现,依靠科学技术的力量,生产力不断地得到发展。

人类的历史有300多万年;

5000～6000年前进入农业文明；

科学技术的历史约2500年；

近代科学的历史约400年；

现代科学技术的历史不到100年；

现代信息网络技术的普及不到30年。

然而有学者估计，今天的社会在一年内的发展变化相当于20世纪(70年代)10年的发展变化，相当于牛顿(以前)时代100年的发展变化，相当于近远古时代1000年的发展变化。

20世纪末的最后10年左右，信息网络技术的普及，使世界成为一个整体，世界变平了，变得更小了。世界的性质发生了质的变化，全人类只有一个世界。如古巴尼可·洛佩斯学校校长劳尔·瓦尔德斯·比沃在接受《地理杂志》采访时说："古巴不再是一个孤岛，岛已不再存在，现在只有一个世界。"

我们知道，在只有一个世界的今天，推动世界发展的强大动力是科技进步，但日新月异的科技进步，也导致了环境污染、生态失调、能源短缺、城市臃肿、交通紊乱、信息安全、核武器、生化武器、恐怖主义、人口膨胀、粮食不足等一系列问题的出现，使人类不仅处在生态危机的环境中，还处在人文危机、精神危机的环境中。人与人之间的关系可以说更近了，也可以说更远了。人们远离了自然，远离了他人，远离了自己的心。长此以往，人何以堪！世界何以堪！

以上这些问题和矛盾，实际上是人与自然，人与他人，人与自身(心)关系的反映。从这些关系上来看,对人类有益的认识和智慧的提高并没有增加多少,甚至是倒退。如何处理好这些关系和矛盾,直接关系到人类文明的进程,关系到人类由必然王国向自由王国的迈进。

目前人类所能达到的最高智慧就是老子的"人法地,地法天,天法道,道法自然",而不是自以为是。18世纪法国大革命时期的精神领袖卢梭就提出这样一个著名论断:"文明是人类罪恶的根源,人类为了拯救自己,应该回到自然状态。"这一伟大的思想与2500多年前老子提出的"道法自然"的精神是完全吻合的。

1992年世界1575名科学家发表了一个《世界科学家对人类的警告》,其开头就说"人类和自然正在走向一个相互抵触的道路"。这一警告标志着人类在20世纪末的最后10年,才意识到人类从16世纪开始走向文明的同时,也一天天在毁灭人类自己。这句话告诉我们:人类社会如果如此发展下去,将会遇到严重的危机。

对于以上种种矛盾和问题、危机的解决,现在世界上越来越多的有识之士、学者、思想家们都在同一时期把视角投向中国传统文化和中国传统哲学,寻求可借鉴的精神资源,来解决人类面临的这些矛盾和问题。这样做是大有益处的。

中国传统文化,就是儒道文化,林语堂大师说:"中国每一个人的社会人格理想都是儒家,而每一个人的自然人格理想都是道家。”儒道文化有一个显著特点，是一种向善文化，究其根底是研究人与自然、人与人、人与自我关系的文化。

中国传统文化不仅是中国人生智慧的钥匙，也是世界人生智慧的钥匙。其丰富的思想资源，无论就人与自然的友好相处而言，还是从社会的和谐发展而言，一个人（个体）的人格健康发展而言，21世纪的人类都需要。

1988年，全球70多位诺贝尔奖获得者在巴黎发表重要宣言：“如果人类要在21世纪生存下去，必须回首2500年，去吸取孔子的智慧。”这充分说明了中华民族博大精深的传统文化得到了世界的认同。

现在西方学者在分析环境危机的思想和文化原因时，都不约而同地转向中国古代思想文化。

美国学者马希尔认为《道德经》一书最早清晰地表达了生态思维。

英国思想家j.克拉克甚至把道家对环境哲学的影响与西方历史上几次重大的思想革命相比，认为道家的自然理念，正在对西方生态文明转型产生作用。

挪威环境哲学家奈斯称：自己讲的生态“大我”，就是中国人讲的“道”。“道”是《道德经》哲学体系的起点，是宇宙的本原和实质，也是生态法则和自然规律，是其生态智慧的根本。

西方思想史家评论，中国文化承载着一种亲近自然的文化精神。

《道德经》和《论语》等是中国传统文化的根本和真谛，是历史的，也是现在的，更是未来的。既是中国的，更是世界的，是人类共同的精神资源。

2013年3月23日，国家主席习近平在莫斯科国际关系学院演讲时说："孔子、老子等中国古代思想家为俄罗斯人民所熟悉。"

纵观人类文化的发展，由最初的野蛮文化发展到农业文化，到游牧文化，到现代文化。有人说，20世纪是人类海洋文化的世纪，21世纪是人类太空文化的世纪。也有人认为21世纪是人类生物的文化、信息的文化。但无论什么样的文化，都说明人类在不断地成长，由野蛮到文明，由必然王国向自由王国迈进，体现的最高智慧就是老子的"道法自然"而不是自以为是。

21世纪的人类已认识到人类自以为是的局限性，认识到要解决当今全世界共同面对的诸多矛盾和问题，必须反对人类妄自尊大，以自己为中心，把自然当成征服对象；掠夺自然资源，只顾及自然资源的经济价值，而不重视自然资源的生态价值、社会价值、精神价值、文化价值等。

反思人类历史文化的发展，天地人三者以道贯之，"道法自然"是人类目前达到的最高智慧。这一生态文化和智慧，是一种尊重生命和自然的道德伦理观。尊重一切生命与自然和谐相处，人与自然是一个有机的整体，宇宙中所有天体和生命的演化过程都是由自然规律所决定的。人是自然的一部分,道德原则和自然规律是一致的,人和自然都要遵循客观规律,天人协调是最高理想。人必须遵循自然规律,对自然要有爱惜之心,敬畏之心,不能远离自然,要保护自然,善待自然,顺应自然,亲身感受大自然的亲和力。人与自然处于和谐均衡与统一之中,人类的第一位老师是大自然,大自然是人类最好的老师,人类应做好自然的学生。所以我们的观念是天人合一的。这一观念既是中国传统文化中的宇宙观,又是社会的道德伦理观。是人生的最高理想和最高境界,是人类认识史上的一种文化自觉。

“天人合一”是中国传统文化的核心思想。已故国学大师季羡林先生讲:“天人合一思想包括人与自然,人与人,人与自我三层含义的联系问题,这一核心理念强调人与自然的有机统一,是实现人与自然,人与人,人与自我关系的和谐发展。这一核心理念对于反思现代工业文明和科技进步所产生的负面效应,重新构建人与自然,人与人,人与自我之间的和谐关系价值极其重大。用这种价值观引领人类生活方向,具有重大的现实意义和深远的历史意义。”

老子的自然生态文化思想已开始融入西方人的生活和思想意识之中,世界正在全面走近老子,其生态智慧所追求的最高境界是人与自然相和谐的生态整体境界。

老子思想必将主导当今世界新文化复兴。当前,在世界范围内，初具规模的道德文化复兴运动已经开始了。老子“道法自然”这一伟大的理论，必将成为世界新文化的创建基石。集古今中外文明精华为一体，形成一种具有普世文明价值的世界新文化，才能解决全世界共同面对的问题和挑战。

第二十六章

重为轻根，	重为轻的根基，
静为躁君。	静为躁的主宰。
是以	因此
圣人终日行，	圣人经常整日外出行走，
不离辎重。	不离开载物的车辆。
虽有荣观，	虽然享受尊荣，
燕处超然。	却能安居其中而超然物外。
奈何万乘之主，	为什么身为万乘之国的君主，
而以身轻天下？	还轻浮躁动来治理天下呢？
轻则失根，	轻浮必将失去根本，
躁则失君。	躁动必将失去主导的地位。

心　读

本章老子举出了重与轻、静与躁两对不同属性的矛盾，指出每种矛盾双方的作用，并非均衡的而是有其主导因素和主要方面的。“重为轻根，静为躁君”，这句话集中体现了老子思想的特色。

“根”，指根基，根本。“君”，指主导，主宰。稳重为轻浮的根基,重物能承载轻物,如果头重脚轻,就无法站稳脚跟。冷静为躁动的主宰。静止能主导躁动,因为躁动不能持久,必将回归静止。第十六章说:“归根曰静。”这是自然之道。

圣人是明道、行道之人。所以治国理政的圣人经常终日离不开承载衣食的车辆(必定终日离不开辎重补给),虽然享受着荣华富贵和美丽的外观,但却能安居其中而超然物外(超然处世),始终安静地生活,表现得端庄厚重。

“奈何万乘之主,而以身轻天下”,是老子有感于当时统治者们不知修身涵养的重要,骄奢淫逸,纵欲自残而发出奈若何的一叹!

“万乘之主”,指大国的国君。小国人少,不能有万辆兵车。为什么身为万乘之国的大国君主,却轻浮躁动而轻于天下呢?轻于天下就可能丧失治国理政的基础。

身为大国君主,必须以天下为重。要具备稳重、冷静,泰山崩于前而不改色的高贵品质,这样才可以把握住治国理政的根本,从而实现天下大治。如果身为统治者,有了权位之后,心浮气躁,轻举妄动,把治国理政视为儿戏,那样的话,必将丧失治国理政的主导,终将会导致天下大乱。第十三章说:“故贵以身为天下,若可寄天下;爱以身为天下,若可托天下。”

老子崇尚稳重、厚重、持重、沉稳、冷静、宁静,而排斥轻浮、轻率、轻飘、狂躁、急躁、躁动、焦躁等。轻飘就没有了根据,容易被外力推倒,被颠覆掉。而躁动更容易失控。

这一章面对轻与重、静与躁(动)矛盾,老子明确指出了“重为轻根”,矛盾的主要方面是重;“静为躁君”,矛盾的主要方面是静。可见老子的辩证法是持重、主静、贵柔的。

五千言《道德经》可以看作是对一个“柔”的解说。吕不韦在《吕氏春秋·不二篇》中用一个字概括《道德经》的思想:“老聃贵柔,孔子贵仁,墨子贵兼。”这样评述是恰如其分的。在老子的辩证观里,柔弱并非指的是某种实力,而是一种态度,一种理念。这种理念的确立,有助于我们在处理矛盾关系时,能抓住主要矛盾的主要方面,能抓住事物发展的主导因素。这样就能把握事物发展的方向,是符合自然之道的。

这一章,老子告诫人们,不论做什么事,处在任何环境下,都要保持沉着冷静,从容不迫。心浮气躁、急切慌乱不但解决不了问题,反而使问题更加复杂化。我们每个人都应拥有这种品德,拥有顺其自然的心境,这样才能成就一生的伟业,实现自己的抱负。身为领导者,更应该具备这种优秀的品质,才能当好一方地方官员,才能管理好一家公司,才能治理好一个国家,平衡协调好这个地球村。

需要说明几点:

为什么个人修养的重点在于持重和守静呢?因为人是有感情的,既有感情的偏好,也有感情的冲动。而一旦感情冲动,就可能丧失理性;做事情轻举妄动,就会违背客观规律,可能给社会造成不良后果。

现代科学告诉人们，物质的重量，是受万有引力——地心吸引的作用而来。倘若物质脱离了地心吸引力，便会失重，在空中飘浮起来。

人的肉体生命，也是如此。设想地球没有了重力，我们将无法站稳脚跟，无法进食，生命的延续不再可能，那是十分可怕的事情。

南怀瑾在他的《老子他说》一书中说："重和轻、静和躁都是相对的两种现象。重和轻是物理现象的相对，静和躁是生态现象的相对。"这样理解是可取的。

任继愈在《老子新译》一书里，发表了对重和轻、静和躁这两对矛盾的看法。"认为轻与重对立，矛盾的主要方面是重；躁与静对立，矛盾的主要方面是静。可见老子的辩证法是主静、贵柔的。动与静的矛盾，本来是对立统一的，强调任何一方，都不是完整的辩证法。老子虽然也接触到动静的关系，指出二者不可分；但他把静看作矛盾的主要方面，也就是把辩证法理解偏了。因此老子的辩证法是不全面的。"任继愈先生对老子的批评，有人作了反批评，这里不再刻意表述，请读者自悟。

第二十七章

善行，无辙迹；	善于行走的，不留痕迹；
善言，无瑕谪；	善于言谈的，没有瑕疵；
善数，不用筹策；	善于计算的，无需筹码；
善闭，无关楗而不可开；	善于关闭的，没有门插却不可开；
善结，无绳约而不可解。	善于捆绑的，不用绳子却不可解。
是以	因此
圣人常善救人，	圣人（有道的人）经常善于救助人，
故无弃人；	所以没有无用的人；
常善救物，	经常善于做到物尽其用，
故无弃物。	所以没有被抛弃的物。
是谓袭明。	这叫作隐藏着的聪明智慧。
故善人者，不善人之师，	所以善人是不善之人的老师，
不善人者，善人之资。	不善之人也可以作为善人的借鉴。
不贵其师，	不尊重他的老师，

不爱其资，	不珍惜他的借鉴，
虽智大迷，	虽然自以为明智，其实是最大的迷惑，
是谓要妙。	这真是个精微而奥妙的道理。

心 读

老子的核心观念在于“道”，核心宗旨在于“无为”，操作手段在于“主静”“贵柔”。上一章讨论“持重、守静”，就是从操作手段而言，重在个人的修身养性。这一章开头的“善行、善言、善数、善闭、善结”，是讲“无为而治”的一些方法，重在治国理政。

“善行，无辙迹；善言，无瑕谪”，“辙迹”，指车轮碾过的痕迹。“瑕谪”，指缺点毛病。“善行”和“善言”，不单指行走和会说话，而可理解为一种行动。这种人在行动中当行则行，不当行则不为，行为时不留痕迹。当言则言，不当言则不言，当言时语无过失。

“善数，不用筹策”，“筹策”指古代计算所用竹制的筹码，和今天算盘、计算器的作用一样。这句话的意思是说，善于计算的人无须筹码，不用工具。这是一种比喻，指做事情须发挥大家的聪明才智，群策群力，不要显示出自己有多聪慧，有多大的能力。不然就会适得其反，会让人觉得你没有教养（修养）。

“善闭，无关楗而不可开；善结，无绳约而不可解”，“关楗”指门插。“绳约”，指用绳子捆绑。“善闭”和“善结”讲的是对事物的掌控能力。有这种能力的人，遵道而行，善于团结群众和群众打成一片，不用门户拘圄，群众也不愿背离。善于结纳人心的人，以他人心为心，不用绳子捆绑，他人也不会离去，在千里之外也必应之。

“善行、善言、善数、善闭、善结”这五善，是治国的理想智慧，也是治国的一面镜子。圣人（统治者）以此来严格要求自己，在处事接物、言行举止方面，至简至易，“处无为之事，行不言之教”（《第二章》），自然而然，奉行大道。这种“无为”不能和无所作为、无所事事混为一谈，这种“无为”是统治者基于冷静思考之后的自觉选择，其目的是为了实现“无不为”的结果。也就是统治者治国理政时只要无心于为，顺其自然，即“无为而治”，就会有意想不到的神奇效果，天下大治。

在此，还需要理解两个概念：“无为”与“自然”。这两者可以互为定义，自然亦无为，无为即自然，但他们的主语正好相反。无为是对君主（统治者）的要求，自然则是在君主无为的前提之下，百姓所获得的生存状态。也就是说，君主无为，百姓才能自然。

五善亦即上善，正如第八章的“上善若水”。合于道体的人就是上善之人，亦即圣人。

圣人明白天下一切皆源于“道”。道生万物，形象各异，物各有用，人各有才，一切的存在都有其存在的理由和价值。所以圣人没有偏爱、偏亲、私亲、私爱，既不弃人也不弃物。对不善之人也要善待，也就是“常善救人”，做到知人善用，人尽其才；对废物也不弃之，也就是“常善救物”“无弃物”，做到货尽其流，物尽其用。以慈爱、宽容的心态，尊重和珍惜万物，以天道感化，使人与人和睦相处，社会和谐发展，这就是“天地不仁、圣人不仁”(《第五章》)的道理。

“是谓袭明”，“袭”指承袭，有掩蔽、隐藏之意；“明”指一种与“道”相符的理想智慧。此句意为一种隐藏着的聪明智慧，第十六章说“知常曰明”。

“故善人者，不善人之师，不善人者，善人之资”，“资”，指资取、借鉴(今天教育学上常用的“师资”一词最早就出自于此)。这两句话是说，有用和无用，善人和不善人都有他的用处。双方要互相学习，互相尊重。善人是不善之人的老师，不善之人也可以作为善人的借鉴。如果“不贵其师，不爱其资”，不尊重他的老师，不珍惜他人的借鉴作用，将造成尖锐的矛盾对立，引起激烈的社会动乱，那真是“虽智大迷”，自以为明智，其实是最大的迷惑(糊涂)。要做到虽然内心明智，但表相大迷，即所谓的大智若愚，第二十章说：“我愚人之心也哉。”

“是谓要妙”，“要妙”，指精深微妙。这是个精微而奥妙的道理。如能正确处理好以上这些问题，才是掌握了治国的精妙。

需要说明几点：

本章开头“五善”的提出，是老子“无为而治”思想的又一种表述。班固在《汉书·艺文志》中说：“此君人南面之术。”任继愈《老子绎读》中说：“这一章上半部分讲‘无为而治’的一些方法。”

“无为而治”表面上看很消极，实际上都是积极的政治智慧。说到底是需要统治者不要滥用手中的权力欺压百姓，以满足自己的贪欲。体谅民生的艰难，减轻民众的负担，让民众自由发展。是一种关注民生进步的政治思想。

“无弃人、无弃物”的观点，与《礼记》“老有所终，壮有所用，幼有所长，鳏寡孤独废疾者皆有所养”关于大同世界的说法，与孙中山的“人尽其才、物尽其用、地尽其利、货畅其流”的主张相一致，是一种普世价值观。

这里“无弃人”“无弃物”的观点，从无用中看到有用，从弃物中看到物的有用的方面，是否在老子思想中看到了“循环经济”思想的萌芽？

第二十八章

知其雄，	深知什么是雄强，
守其雌，	却安于雌柔的位置，
为天下溪。	甘愿作天下的蹊径。
为天下溪：	甘愿作天下的蹊径：
常德不离，	永恒的德就不会离身，
复归于婴儿。	而回复到婴儿那样纯真的自然状态。
知其白，	深知什么是明亮（洁白），
守其黑，	却安于暗昧的地位（污黑），
为天下式。	甘愿作天下的范式。
为天下式：	甘愿作天下的典范：
常德不忒，	永恒的德没有错失，
复归于无极。	而回复到宇宙原初的状态。
知其荣，	深知什么是荣誉，
守其辱，	却安守卑辱处境，
为天下谷。	甘愿成为天下的山谷。
为天下谷：	甘愿成为天下的山谷：
常德乃足，	永恒的德将盈满充足，
复归于朴。	而回复到本初真朴的状态。

朴散则为器，	真朴状态的解体，发散为天下万物，
圣人用之，	圣人体会运用这个道理，
则为官长，	自然就成为百官之长，
故大制不割。	制定完善的政治制度，能使百姓自然发展，所以天下无所伤害。

心 读

上一章讲"无为而治"的一些方法和民生的道理，重在治理国政。这一章讲三知三守的道理，重在个人的立身处世方面。

所谓"知其雄，守其雌，为天下溪"，"知"是通晓，"雄"代表雄壮，指刚强。"守"指持守，"雌"代表雌弱，指柔弱。"溪"是沟溪，指蹊径。这句话的意思为：对事物雄壮、刚强的一面有透彻的了解，才能持守事物柔弱雌静的一面，甘心情愿做天下人行走的蹊径。"常"，马王堆甲、乙本作"恒"。"常德"，恒久的德，亦即"地势坤，君子以厚德载物"的"德"。愿做天下人的蹊径，回归到宇宙的太初，犹如回归到婴儿那样至柔至纯的自然状态，即"复归于婴儿"。"常德不离"，永恒的德就不会离去。第十章："载营魄抱一，能无离乎？专气致柔，能婴儿乎？"

"知其白，守其黑，为天下式"，"式"，即栻，即古代人占卜用的器具。在此指"模式""范式"。这句话是说，虽然知晓光明、明亮的一面，却要将自己沉浸在黑暗中。犹太人的经典

《塔木德》中有一句话:“人的眼睛是由黑、白两部分组成。可是神为什么要让人只通过黑的部分去看东西呢?因为人生必须透过黑暗,才能看光明。”现代著名诗人顾城写的诗:“黑夜给了我黑色的眼睛,我却用它寻找光明。”黑暗中可以看清光明,但光明中很难看清黑暗。持守黑暗的一面,心甘情愿做天下之范式,亦见于第二十二章“抱一为天下式”。

“常德不忒,复归于无极”,“忒”,指失误、差错。“无极”是事物的元始,含有无穷的生发之机。愿做天下之范式,回归到宇宙原初生机之状态,即“复归于无极”。“常德不忒”,永恒的德就没有失误、错失。

“知其荣,守其辱,为天下谷。为天下谷,常德乃足,复归于朴”,“谷”,有水曰溪,无水曰谷,谷无水则空虚。与上文“溪”义相同,都是地位低下的比喻。“朴”在《说文》中解为“朴,木素也”,即未加工的原木,老子用“朴”表示“道”的境界和品格。此句白话解读为知道光荣的一面,而不与人争荣誉,把荣誉让给别人,守持耻辱的一面,忍辱卑下,自谦虚心待物,心甘情愿成为天下的川谷。成为天下的川谷,这样就回归到本初真朴的状态,即“复归于朴”。“常德乃足”,永恒的德将盈满充足,充满生机。第二十一章说“洼则盈”。

守雌守辱、为溪为谷的思想,不能从表面简单地理解为退缩、逃避、忍让,它是含有主宰性在里面的。不仅守雌,而且知雄。把握好一个“度”,居于最恰切、最妥当的位置,知道自己有强大的实力，却抱守柔弱的态度。因为柔弱是“无为”的表现形式，无为而受尊崇的是天道，与道是一体的；刚强则是“有为”的表现形式，有为而致纷乱的是人道，与道是不合的。主宰万物的是天道，饱受役使的是人道。所以要坚守柔弱，柔弱能胜刚强。这样做有助于消除竞争对手的戒备心，在有能力战胜对手之前，先有效地保存自己的实力，从而为战胜对手积蓄力量，储备能量。这个观点在第七十八章中也论述：“弱之胜强，柔之胜刚，天下莫不知，莫能行。”

“知雄守雌”便可“复归于婴儿”，“知白守黑”便可“复归于无极”，“知荣守辱”便可“复归于朴”。前者是守“道”、尊“道”的行为。遵道而行，就是对自然规律的直接把握。后者是得“道”的表现形式，用“婴儿”“无极”“纯朴”表示“道”的境界和品格。无心而顺应它，便是道；调和而顺应它，就是德了。

“朴散则为器”，“器”，合成也，指具体的事物。“朴”，指事物本真的状态，或指事物的自然性。如未经加工的原木，原木切割制作成各种器物，亦即真朴状态的解体分散为天下万物。

老子的这句话“朴散则为器”对事物形成的描述，极其简练而含义却至为广大、深邃。虽然在老子那个时代人类对宇宙的演化规律还没有足够的认识，但老子凭着直觉的感悟性思维，十分天才地描述了对宇宙演化规律的形成，和今天经典的宇宙大爆炸原理是相吻合的，说法是一致的。

宇宙大爆炸原理告诉我们：大约在150亿年前，宇宙所有的物质都密集在一点上，温度极高，迅速膨胀。由于急剧膨胀而产生了大爆炸，爆炸时间之短，是10的36次方分之一秒。然后物质逐渐冷却，由于分散得不均衡，这种物质凝聚成不同的星系，演化形成了今天的宇宙。

“圣人用之”，“用”是指圣人懂得“朴散则为器”的道理，朴木好比形而上之“道”，器具就好比形而下之“物”。形而上之“道”终有散朴为器的时候，圣人体会运用这个道理，能以浑朴的原则，来设官分制，“则为官长”自然就成为百官之长，奉行大道“无为而治”。故为“大制不割”。“割”，指害。“不割”，指不害。“制”，指管理。完善的政治制度能使百姓自然发展，所以天下无所伤害。第三十五章“执大象，天下往。往而不害，安平泰”，第五十八章“是以圣人方而不割，廉而不刿，直而不肆，光而不耀”，第六十章“非其神不伤人，圣人亦不伤人。夫两不相伤，故德交归焉”，都有这个意思。

这一章老子告诉我们，以柔弱、退守的态度来对待人生，从事政治活动，参与社会生活，顺乎自然而为。

需要说明几点：

有关守雌贵柔思想的论述，在第四十二章、第五十五章、第六十一章、第六十六章都有涉及。

“守其黑，为天下式。为天下式：常德不忒，复归于无极。知其荣？”这二十三字疑为后人补之。《庄子·天下篇》引老聃曰

“知其雄，守其雌，为天下溪。知其白，守其辱，为天下谷”可证。本书仍按王弼本、河上公本保留这二十三字。

“知”，知道，知道就是离道，人所能知道的须依靠不知道才能够知道。默然无语，自然天成。

第二十九章

将欲取天下而为之，	要想治理天下而强有所为，
吾见其不得已。	我看他难以达到目的。
天下神器，	天下是个神圣的东西，
不可为也，	不可以强行作为，
不可执也。	不可以强力把持。
为者败之，	强行去做必然失败，
执者失之。	用力把持必然失去。
故	所以
物或行或随；	一切事物，有的前行，有的后随；
或嘘或吹；	有的轻嘘，有的急吹；
或强或羸；	有的强壮，有的瘦弱；
或载或隳。	有的盈满，有的毁坏。
是以	因此
圣人去甚，	圣人尊道而行，不走极端，
去奢，去泰。	不奢侈，不过分。

心　读

这一章讲“无为”的政治理想。“无为”不是说在客观现实面前无所作为，“无为”是顺应自然而为，不能以人的一己私欲违背自然去“强作妄为”。本章文句具有简洁直白、抽象普适等特点。

“将欲取天下而为之，吾见其不得已”，“取天下”指治理天下，不是夺取天下的意思，古人的“天下”不是指今天所谓的全世界，而是指当时的华夏本土地域，也就是人们所说的“国家”。“不得已”，不是无可奈何之意，而是不能达到目的或不能得到。“为”，有为、作为，指强行去做。这句话的意思是凭主观意志强行所为而治理天下，我看这样做是无法实现自己愿望的，是不可能办到的。

“天下神器，不可为也，不可执也”，“天下”是指形而下的世界。“神”，无形也，“器”，合成也，无形之合成，谓之神器也。又指祭祀神祇的器具(神器象征国家、政权)。把神器用作王位，不是老子的原意，在这里老子是说天下是个神圣的东西，是个难以讲清楚的东西，天下(人类社会)是大自然神圣的产物，有其自身的发展规律，不以人的主观意志为转移，它有一种超人间的神奇力量，非人力所能为。不能据为己有，也不可以把持抓到自己手里。强行作为的人必定失败，固执的人必定有所损失，即“为者败之，执者失之”。所以“是以圣人无为，故无败；无执，故无失”。(第六十四章)

“天下万物，或行或随；或嘘或吹；或强或羸；或载或隳”，应从两个方面理解这四句话。第一方面，是对上一句“天下神器，不可为也，为者败之，执者失之”道理的进一步论述。自然界的一切事物都有其存在的独特方式，无论是人还是物，都各有自己的禀赋(天性)，物性不同，人性各异，差异性和特殊性是客观存在的，都按各自的天性自然而然地发展着。不能强行妄为。如果强加干涉就是违背自然，就会受到自然的惩罚，注定要遭受失败。任何事物都是这样，都不能违背自然法则，一切都应顺乎自然；反之，将破坏自然秩序，致天下大乱，因此最需警惕的是"人为造作"。人类历史上的许多灾难都是由人过分的执着妄为而造成的。

第二方面，这四句话反映出事物表现的八种现象(八种状况)，是老子对天下万物(宇宙)全部现象的概括和描述。老子用诗意化的语言描述了它的不可名状的美妙。

天下万物，不是有一个最终的目的，不会造得这么美妙，这八种美妙的现象，各有其特色。在参差不齐中保持了整体的均衡，这就是"神器"的妙用。前行、后随、轻嘘、急吹、强壮、瘦弱、成功、失败——这八种现象，两个一组构成了事物整体均衡可持续发展的状态，是天下万物最基本的、最普遍的状态，适合自然界和人类社会的各个领域。

比如在宇宙宏观领域，天体运行的基本原理是，月亮绕着地球转；地球绕着太阳转……也可以这样说，月亮随着地球行；地球随着太阳行，这和2500多年前老子说"物或行或随"的道理是完全一样的。老子用中国汉字独有的语言魅力，几个字就说明了天体运行的基本原理，比波兰伟大的天文学家哥白尼的日心体系说早了2000多年。

世界上的事物千差万别，秉性各异。山有山的形貌，水有水的特性，人各有自己的形貌和气质，而且爱好和习惯也不同。如有的人生下来就适合做领导，有些人天生适合作陪衬；有些人喜欢走在众人的前面，有些人喜欢跟在他人的后面；有的人性情暴躁，有的人性情柔顺乖巧；有的人争强好胜，有的人谦恭礼让；有的人蛮横霸道，有的人懦弱受欺；有的人爱好繁华热闹，有的人爱好安详清静……

这一切的一切，都能用“或行或随；或嘘或吹；或强或羸；或载或隳”这四句话来涵盖或囊括。读到这里，你可以静下心来，聆听老子的教导，领悟这16个字所承载的思想和观念是多么的至简至纯，从而体会老子思想的博大精深。这样你才能够领悟到，老子是多么伟大的一个思想家、哲学家。他的思想是永恒的，与天地同存，日月共辉。

“是以，圣人去甚，去奢，去泰”，“甚”，指极端；“奢”，指奢侈；“泰”，指过度。这句话与第六十七章“我有三宝，持而保之：一曰慈，二曰俭，三曰不敢为天下先”有内在的一致性，即“去甚”能慈，“去奢”能俭，“去泰”不敢为天下先。这种理念给人们的启示：不要走极端，做事掌握分寸，要反对一切形式的极端主义、冒险主义、恐怖主义、霸权主义、强权政治和干涉主义，这样有助于我们推动世界多极化、国家政治民主化、文化多元化、社会信息化的发展。各国共处一个世界，人类只有一个地球村。

各国要合作、共赢，携手应对全球气候变化、粮食安全、能源资源安全、网络安全、瘟疫传播等重大自然灾害日益增多的全球性问题，共同呵护人类赖以生存的地球家园，不要再出现群雄争霸、战祸连绵的局面。

老子认为：极端的、过分的、奢侈的东西，会拖累我们的身体和灵魂，应该抛弃它们，过一种简朴的生活。这样我们才能自由、快乐。巴西著名的设计师尼迈尔先生也说："如果有一天世界变得更加公正，生活将更加简单。"

需要说明几点：

"为者败之，执者失之"这两句，在第六十四章也有。

本章与第十五章有内在联系。

现代著名学者陈鼓应先生在他的《老子注译与评介》一书中说："本章为老子对于'有为'之政所提出的警告：治理国家若以强力作为或暴力把持，都将自取败亡。世间的物性不同，人性各别，为政者要能允许差异性与特殊性的发展，不可强行，否则就变成削足适履了！所以理想的政治应顺任自然，因势利导，要舍弃一切过度的措施，去除一切酷烈的政举；凡是奢费的行径，都不宜施张。"这一段评述是深刻的。

台湾大学教授傅佩荣先生解释"天下神器"一句："天下"，是指人间所构成的整体。这种理解有待于商榷。其实老子的"天下"是指天下一切事物，是指形而下的世界。

第三十章

以道佐人主者，	循“道”来辅助君王的人，
不以兵强天下。	不靠炫耀兵威在天下逞强。
其事好还。	用兵这种事很快就会得到报应。
师之所处，荆棘生焉。	军队驻扎过的地方都是荆棘丛生，一片荒凉。
大军过后，必有凶年。	战争之后，一定会出现灾年。
善有果而已，	善于用兵的人达到战略目的就可以了，
不敢以取强。	不要再用武力逞强。
果而勿矜，	达到目的却不自大，
果而勿伐，	达到目的却不炫耀，
果而勿骄，	达到目的却不骄傲，
果而不得已，	达到目的却处于迫不得已，
果而勿强。	达到目的却不逞强。
物壮则老，	事物过早地强盛，就会迅速走向衰老，
是谓不道，	这就叫作不合乎道，
不道早已。	不符合于道，很快就会消亡。

心读

这一章老子讲用兵之道，它不是从军事理论的角度讲战争的辩证法，而是从哲学的角度讲战争时体现的人道情怀、和平精神和反战意识。战争是人为的，是不合乎自然之道的。

战争是人类最愚昧最残酷的行为。战争的惨烈让人触目惊心："师之所处，荆棘生焉。"军队驻扎过的地方，田园荒芜，荆棘丛生，一片荒凉。大战过后，飞鸟不下，兽铤亡群，国民饥馑，盗贼横生，瘟疫流行。是谓"大军过后，必有凶年"。

战争直接给老百姓的生活造成了极大的伤害，胜败的双方都付出了惨重的代价，都是受害者。

战争是人类的灾难。

老子是一个反对战争的人，出于关注民生疾苦的人道情怀，他厌恶战争，但也并不一味地、绝对地反战，抹杀正义战争和非正义战争的区别。他明确指出：尽管战争必然会造成灾难性的后果，但也有"不得已而用之"的时候，"不得已而用之"是指不能不打，不得不打的战争。

老子的战争观，可以从五个方面来解读。

一，在一定历史条件下，消灭战争只能是人们的美好愿望和理想，但是人们却完全可以控制和制止战争。

二，不到万不得已，绝不应该选用武力，而是尽可能采用和平外交的方式，如政治、经济、文化等办法解决问题，只有这样才合于自然之道。如果战争的双方都能"以道佐人主"，战争就不会发生。所以老子警告统治者“不以兵强天下”，遵循自然之道来辅佐君王的人，不会滥用兵革，穷兵黩武。如果靠武力这种手段，暂时可以制服对方达到自己的目的，但无形中会失去天地之和，扰乱生灵自然之性，人心背离，天下共怒，激起对方以同样的手段进步报复，这就叫作“其事好还”。

人类文明史告诉我们，凡是“以兵强天下者”必然失道，而失道者都没有好下场。20世纪两次世界大战就是血的教训，谁想恃兵逞强，称霸世界，最终将死无葬身之地。孟子曰：“威天下不以兵革之利。得道者多助，失道者寡助。寡助之至，亲戚畔之；多助之至，天下顺之。”

三，即使万不得已，必须要用武力手段的话，如反侵略战争、反恐怖战争等，也要“善有果而已，不敢以取强”。意思是，用兵之道不是为战争，而是为了保护国家，确保人民的生命财产安全，是被动的，而不是主动的，是正义战争而不是非正义战争。一旦战争爆发，用兵的时候，也要遵循大道的原则，不过分逞强，要适可而止，尽量避免伤及无辜。

四，不战则已，战则必胜，必须达到自己的战略目标，达到惩治战争罪犯的目的，以期求得最终的和平。

五，战争胜利之后，切记：“果而勿矜，果而勿伐，果而勿骄，果而不得已，果而勿强。”这五句话并列直观。只有肯定，没有否定，逻辑铁定，没有商量的余地。就是说征战成功达到目的以后，不要自负、自大，不要炫耀、显摆，不要骄傲。用兵只是出于不得已而为之，并非以兵逞强，称王称霸。

老子对战争的态度，不以武力相威胁，不以武力解决问题，永不称霸，反对战争，追求和平的理念，应该是人类最早的反战理论了。

在2500多年以前，老子就提出如此深刻的反战理论，令人肃然起敬。这对当今全世界的政治家们都具有重要的指导意义。

“物壮则老，是谓不道，不道早已”，意为事物过早地强盛，追求所谓的极致，就会迅速走向衰老，这是违反自然之道的。不符合于道，很快就会消亡。

这无疑是对那些穷兵黩武者当头棒喝！战争狂人，必将被战争所惩处。

需要说明的几点：

楚简甲本作“以道佐人主者，不欲以兵强于天下。善果者而已，不以取强。果而弗伐，果而弗骄，果而弗矜，是谓果而不强，其事好。”

马王堆甲、乙本作“物壮而老”。

“果”，达到目的，取得成果，不是植物的果实。

第三十一章

夫唯兵者不祥之器，	用兵打仗啊，是不吉祥之举，
物或恶之，	人们都厌恶它，
故有道者不处。	所以有道的人不接近它。
君子居则贵左，	君子平时以左为贵，
用兵则贵右。	用兵打仗时就以右为贵。
兵者不祥之器，	用兵打仗不是吉祥之举，
非君子之器，	不是君子所喜欢就这样做的，
不得已而用之，	被逼无奈而用兵了，
恬淡为上。	适可而止就行了。
胜而不美，	胜利了也不得意洋洋，
而美之者，	如果得意，
是乐杀人。	就是喜欢杀人。
夫乐杀人者，	喜欢杀人的人，
则不可得志于天下矣。	就不可能实现其志于天下的目的。
吉事尚左，	吉庆的事以左方为上，
凶事尚右。	凶丧的事以右方为上。
偏将军居左，	偏将军站在左边，
上将军居右。	上将军站在右边，

言以丧礼处之，	这就是说出兵打仗用丧礼的仪式对待。
杀人之众，	战争死伤众多，
以悲哀泣之，	怎能不满怀悲哀之情，
战胜以丧礼处之。	战胜了要依办丧事的仪式处理。

心　读

前一章老子从战争性质、战争结果，对战争的态度等几方面阐述了他的反战思想。这一章承前而发，老子对武力进行了犀利的批判，从而把他的反战思想提高到了一个前所未有的高度。

本章一开始老子就开宗明义“夫唯兵者不祥之器，物或恶之，故有道者不处”。“兵”就是武力，“夫唯兵者”指热衷于用武力发动战争的人，即所谓的战争狂人，乃是不祥的东西。打仗之后，自然灾害频发，农业没有收成，人死了无法埋葬，瘟疫流行，百姓遭殃。战争给人们带来的灾难不可估量，因此人民厌恶战争，对发动战争的狂人深恶痛绝，所以有道的人是不会与穷兵黩武者接近的。

然而，人类社会发展到今天，战争仍未能绝迹。世界上的尖端技术，首先应用于军事工业上，武器的进步，从核武器到生化武器，再到电子网络激光武器，战争的能力已经达到毁灭人类的程度。正由于此，人类才携起手来共同反对和制止核战争、生化战争。核武器杀伤力强,遏制战争的力量也强,但它给人类带来的仅仅是有限的一点和平,却是无限的灾难。

实际上人类现有的资源并不丰富,如果把用于军事上的人力、物力和财力转而用到民用工业的发展上,人类可以生活得更好。

“兵器”无论是古代的冷兵器,还是现今的热兵器,还是未来的电子信息网络兵器,都是不吉祥的东西。各国当政者们应该把开发军事建设的资源,投放到人类和平建设上来。

“君子居则贵左,用兵则贵右”,这里的左右之分源于古人“左阳右阴”的观念。阳代表生命可以成长,勃勃生长。阴代表生命结束,肃杀也。君子平时以左方为贵,主生,用兵打仗时就以右方为贵,肃杀。

“兵者不祥之器,非君子之器”,军队是不祥之器,不是君子所用之物,君子不喜欢、不赞成用武力解决问题,武力只会带来不好的结果,尸体遍地,血流成河,有“杀敌一千自损八百”之说,可见战争之残酷。今天美国提出“零伤亡”的目标,也是不现实的幻想。战胜方实现的“零伤亡”,是以失败方“万骨枯”为代价的。

战争的确是灾难性的东西,“不得已而用之”,也要“恬淡为上”。君子迫不得已而使用武力进行自卫战争,反侵略战争、反恐怖战争是为了除暴救民,即使如此,也应该遵循用兵的最高原则“恬淡为上”,适可而止就行了,力求“不战而屈人之兵”,把双方军民的牺牲,减少到最小程度。

即使动用武力取得战争的胜利,也要“胜而不美”。如果以战争取得胜利“而美之者”,就是喜欢杀人,就是战争狂人。“夫乐杀人者”最终都不能取信于民,不能实现其志于天下的抱负。是谓“则不可得志于天下矣”。这句话是对穷兵黩武者们的警告。

古话说:“左青龙,右白虎。”左方是东,东方属木,是万物逢春生长的一方,“左青龙”代表万物勃勃生机,吉祥之意。“右”是西方,西方属金,是万物临秋,生命凋零的一方,“右白虎”指万物肃杀之意。所以古代人以左为贵,为吉祥。天子临朝时,文官总是能站在朝堂的左边,武将则站在右边。在中国古代人的价值观里,对文治的重视程度远远高于武功。

吉祥的事,尚左;凶险的事,尚右。出兵打仗的时候,偏将军辅佐上将军,不以攻杀为主,故处左;上将军为一军之统帅,以攻杀为主,右主杀,故处右。处右凶多吉少,所以每次出兵打仗用丧礼的仪式对待上将军。是谓“吉事尚左,凶事尚右,偏将军居左,上将军居右,言以丧礼处之”。

毛泽东一生用兵打仗,胸中有雄兵百万,料敌如神,战无不胜,却从不配枪;在国民党军队兵败如山倒之际,还采取北平方式、绥远方式和湖南方式积极争取和平谈判结束战争;开国之初,即建造人民英雄纪念碑及举行各种纪念活动,这无疑是对“有道者不处”“非君子之器,不得已而用之”“以丧礼处之"的最好解读。

老子这一章两次提到"以丧礼处之",说明战争是凶事,是人类的悲哀。不论战争性质正义与否,是输还是赢,其结果都是一样的。打仗没有真正的赢家,都是违背大道的凶杀之事。战争中死伤众多,"杀人之众"怎能不满怀悲哀之情,"以悲哀泣之";即使取得战争的胜利,也要感到悲哀才是,要以办丧事的仪式来处理。是谓"杀人之众,以悲哀泣之,战胜以丧礼处之"。

出兵用丧礼,取胜也用丧礼。祭奠战争亡灵,体现了中华民族推崇的仁厚之心,好生之德,表现了老子的人道情怀。

庄子是老子反战思想的积极传导者。台湾大学教授傅佩荣在《国学的天空》一书中提到庄子的一个故事:有一个国君想称霸天下,庄子建议他弄一个各国联合签署的和约,哪位国君拿到这个和约就可以号令天下,但有一个条件,你左手拿到这个契约,右手就要被砍掉。右手拿到这个契约,左手就要被砍掉。

国君最后想了想,我得到天下,失去我的一只手。天下给我,可是让我的手少了一只,划不来。

庄子很调皮,他用这种方式让君王们反省,战争有必要吗?得到再多的土地臣民,称霸天下,有什么意义呢?人的生命是最可贵的,你活着都来不及了,何况还要去打仗呢,去消灭很多人的生命呢?根本没必要。

老子的反战思想被新中国的外交发扬光大。1954年6月28日和29日，中印、中缅分别发表联合声明：共同确认了和平共处五项原则。该原则摒弃了弱肉强食的丛林法则。

新形势下，和平共处五项原则的精神不是过时了，而是历久弥新；意义不是淡化了，而是历久弥深；作用不是削弱了，而是历久弥坚。

2014年5月15日习近平主席出席中国国际友好大会暨中国人民对外友好协会成立60周年纪念活动并发表重要讲话：

"中国的先人早就知道'国虽大，好战必亡'"。

"中国民族的血液中没有侵略他人称霸世界的基因，中国人不接受'国强必霸'的逻辑，愿意同世界人民和睦相处、和谐发展，共谋和平、共护和平、共享和平。"

"和平犹如空气和阳光，受益而不觉，失之则难存，必须精心维护。"

联合国教科文组织总部大楼前的石碑上，用各种语言镌刻着这样一句话：

"战争起源于人之思想，故务需于人之思想中筑起保卫和平之屏障。"

这句话揭示了一个真理，就是维护世界和平也好，促进各国共同发展也好，关键是要让各国人民充分认识和平与发展对人类的意义，心灵中坚定和平理念，反对战争，共同发展。"各美其美，美人之美，美美与共，天下大同。"

需要说明的几点：

楚简丙本作“君子居则贵左，甬（用）兵则贵右。古（故）曰兵者□□□□□□得已而甬（用）之。銛纅为上，弗娧（美）也，𢘓（美）也。之，是乐杀人。夫乐□□□以得志于天下。故吉事上左，丧事上右，是以偏将军居左，上将军居右，言以丧礼居之也。故杀□□，则以哀悲莅之；战胜则以丧礼居也”。

“偏将军居左，上将军居右”。古代战争用车，军中将军站在车上，一方面战斗，一方面指挥。每一战车，都有步兵在车的左右参战并保护主将。

第三十二章

道常无名，朴，	道永远是无名而处于质朴的状态，
虽小，	虽然精微而不可见，
天下莫能臣也。	天下没有谁能征服它。
侯王若能守之，	侯王如果能够守住它，
万物将自宾。	万物将会自然归附。
天地相合，	天地间阴阳之气交合，
以降甘露，	自然就会降下甘露，
民莫之令而自均。	人们没有命令它而自然润泽均匀。
始制有名，	道生万物，万物兴作就产生了各种名称。
名亦既有，	各种名称既已制定了，
夫亦将知止。	就会知道适可而止了。
知止可以不殆。	知道适可而止，就可以避免危险。
譬道之在天下，	道存在于天下，为天下万物所归，
犹川谷之于江海。	犹如百川汇聚江海那样。

心 读

这一章老子以“朴”喻“道”，用“朴”来描述道的无形无名的质朴状态。重在道的特性和功能。“道常无名，朴，虽小，天下莫能臣也。”这句话意为，太极之初（太古之初）道体虚无，精微自然。虽然微细，无具体明象而不可名，但天下万物都由之而生，天下没有谁能征服它，而它却主宰着人类万物，为天下万物之主。

“侯王若能守之，万物将自宾。”王侯若能持守这无名之朴的道（亦即是持守道自然无为的特性），天下万物将会自然而然归附于它，服从于它。就连天地也会阴阳相交合，化育甘露，普降天下，没有谁命令然而它自然润泽均匀，滋润众生，五谷丰登万民康乐，和睦相处，天下太平。是谓“天地相合，以降甘露，民莫之令而自均”。

“始制有名”是万物之初始，“有名，万物之母”，万物兴作就产生了各种名称。如果没有名称概念，我们也就无法进行思维和认识。既然各种名称概念产生了，我们就不要太执著于自己的认识，毕竟，这种认识有它的局限性，忘本逐末，忘记了“道”“朴”“无名”是万物之宗主，“有名”也就为乱之本。王弼在《老子指略》讲：“名以定物，理恕必失；誉以进物，争尚必起。”

所以老子警告说：“名亦既有，夫亦将知止，知止可以不殆。”“知止”是劝人各依其名，各安其分。“不殆”，没有危险。此语意为，万物名称既已制定了，纷争也就跟着产生。所以人不可舍本逐物、弃朴求名，要安守本分，知道适可而止。知道适可而止，就能远离危险，避免各种祸患，就自然又返回到朴（返回到无名之朴的状态）。

用无名质朴的状态喻“道”的特性，“譬道之在天下，犹川谷之于江海。”道存在于天下，为天下万物所归，犹如百川汇聚江海那样。

有道的君王像大海一样，无所不纳，无所不容，天下万民无不愿归于他。

本章讲“无为”的政治思想，侯王们若能认识无名之朴的“道”，持守它的特性，就可以得到人们的信任。人们自然地归附于他，天下将安然和睦，百姓将怡然自得。

需要说明的几点：

“道常无名”对照阅读“无名，天地之始”；“始制有名”对照阅读“有名，万物之母”。

本章与第二十八章“复归于朴。朴散则为器，圣人用之……”和第三十七章“吾将镇之以无名之朴……”对照阅读，其中的涵义将更为明显。

“朴虽小”一语与第二十五章“吾不知其名，字之曰道，强为之名曰大。大曰逝，逝曰远，远曰反”相对照阅读理解，其意深刻，易于理解。

“民莫之令而自均”一语有一种平等的思想观点。

“知止”有劝人各依其名，各安其分的意味，要分“区分之知”“避难之知”，请参考第十六章心读。

《大学》讲“知止而后有定”。

王弼在《老子指略》讲：“夫物之所以生，功之所以成，必生乎无形，由乎无名。无形无名者，万物之宗也。”

第三十三章

知人者智，	了解别人的人睿智，
自知者明。	了解自我的人聪明。
胜人者有力，	战胜别人的人有力，
自胜者强。	克服自己弱点的人是强者。
知足者富，	知足的人富有，
强行者有志。	奋力践行的人有志向。
不失其所者久，	不失根本的人就能长久不衰，
死而不亡者寿。	身虽死而精神永存的人才是真正的长寿。

心　读

本章老子认为“知人”“胜人”固然可贵，但“自知”“自胜”更为重要。重在个人的品行修养，其中蕴含着深刻的人生哲理。

这一章文字简洁明了，四组排比句是至理名言，至今仍然是人们行为的座右铭。

“人贵有自知之明”，最早的表述者就是老子。“知人者智，自知者明”，了解别人不易，认识自己更难。人之相识，贵在相知，人之相知，贵在知心。正因为“知人”不易，所以才会讲到“知人者智”。“智”是睿智，聪明，只要正常的逻辑思维就能做到，而要认识自己，须用内功，净化本能。“致虚极，守静笃”，虚静之后，才能清醒地认识自己，了解自己，对待自己，这才是最难能可贵的。

“知己知彼，百战不殆”，就是说一个人不仅要善于了解别人，更要善于了解自己。既了解自己又了解别人，这样的人百战不殆，战无不克。

《韩非子·观行》“古之人目短于自见，故以镜观面；智短于自知，故以道正己”，说的也是这个道理。在古希腊大哲学家苏格拉底看来，哲学的任务就是认识你自己。老子同样地把自知视为比知人更重要的智慧。

“胜人者有力，自胜者强”，能够战胜别人说明你力量大，但只有克服自己弱点的人，才是真正的强者。人如果不能战胜自己，做不了自己的主人，实际上仍然是弱者。胜过别人，也只是表象而已。王阳明说：“去山中之贼易，去心中之贼难。”把山上的盗贼赶走很容易，但赶走心中的贼寇却不易，因为心中的贼就是黑洞般没有边际，不知深浅。欲望、想法、成见，这些东西是阻挠人们心灵境界提升的绊脚石和重重阻力。若要战胜自己，需要有超凡的智慧和顽强的毅力。只有这样才能抵挡住物欲的诱惑，不使自己变成欲望的奴隶。

有位作家说得好：“自己把自己说服了是一种理智的胜

利，自己被自己感动了是一种心灵的升华，自己把自己征服了是一种人生的成熟。大凡征服了自己的人，就有力量征服一切挫折、痛苦和不幸。”

“知足者富”，人生的欲望是永远不会满足的，知足是一种境界，它不在于获得多少物质，而在于内心的实际感受程度。不知足的人即使是亿万富翁，也还是心灵空虚，欲壑难填；知足的人即使缺吃少衣，心态上也是不错的。正如庄子所言“鹪鹩巢于深林不过一枝，鼹鼠饮河不过满腹”，一只鸟在森林里做巢，只需要一根树枝就够了，土拨鼠到河边喝水，所用水量也仅仅是装满一个肚子而已。正如西方名言，“致富的最佳途径是减少欲望”。人生的欲望没有穷尽，人只要懂得满足，知足常乐，那就是最富有的人。

“强行者有志”，所谓“强行者”就是与知足者持相反态度的人，这种人坚持不懈追求进步，心中有大志向。在这里“强行者”与“知人”“知己”“知足”并不矛盾，它们是和谐统一的，这种人不但能“胜人”更能“自胜”，也能“为强”。河上公注释的“人能自胜己情欲，则天下无有能与己争者，故为强也”这句话，也是这个意思。

丘吉尔一生的成功经验告诉我们：“成功根本没有什么秘诀可言，如果真是有的话，就是两个，第一个就是坚持到底，永不放弃；第二个就是当你想放弃的时候，回过头来看一看第一个秘诀，坚持到底，永不放弃。”

印度伟大诗人泰戈尔也讲过："顺境也好，逆境也好，人生就是一场面对种种困难无尽不休的斗争，一场我寡敌多的战斗。只有笑到最后的，才是真正的胜利者。"

"不失其所者久"，这句话的意思是，不丧失自己根本的人就能长久不衰。世界上的各种生物都有自己的根本特质，鱼儿在水中游，离开了水就会丧命；树木在沃土里成长，离开了土壤就要干枯。人的根本是什么呢？人是大自然的一分子，像鱼和树一样，离不开空气、阳光、土壤、水等物质，同时人又是一个社会动物，离不开精神的支柱，这个支柱就是老子所说的"道"。通俗地讲，一个人不管处在什么情况下，都不要忘乎所以，不要忘了本，这就叫不失其所。

"死而不亡者寿"，身躯虽死而精神永存的人是长寿。老子的这种见解很深刻。已故国学大师任继愈先生在《老子绎读》一书中说："现实生活中，有些人虽活着，等于死去；有些人虽死去，他的事业，他的精神还活着。古人曾有三不朽之说：'太上立德，其次立功，其次立言。'这三者都是说虽然人死了，但他们的言行德业在人心中世世代代流传下去。上古人类发明用火，使人们开始吃熟食的燧人氏；发明建房屋，使人免于住在潮湿的洞穴中的有巢氏；发明畜牧业，驯养家畜的伏羲氏；发明农业种植的神农氏，他们连姓名都没有留下，其造福人类的业绩却永远留在人间，这就是死而不亡；人们长期记着他，这就是长寿。"

需要说明的几点：

“知人者智，自知者明”可参考第二十四章的译文心读，对照阅读理解。

第四十一章“勤而行之”的人就是指“强行者”。

“自胜者强”和第五十二章“守柔曰强”的“强”字意思相近，和第七十六章“坚强者死之徒”的“强”字意思不一样。

“自知者明”，第十六章有“知常曰明”，第二十二章有“不自见，故明”，第五十二章有“见小曰明”等。

第三十四章

大道氾兮，	大道像水一样，盈满而溢，
其可左右。	或左或右，无所不在。
万物恃之以生而不辞，	万物依靠它生长，而它对万物从不干涉。
功成不名有。	成就了万物，而不居功。
衣养万物而不为主，	养育万物而不自以为主宰，
常无欲可名于小；	永远处于无欲状态，可以认为它的作用微小；
万物归焉而不为主，	万物归附于它，而它不自以为主宰，
可名为大。	可以称是伟大，
以其终不自为大，	由于它最终不认为自己伟大，
故能成其大。	所以才能成就它的伟大。

心 读

这一章是对形而上实质之“道”的歌颂。“道”是无为的，有了“道”才有万物，“道”就在现实生活中，就在我们身边。

“大道氾兮，其可左右”，大道像水一样，盈满而溢，广泛流行，无所不至。它可左可右，可上可下，可顺可逆，在方为方，在圆为圆，向无定向，形无定形，任其物性，顺其自然。

老子描述“大道”的品格，“万物恃之以生而不辞，功成不名有，衣养万物而不为主。”道对万物“不辞”“不有”“不为主”。现代学者陈鼓应先生在《老子注释及评介》引述为：“这里，借道来阐扬顺任自然而‘不为主’的精神，反观基督教耶和华的作风则大不相同，耶和华创造了万物之后，长而宰之，视若囊中之物。”

美国巴姆教授在《论老子之道》一文中解读得更为详尽，“‘道’产生万物……没有任何事物能够背离‘道’和体现在它们自己生存中的自然本性。如此来说，不是‘道’要求这样做，而是事物自然如此，它从来就是这样……”又说“‘上帝’爱护并关心它的创造物，‘道’容纳并养育万物，然而这样做却无求于万物，不需要它的创造物去做不愿做的事，不论做什么，‘道’都不去干涉，也不去阻止”，“道的无人格的特性与‘照上帝的旨意行事’的观念形成对照”。

“常无欲可名于小；万物归焉而不为主，可名为大”，“道”永远处于不可名而质朴的状态，没有私欲，无欲则小。“至小无内”，没有一样东西比它小，可称之为小；微小平凡，越平凡越得到万物的归附。万物生命归附于它，而它有无限的容量，无穷大“至大无外”，而它并不以主宰自居，没有占有欲和支配欲，所以成就了他的伟大，这可称之为大。试问，有谁看到过太阳向我们伸手要过钱？又有谁向空气、暗物质和暗能量付过账？没有。一切光和热、空气、能量都是无处不在，无时不有，无所不能，主导一切却又不张扬，不争抢，低姿态，然而万事万物都依靠它而存在发展。它们是大道的使者，所做的一切都是"道"的体现，如实地体现着大道的根本，反映着大道的本意，将"道"表达得淋漓尽致。

作为宇宙本源的"道"之所以伟大，"以其终不自为大，故能成其大"。由于它最终不认为自己伟大，所以才能成就他的伟大。

人生价值的真正伟大之处在于平凡，做不到平凡的人就不能成就其伟大的人格和功绩。人格伟大的人心胸辽阔，如长江沧海；形象高大，如珠穆朗玛峰。古今的例子不胜枚举。

本章说明大与小的辩证法，"小"能成就"大"，即平凡成就伟大。伟大来自于平凡，平凡中见伟大，才是真正的伟大，在平凡中见伟大的人才是伟人。人格伟大亦即"道"格伟大，天道如此，人道亦然。

需要说明几点：

"功成不名有"，第二章有"生而不有，为而不恃，功成而不居"，第十章和第五十一章也有"生而不有，为而不恃，长而不宰，是谓玄德"。

"大道汜兮，其可左右"是对第二十五章"周行而不殆"的生动引申。高亨《老子注译》说:“举左右以包六合。”第八章有“上善若水,水善利万物而不争,处众人之所恶,故几于道”可对照阅读。

第三十五章

执大象，	能执守大道，
天下往。	天下人都来归附。
往而不害，	都来归附而不互相伤害，
安平泰，	而能使天下人过得安乐平顺康泰。
乐与饵，	好听的音乐，可口的美食，
过客止。	会使过路的人留步（短暂的享受，不能持久）。
道之出口，	“道”如能用语言来表述，
淡乎其无味，	却是淡而无味的，
视之不足见，	看它却看不到，
听之不足闻，	听它却听不见，
用之不足既。	用它却不可穷尽。

心 读

在《道德经》中，“道”被多次论及，但是从来没有重复，而是逐渐展开，层层深入。本章承接上章继续歌颂“道”的作用，使人们切实地感受到“道”的伟大。

无形无名的“道”称为“大象”，“执大象，天下往”。“大象”

是无象之象，即是“道”。此意为，统治者们如果能够掌握遵循自然无为之道，效法大道，以无为而治理天下，无须用仁、义等各种手段来笼络人心，费尽心机地控制他人，人们也会自然而然地归附于他。无论在哪里人们都不会受到伤害，生活过得安乐、平顺、康泰，此谓“往而不害，安平泰”。

王弼《老子·三十五章注》：“不温不凉，不炎不寒，不宫不商，无形无识，不偏不彰，主若执之，则天下往也。”

“道”呈现出来的大形象决定着“天下往”。“往而不害，安平泰”与第三十章和第三十一章构成了老子完整的和平外交理念。中国古代农业文明，以定居耕作为主，强调“穷家难舍，落叶归根”，所以酷爱和平、不谋霸权。纵观人类历史，依靠武力对外侵略扩张，最终都是要失败的，这是历史规律。中国坚定不移地走和平发展道路，是对几千年来中华民族热爱和平文化传统的继承和发扬，制造和传播“中国威胁论”是西方国家对中国的曲解和误判。

“和平共处，永不称霸”是新中国的外交方针。让和平的阳光永远普照我们人类生活的星球！

“乐与饵，过客止”，“乐”即“五音”，“宫商角徵羽”，“饵”即五味，“酸甜苦辣咸”。到处是歌舞升平的景象，好听的音乐，可口的美食，过路的客人都不愿离开这里，不愿意走。五音五味只能适合部分地方的部分人。“乐与饵”长此以往的享用，不但有时而穷，并且会留下后遗症。唯有淡乎中和可适合任何时空中的任何人，故可用之不尽。

“道之出口，淡乎其五味，视之不足见，听之不足闻，用之不足既”，勉强说出来，似乎淡而无味，看它似乎看不到，听它似乎听不见，但应用它似乎用之不竭，不可穷尽。“道”就在现实生活中，但它是超越物质、智能、精神的东西。在实践中，“道”对我们的影响和控制，是能够让我们意识到的，但无法描摹它，凭着五官也找不到它，这就是大道的平凡和神秘。

魏源在《老子本义》中说：“唯无浓酽之趣者，故亦无倾危之患……故无味之味是为至味，终身甘之而不厌；希声之声是为大音，终身听之而不烦；无象之象是为大象，终身执以用之而无害，推之蛮貊而可行，放手四海而皆准，所为天下可往者。”

这一章告诉我们礼乐教化（乐）与物质享受（饵），可以刺激人们的感官，能满足人们感官的一时享受，引起诱惑，形成黑洞般的没有边际不知深浅的欲望。而“道”与“乐与饵”相比是淡而无味的，最平淡、最平常，但它是无形无声的大象，用之不竭，不可穷尽。这才是本章的主旨所在，也可以说是老子的一大洞见。

遵循自然之道，无为而治，就可以实现“安平泰”，天下大治的局面。

需要说明的几点：

“执大象，天下往。”第十四章有“无物之象”，第二十一章有“其中有象”，第四十一章有“大象无形”，用“大象”来描述“道”的状态。大象无所不容，无时不有，所以“天下往”。

“道之出口，淡乎其无味，视之不足见，听之不足闻，用之不足既。”第十四章有：“视之不见，名曰夷；听之不闻，名曰希；搏之不得，名曰微。此三者不可致诘，故混而为一。”

第三十六章

将欲歙之，	如果想要收合的，
必固张之；	暂且先要扩张；
将欲弱之，	如果想要削弱的，
必固强之；	暂且先要加强；
将欲废之，	如果想要废除的，
必固兴之；	暂且先要兴起；
将欲取之，	如果想要夺取的，
必固与之。	暂且先要给与。
是谓微明。	这就叫作“微明”。
柔弱胜刚强。	阴柔胜过阳刚，柔弱能战胜刚强。
鱼不可脱于渊，	鱼不能脱离开深渊之水，
国之利器不可以示人。	统治国家有效的武器及重要决策不可以轻易向外展示出来。

心 读

世界上的一切事物都是相互依存，相互联系的，都是在与他者的辩证关系中显现自己的存在和价值。然而，当事物发展到某一个极限，必然会朝相反的方向发展，即“物极必反”，“势盛则衰”，这是事物运动发展的普遍规律。早在2500多年前，老子就阐明了这一思想，如张极必歙，强极必弱，兴极必废，与极必取等说法，是对事物本然的辩证法的精炼概括。同时，老子也以此表明：一个事物要想防止向其对立面转化，就必须避免走向极端，这种思想体现了老子“防变”的发展观。这让2500多年后的我们汗颜，甚至连西方的大哲们如十七世纪的莱布尼茨，十八世纪的康德，十九世纪的黑格尔、马克思都不得不叹服，并从中汲取了老子朴素辩证法的能量。

黑格尔由衷地赞叹老子思想的深刻，认为《道德经》代表了东方的哲学智慧，历久而弥新，永远是照亮这个世界的理性之光。英国著名学者、中国科技史专家李约瑟博士说：“在希腊和印度发展机械论和原子论的时候，中国则发现了有机的宇宙哲学。”有机的宇宙哲学主要就是指老子的哲学智慧。“一阴一阳谓之道”这一有机的辩证观，它是一切事物存在和发展的理性和基础，为中华文明的持续发展提供了思想之源。

这一章老子用极其朴素的文字，对日常的生活经验进行了概括，道出了人生的根本道理。

“将欲歙之，必固张之”，“歙”，收敛，收合，收缩。如果将要收敛它，暂且先要让它扩张放大。如渔民捕鱼，鱼网首先张开抛出去，鱼儿进来了才将鱼网收起来。又如白起借赵括之攻势，首先张开国境，以诈败诱赵兵入境，然后封闭国境，断其后路，终使数十万赵军成为俘虏。

“将欲弱之，必固强之”，如果将要削弱它，暂且先要加强它。当面对强势对手的时候，先让对方逞强，强到极至，走下坡路甚至崩溃，然后战胜对手。如楚汉成皋之战、吴魏赤壁之战，都是弱者先让一步，后发制人，最终取胜的。

“将欲废之，必固兴之”，如果将要废除它，暂且先要让它兴作。西方有句民谚：“上帝要毁灭一个人，先要使他发疯。”与之有异曲同工之妙。

“将欲取之，必固与之”，如果将要夺取它，必须暂且先要给与它。如1936年12月，毛泽东在《中国革命战争的战略问题》一文中写道：“关于丧失土地的问题，常有这样的情形，就是只有丧失才能不丧失，这是‘将欲取之必先与之’的原则。如果我们丧失的是土地，而取得的是战胜敌人，加恢复土地，再加扩大土地，这是赚钱生意的。”

再如解放战争时期，蒋介石的爱将胡宗南率二十多万王牌军进攻延安，毛泽东、党中央主动撤离延安，诱敌深入。胡宗南部队占领延安，得意洋洋，结果解放军集中优势兵力，各个击破，几个战役打下来，胡宗南部队损失殆尽，只好狼狈逃离了延安。这也是“将欲取之，必固与之”的一个有力论证。古今中外此方面的成功案例不可胜数。

明代四大高僧之一释德清对本段文义有精辟的解读，他在《道德经解》说：“此言物势之自然而人不能察，天下之物，势极必反。譬夫日之将昃，必盛赫；月至将缺，必极盈；灯之将灭，必炽明。斯皆物势之自然也。故固张者，翕之象也；固强者，弱之萌也；固兴者，废之机也；固与者，夺之兆也。天时人事，物理自然，第人所愚而不可测识，故曰‘微明’。”

“柔弱胜刚强”，是说人们表面上只看到刚强胜柔弱，而不知柔弱之可长可久，大凡成功人士都不离此柔弱之道。此道亦即自然之道。

成语“滴水穿石”是对老子“柔弱胜刚强”的最好解释。水的强健，水的恒久，水的执着，水的力量，尽在这不动声色中，一点一滴地彰显。表明柔弱其实就是强大，柔弱中隐含着刚强。谦让柔和的君子，常胜过横暴刚强的蛮横之徒。

柔弱能胜刚强是有条件的，如鲲有海才能遨游，鹏有云才能翱翔，鲲和鹏需要靠大海和云端的支撑才能生存和发展。

“鱼不可脱于渊”是说鱼的生存条件就是深渊之水，柔与弱的主题就是鱼。鱼柔弱的身体不能脱离开深渊之水，离开这深渊之水，必然会死掉，更谈不上胜过什么刚强了。

北宋政治家、改革家、王安石变法中的二号人物吕惠卿解读得好：“人之不可以离柔弱，犹鱼之不可以脱于渊；鱼脱于渊则获，人离于柔弱则死之徒而已矣。”

“国之利器不可以示人”，这是说权势禁令都是凶利之器，不可以用来耀示威吓人民，王弼说：“示人者，任刑也。”“如果统治者只知用严刑峻法来制裁人民，就是利器示人了。这就

是‘刚强’的表现，而逞强恃暴是不会持久的。”（引自陈鼓应《老子注译及评介》）

“名将不谈兵”“名医不谈药”，这两句是对“国之利器不可以示人”的最好解读。

本章揭示出人类历史、政治、人生的本来面目，但被后人曲解为含有阴谋家的哲学。最早见于《韩非子·喻老篇》，宋代大儒朱熹说“老子心最毒”，清末民初的大思想家章太炎先生也说老子“为后世阴谋者法”。

老子的这段文字讲的是大道的根本原理，是相反相成、势极则反、物壮则老、物极必反等普遍意义的哲学问题，而不是处世奇术或用兵要义。他不像《孙子兵法》和《孙膑兵法》那样系统地阐述战略战术，也没有像《尉缭子》那样谈用兵的政策法令。把《道德经》说成阴谋术或谋略的书，毫无道理可言。

所以，从某种程度上来说，韩非子是造成曲解老子思想的第一大罪人。

需要说明几点：

马王堆乙本为“将欲去之，必固与之，将欲夺之，必固予之”。

“柔弱胜刚强”的说法：第四十三章有“天下之至柔，驰骋天下之至坚”，第七十八章有“天下莫柔弱于水，而攻坚强者莫之能胜”。

“有机的宇宙哲学”，有机的辩证观。陈来教授在《中华文明的哲学基础》一文中认为："中华文明的哲学基础主要体现为宇宙观，与西方近代以来的机械论的宇宙观相比，中华古代文明的哲学宇宙观是强调连续、动态、关联、关系、整体的观点，而不是孤立、实体、主客二分的自我中心的哲学。"这是天人合一的宇宙哲学。

海森伯说："在近代物理学中，我们不是把世界分成不同组的物体，而是分成不同关联。……我们所能识别的只是在某个现象中最为重要的那种联系。……世界就是这样地表现为事件的复杂结构，不同类型的联系在其中交错、重叠或者结合，从而决定这整体的结构。"

"名将不谈兵"，名将深知用兵过程的千变万化，不愿轻率做出决策。

"名医不谈药"，名医深知病情的复杂多变，不肯轻易地开处方。

第三十七章

道常无为	道永远顺应自然，无所作为，
而无不为。	然而没有一件事物不是由它所为。
侯王若能守之，	侯王如果能够持守道，
万物将自化，	让万物自我化育，自我生成，自我转化。
化而欲作，	在化育、生成、转化的过程中，如违背自然规律，起贪欲之心，
吾将镇之以无名之朴。	我就用“无名之朴”来治理它。
无名之朴，	无名之朴亦道的真朴状态。
夫亦将不欲。	无名的真朴状态抑止贪欲产生。
不欲以静，	心灵宁静，贪欲就不会产生，
天下将自定。	天下将遵循自身的规律运行。

心　读

这一章是《道经》的最后一章。《道经》共三十七章，有关章节讲了“道”的概念、状态、意义、价值、作用、功能和规律等。本章老子讲道无为而自化的道理，“静”“朴”“无名”“不欲”都是无为的内涵，是“道”的本质属性。

“道常无为而无不为”，“无为”是说“道”的本性是无意识、无目的、无作用的，不受任何力量支配的。不同于任何宗教的神，是有意志、有目的的，而道是非人格化的，道永远顺应自然，无所作为。但生命意识感到“道”是有为而不无为的，它创造万物，不居功，不主宰万物。任何事物，如果违背了道的规律，根本就无法存在。从这个意义上讲，道又是无所不为的。天下万物，都是由道所成。

“道”之“无为而无不为”作为治国原则，老子认为“侯王若能守之，万物将自化”。万物自化是老子英明、天才的论断，然而也是一个理想化的论断。侯王如果能持守道“无为而无不为”的本质属性，顺其自然而为，应规律而为，而不是胡作非为，肆意妄为，万物将自我化育，自我生成，自我转化，自我维护自然界的和谐秩序。

“顺自然而为”使自然在人的帮助下尽快实现自我更新，自我生化。“化而欲作”，在这个生化过程中，如果违背规律起贪欲之心，胡作非为，我将以“无名之朴”来对欲望进行必要的疏导与控制，以质朴淳厚之风镇住欲作的倾向。“镇”就是控制约束，把欲望限制在合理的范围内，而不是消除；以质朴取代贪欲，无为取代有为，是谓“镇之以无名之朴，夫亦将不欲”。

统治者自身修养如能做到清净、质朴、不居功、不贪欲，把“无为而无不为”作为治国原则，对人民做到不骚扰、不干涉，让人民自我发展进步,人民的生活自然过得平顺安康。同时养成好的民风,质朴清净,不起贪欲。贪欲消除了,争斗也消除了,心灵清静、纯粹,从而达到不欲而静、天下自正的目的。此谓“不欲以静,天下将自定”。天下将遵循自身的规律运行,自然稳定有序发展,归于正道。

魏源《老子本义》说:“无名之朴者,以静镇动,以质止文,以淳化巧,使其欲心虽将作焉不得,将释然自反而无欲矣;无欲则静,静则正而返于无名之朴矣。所谓我无欲而民自朴,我好静而民自正。”形成“甘其食,美其服,安其居,乐其俗。邻国相望,鸡犬之声相闻,民至老死,不相往来”的理想社会。(《第八十章》)

以质朴取代贪欲,是一个美丽的幻想。欲望与生命同在,你可以对人的欲望有所克制和掌控,有所引导升华,却不能完全消除欲望,“存天理灭人欲”。完全取消欲望以达到不欲而静、天下自定的目的这又太彻底了,所以只能是美好的理想。理想也是一种愿望,可能是比一般欲望更加高尚的欲望。这种欲望是以朴之心取代欲作之动,将自己修养成为心态从容,心胸高远阔大,这样反而能永远立于不败之地,更有所成就。

需要说明的几点:

“常”,马王堆甲、乙本作“恒”。

楚简甲本作“道恒亡为也,侯王能守之,而万物将自化。化而欲作，将镇之以亡名之朴。夫亦将知足，知以静，万物将自定。”

“不欲以静”，第四十五章有“清静为天下正”。第五十七章有“故圣人云：‘我无为而民自化，我好静而民自正，我无事而民自富，我无欲而民自朴。’”。

“无为而无不为”，第四十八章有“无为而无不为”。第三章有“为无为，则无不治”。

“无为”的体现是“生而不有，为而不恃，长而不宰”。(《第五十一章》)

“无名之朴”：老子的“道”叫作“无名”，也叫作“朴”，连起来读叫做“无名之朴”。

道是没有名的，又是万物的总根源(朴)。

第三十八章

上德不德，	上德的人，对人有德，而不自以为品德高尚，
是以有德；	所以才是高尚的品德；
下德不失德，	下德的人，对人一有德就自居其德，
是以无德。	所以没有高尚的品德。
上德无为而无以为；	上德的人顺任自然，并且无所表现；
下德为之而有以为。	下德的人有所作为，并且有所表现。
上仁为之而无以为；	上仁的人有所作为，并且无所表现；
上义为之而有以为；	上义的人有所作为，并且有所表现；
上礼为之而莫之应，	上礼的人有所作为而得不到响应时，
则攘臂而扔之。	于是就举起手臂强迫人服从。
故	所以

失道而后德，	丧失道而后强调德性，
失德而后仁，	丧失德而后强调仁爱，
失仁而后义，	丧失仁而后强调正义，
失义而后礼。	丧失义而后强调礼仪规范。
夫礼者，	“礼”这东西，
忠信之薄而乱之首。	是忠厚诚信不足的产物，社会混乱的祸首。
前识者，	自以为有先见之明的人，
道之华而愚之始。	只是认识“道”的浮华外表(虚华)，其实正是愚昧的开始。
是以，大丈夫处其厚，	因此，大丈夫立身敦厚，
不居其薄，	而不居于浅薄，
处其实，不居其华。	立足纯朴之实，而不陷于浮华之虚。
故去彼取此。	所以去其浅薄、浮华之虚，取其敦厚、纯朴之实。

心　读

《道德经》一书分上篇、下篇，分别称为“道篇”和“德篇”，即《道经》和《德经》。《道经》是老子哲学的形而上学部分。讲的是天道，即宇宙本体，宇宙运行的自然规律；而作为形而下学的《德经》讲的是关于规范人类社会运行的道德法则，是实际生活上的问题,即社会历史观、政学哲学、人生行为准则诸问题。

《道德经》一书思想博大精深,它集古代哲思之精华,开人类学术思想之先河,是一座取之不尽、用之不竭的智慧宝藏。2500多年后的今天,他的思想依然深深地影响着我们,并已经成为人们行为的最高准则和道德标准。

这一章是《德经》的首章,也是《道德经》最著名的一章,比较难于理解。《道经》首章第一句"道可道非常道",以道字打头,连说了三个"道"字;《德经》首章第一句"上德不德,是以有德",也是连说了三个"德"字,细细品味这两句话,重读这两章,不经意间却发现它们之间存在着很深的内在联系。

那么,如何理解和把握它们之间的内在联系?首先要对"道"与"德"的关系作进一步的分析研究。

杭州师范大学教授朱晓鹏先生在《老子哲学研究》一书对"道"与"德"关系是这样阐释的:"道家黄老学派的作品《管子四篇》说'虚无无形谓之道,化育万物谓之德','故德者得也。得也者,其谓所得以然也','德'也就是'得道',即物得之于'道'的本性。在这一意义上说,'德'与'道'相从,并无根本不同,'故道之于德无间',这种对老子之'道''德'及其相互关系的理解是合乎老意的。"

"道"为"德"之体,"德"为"道"之用,"道"因"德"而得以显现于或作用于物的世界;"德"是"道"的形式,"道"是"德"的内容。

从内容和形式上讲，老子将德分为上、下，上德是无为的，下德是有为的。

“上德不德，是以有德。”吴澄在他的《道德真经注》中解释：“近道者为上德。”所以“上德”是指得道之德。“上德”是内在的、无形的、自然的。不是外在的、表面而形式上的东西。顺其自然，不与“道”相违，完全合乎“道”的精神，如空气、阳光和水一样，化育万物而不居功，故为“有德”，亦即具备高尚的品德。

《韩非子·解老》曰：“德者内也，得者外也。‘上德不德’其言神不淫于外也。神不淫于外则身全，身全之谓得，得者得身也。凡德者，以无为集，以无欲成，以不思安，以不用固。为之欲之则德无舍，德无舍则不全；用之思之则不固，不固则无功。无功则生有德，生有德则无德。故曰‘上德不德，是以有德’。”

“下德不失德，是以无德”，“下德”指失道之德，“下德”之人把德看得很重，做了好事生怕别人不知道，生怕失去了德，对人一有德就自居其功，什么事都要用道德去衡量。这种非自然的、外在而形式上的，故意彰显的“德”，与“道”相违，故“无德”，亦即没有高尚的品德。

“上德无为而无不为”，得道之德，即“上德”，是自然无为的。第五十一章有“生而不有，为而不恃，长而不宰，是谓玄德”。此话意为，生养万物而不占有，化育万物而不自以为尽力，长养万物却不为主宰，这种无为而顺应自然的境界就是最高的德性，即“上德”。上德之人奉行这种德行，取法于道，循道而行。奉行自然无为，社会、政治、人生的诸多问题都会得到完满的解决，社会将臻至最理想的状态。正如鲁迅所说的，“尚无为而仍欲治天下。其无为者，以欲‘无不为’也”。

《韩非子·解老》曰：“虚者之无为也，不以无为为有常。不以无为为有常，则虚。虚则德盛，德盛之谓上德。故曰‘上德无为而无不为也’。”

“下德为之而有以为”，下德的“有为”，不是无意的、自然的，而是有意的，非自然的，所以说，下德的人有所作为，并且有所表现。

“上仁为之而无以为”，出于自然，不是有心有意去为“仁”者，“谓之上仁”。“上仁”秉承“上德”有所作为，并且无所表现。

新近去逝的尼古拉斯·温顿，享年106岁，被誉为“英国版的辛德勒”。在第二次世界大战期间，温顿从德国纳粹手中救出669名犹太儿童。但是，二战后，温顿对自己的事迹绝口不提。直到20世纪80年代，英国学者伊丽莎白·马斯韦尔找到了一份英国版的“辛德勒名单”，上面列举着被温顿搭救的犹太儿童名单。

温顿被英国女王封为爵士，获颁捷克最高荣誉勋章，还曾被提名诺贝尔和平奖。这个故事是对老子“上仁为之而无以为”的最好例证。

《韩非子·解老》曰：“仁者谓其心中欣然爱人也，其喜人之有福，而恶人之有祸也。生心之所不能已也，非求其报也。故曰‘上仁为之而无以为也’。”

“上义为之而有以为”，“义”，宜也，行事得当是谓“义”，也指正义，不徇私情，惩奸除暴谓之“义”。“上义”秉承“下德”是有为的，并且是有意而为。

《韩非子·解老》曰：“义者，君臣上下之事，父子贵贱之差也，知交朋友之接也，亲疏内外之分也。臣事君宜，下怀上宜，子事父宜，贱敬贵宜，知交朋友相助也宜，亲者内而疏者外宜。义者，谓其宜也，宜而为之。故曰‘上义为之而有以为也’。”

“上礼为之而莫之应，则攘臂而扔之。”“礼”指规范。“攘臂”指强制执行。以“上礼”治世，科条礼教来约束人，行有为之礼，而无人响应和履行时，就要举起手臂强迫人们服从，守礼法。也就是说动用强制手段让百姓遵从礼法。

在《道德经》的体系中，“上德”是最高境界，其次是“下德”，依次向下排上仁、上义、上礼，一层比一层低。在这五个层次里，“下德”虽是有为，是顺自然故意而为，但仍属德，而“仁、义、礼”者，冠以“上”名，都是属于有为的，而非德也。

“上德”亦即得道之德。道是主体，德是作用，仁、义、礼是主体作用的表现形式。王弼《老子·三十八章注》：“凡不能无为而为之者，皆下德，仁义礼节是也。”

这种“道、德、仁、义、礼节”产生的过程，实际上是与“道”本身不断疏离脱落的过程，不断放弃自我的过程，就是老子说的：丧失道而后强调德，丧失德而后强调仁，丧失仁而后强调义，丧失义而后强调礼。而且外化的越多，"道"丧失的越多，离道就越远，这样的社会也就好不到哪里去，只会"礼则争，义则竟，仁则伪"。（王弼《老子·三十八章注》）

用礼法来治理社会，规范人们的行为，很可能成为制造社会混乱的罪魁祸首，因为它的依据不是天理自然，无为而治，而是人为造作，是忠诚、信实不足的产物，是社会混乱的开端。是谓"夫礼者，忠信之薄而乱之首"。

"前识者，道之华而愚之始"，在《道经》所有的章节中，老子都是以赞赏的语言讲述道，但是《德经》首章就出来了一个"道之华而愚之始"的命题。也就是说前面讲述的仁、义、礼、忠、信，都不是道之实体，而是失道后的浮华之虚，那些制定"仁、义、礼、忠、信"的所谓有先见之明的人，用仁、义、礼、忠、信等来治理社会，而不重视以道德治理社会。仁、义、礼节之类，说起来好听，其实就是愚昧的开始。

在此，老子透过现象看本质，批驳了以浮华之虚的仁、义、礼教来掩饰不道德的有为主张，指出，确保社会健康、有序、稳定向前发展的根本原因，在于依客观规律，循道而施行德政，而不是满口的仁、义、礼。

"是以大丈夫处其厚，不居其薄。处其实，不居其华。故取彼取此。""其厚、其实"，指道德。"其薄、其华"，指仁、义、礼等。

“大丈夫”一词是指立志要悟道的人，大丈夫注重“道、德”，行无为之治，不应该注重“仁、义、礼”等，行有为之治。

真正的体道修德之人治世，应去彼有为之治，而取此无为之治，亦即去其浅薄、浮华之虚，取其敦厚、纯朴之实。

“大丈夫”即行道之人，不能驻足于这种“道之虚华”的状态，必须抛弃这种虚华，回归到本真状态中去。

这一章“无为而无以为”“为之而有以为”，是一个关于人类行为价值的评价问题，那就是，我们该怎样做人，我们应置身何处。

为之而有以为，不仅有作为的行动，而且有作为的动机和目的，这正是人类行为的特点之一，也是比其他动物高明的地方之一。

人类之所以成为万物之灵，是因为人类有理性思维，有价值判断的能力，能够区分善恶美丑，所以，才会存在道德标准。当然这种标准也是人为规定的。在老子看来，真正的德无需形式，不是装出来的，是内心的真正体现，无需因目的而矫情作伪。这就为我们提供了足以参考的价值评价指标。古语说：“有心为善，虽善而不赏，无心作恶，虽恶而不罚”，讲的就是这个道理。

我们在参透这一思想的同时，也就明白。返璞归真，渐近自然是人类的起点，也是人类的归属。一个真正的有道讲德的人，能够真实地表现自我；能够使自己的目的与本性尽可能地统一起来，做一个有益于社会的人。反之，一个无道无德之人，纵然满口的“仁、义、礼、忠、信”，最终也是个失败者。有的甚至成为历史的罪人，为人们所唾弃。

需要说明的几点：

王弼本的“上德无为而无以为”，此句下面的一句“下德为之而有以为”，帛书甲、乙本皆无此句。

研读本章应与第十八章“大道废，有仁义；智慧出，有大伪”，第十九章“绝圣弃智，民利百倍；绝仁弃义，民复孝慈”对照阅读，就可以对老子思想有较深刻的理解。

本章“失道而后德”，和第二十一章“孔德之容，唯道是从”，这两句中把“德”当作是一个仅次于道，从属于道的概念。这样老子就把传统的“德”的神圣和权威的地位打破了，使“德”变成了一个与“道”相应相从的哲学范畴。

本章老子列举的“仁、义、礼、忠、信”，是在道丧的情况下依次产生的，“礼”是社会价值的底线，礼也可以作伪。

而在儒家的“五常”仁、义、礼、智、信中，孔子认为，“五常”之中“礼”为关键。《礼记·曲礼上》：“道、德、仁、义，非礼不成。”

第三十九章

昔之得一者：	自古以来，凡是得到和谐的“一”：
天得一以清，	天得到“一”而清明，
地得一以宁，	地得到“一”而宁静，
神得一以灵，	神得到“一”而灵验，
谷得一以盈，	谷得到“一”而满盈，
万物得一以生，	万物得到“一”而化生，
侯王得一以天下贞。	侯王得到“一”执政有方，天下安定。
其致之也。	这些都是和谐的“一”给予的。否则
天无以清，将恐裂；	天若不清明，怕会分裂；
地无以宁，将恐废；	地若不宁静，怕会震溃；
神无以灵，将恐歇；	神若不灵验，怕会消失；
谷无以盈，将恐竭；	谷若不满盈，怕会枯竭；
万物无以生，将恐灭；	万物若不化生，怕会绝灭；
侯王无以贵高，将恐蹶。	侯王若执政无方，其尊贵地位怕会失去。

故贵以贱为本，	所以贵要以贱为根本，
高以下为基。	高要以下为基础。
是以侯王自称“孤”“寡”、“不穀”。	因此侯王们自称为孤、寡人、不善。
此非以贱为本邪？	这不是以卑贱为根本吗？
非乎？	不是吗？
故至誉无誉。	所以，最高的赞誉是无需赞誉的。
不欲琭琭如玉，	不愿像纯洁美丽的宝玉，
珞珞如石。	而宁可如朴质坚硬的山石。

心读

第十章“载营魄抱一”，第十四章“混而为一”，第二十二章“圣人抱一为天下式”，三句话中的“一”皆指道。

本章老子又提出“一”来，从六个方面举例说明得了“一”，就什么都有了，失去了这个“一”就什么都没有了。说明“一”有两个方面的涵义，“一”是万物的起源，也是万物之基。宇宙万物全部由“一”产生，是万物所共有的。“一”包容万物，万物万形，其归一也，道生一，一生二，二生三，三生万物。天下万物都是从一个原始的统一体派生出来的。一棵大树由一粒种子生成；千姿百态，变化万千的太阳系、银河系，都起源于一团团的星云。千差万别的宇宙现象由一粒宇宙种子“奇点”爆炸后发育而成。这个原始的统一体，可以称之为“一”，道通为一。“一”又是有机的，和谐的，整体的，它自身便隐含着统一、完美之意，而且是一个与外界进行物质和能量交换的动态的“一”。

这一章老子把“道”称为“一”，是对道的最高最好的称谓，要比前面几章称为玄德、谷神、若水、刍狗、不仁、虚谷、婴儿、见素、抱朴、江河、大海、溪谷、玄牝、惚恍、虚静、道冲等等名称的描述，意义深刻得多，内涵丰富得多。

当代著名学者郭继民先生在《九九归一》一文精辟阐释：“此处的‘一’，非纯粹数学上的‘一’，而是包含统一、和谐、概括以及简约之意。”从四个方面论述为“归纳的一，简约的一，和谐的一，无穷的一”。

“昔之得一者”，“昔”，指过去，从前。“一”不是数学意义上的“一”，引申为有机、和谐统一的“一”。此句意为：自古以来凡是得到和谐统一的“一”，例如天得到“一”北斗星就不会改变位置，日月星辰运转就有序，春夏秋冬交替就分明，风云雷雨兴作就有度，天下万物将自化，处于和谐统一状态，一派清明之气象，此谓“天得一以清”。

“地得一以宁”，地球，有地核、地幔、地壳三层，外分寒温热五带，布局严整，井然有序，自然运转，一派繁荣昌盛，和谐平稳安宁的景象。此谓“地得一以宁”。

“神得一以灵，谷得一以盈，万物得一以生，侯王得一以天下贞。”

《周易》曰：“神也者，妙万物而为言者也。”又曰：“阴阳不测之谓神。”此“神”“指阴阳二气的功能及妙用。阴阳交合，达到和谐与统一，为之“一”。神得到“一”就会变得灵验，此谓“神得一以灵”。

“谷”，即山谷，山谷虚怀，具有内凹的容纳性。低凹之处，水汇聚自然充盈。之所以能自然盈满，全由“道”之平衡之理所致，此谓“谷得一以盈”。

万物由阴阳交感化育而成。阴阳二气不和谐不得统一，则万物无由以生。孤阴不生，独阳不长，只有阴阳二气交感，和合而为一，方能化育生长万物。水清草绿，百花齐放，鸟兽各自为地，平安祥和，快乐自由，万物生机盎然，此谓“万物得一以生”。

侯王得到“一”，掌握了社会发展的客观规律，获得了社会发展的正确道路或途径，奉行“无为而无不为”主义，执政有方，天下达到大治，社会就会和谐，平稳安定，此谓“侯王得一以天下贞”。

以上的“清、宁、灵、盈、生、贞”，都是和谐的“一”给予的，皆由平衡统一原理所致，此谓“其致之也”。

如果没有这和谐统一的“一”，天若不清明，冬天下雨，夏日飞雪，陨石横空，沙尘暴、雾霾天气经常出现，大雨连绵日久不歇，此谓“天无以清，将恐裂”。

地若阴阳失衡，失去和谐统一，生态破坏，泥石流、海啸、冰灾、水灾、雪灾、瘟疫等频发，火山爆发，飞沙走石，山崩地陷，灾祸四起，此谓“地无以宁，将恐废”。

神若不灵验，必然丧失灵妙之功能；川谷若不充盈，必然枯竭；万物若不能化育生长繁衍，必然会衰亡绝灭；侯王若执政无方，其尊贵之位，必然会失去，政权必然会垮台，天下太平就会被颠覆。此谓“神无以宁，将恐歇；谷无以盈，将恐竭；万物无以生，将恐灭；侯王无以贵高，将恐蹶”。

著名学者陈鼓应《老子注译及评介》说，本章前半段讲道的作用，说明道是构成一切天地万物所不可或缺的要素。本章重点讲侯王的得道，所以，后半段提示侯王应体道的低贱之特性，即是说为政者要能“处下，居后，谦卑”，也就是“贵以贱为本，高以下为基”。贵重必须以轻贱为根本；高尚必须以卑下为基础。只有这样，才是合乎道“低贱之特性”。

“是以，侯王自称孤、寡、不穀”，“孤、寡、不穀”是侯王们对自己的谦称。西晋杜预注《左传》：“孤、寡、不穀，诸侯谦称。”唐孔颖达《正义》：“《曲礼》云：诸侯与民言，自称寡人；庶方小侯，自称曰孤。其在四夷，虽大曰子；于内，自称不穀。”“不穀”指不善。

侯王这种处下、低贱之特性，自称孤家、寡人、不善，这不正是贵以卑贱为本吗？“此非以贱为本邪？非乎？”其目的正是为了保持自己的贵高地位。只有这样，侯王才能拥有自己的统治地位和权威。

“故至誉无誉”，最好的统治者治理天下，百姓只知道有他的存在，“太上，下知有之”，无须称谓他，赞誉他，最高的赞誉是无须赞誉。

“不欲琭琭如玉，珞珞如石”，不愿像美丽的宝玉那样以贵自高，以尊自处，而宁可如一块朴质坚硬的山石。有道的人懂得“人是谁？人从哪里来？人到哪里去”，不会被欲望所驱使，永远保持那份原始的纯净的欲望，拥有一颗纯洁的心。我们只做我们自己，有责任，敢担当，如毛泽东所说的全心全意为人民服务。

这一章主要讲“道”的普遍性和重要性。天下万物都是和谐统一地存在着，打破了和谐统一，必然会出现不好的结果。宇宙万物得道则生存，失道则毁灭，治国理政也是同样的道理。作为一国之主，应遵循道的法则，借自然以明人事，懂得道的低贱之特性，慈爱，居后，谦下，“以百姓心为心”，爱护百姓，这样，才能“天下贞”。

需要说明的几点：

研读本章应与第十章“载营魄抱一”，第十四章“混而为一”，第二十二章“圣人抱一为天下式”和当代著名学者郭继民先生《九九归一》一文对照阅读，才能整体把握本章老子的思想。(《九九归一》发表于《光明日报》2014年12月20日第五版。)

“太上,下知有之”出自第十七章。

“道生一,一生二,二生三,三生万物”出自第四十二章。

“以百姓心为心”出自第四十九章。

十八世纪德国最伟大的哲学家,自然科学家康德说,哲学只回答三个问题,即人是谁? 人从哪里来? 人到哪里去?

“故至誉无誉”一句,有不少版本为“故致数舆无舆”。

“舆”指车。一辆车是由车轮、车条、车辕等各种零部件组成的,车造成后,各种零件则合于一车之中,共同起着运载的功能,其零件各自的名称和功能,全部消失于此车之中。

以一辆运载马车的功能,喻“道”的功用,“道”必须是完整的。凡是对“道”的姑且描述和命名,如玄德、谷神、若水、刍狗、大海、溪谷、玄牝、虚静等,都是“不可致诘”的“强为之容”。

“不可致诘”出自第十四章。“强为之容”出自第十五章。

第四十章

反者道之动，	向着相反的方向发展变化，是“道”的运动规律，
弱者道之用。	保持柔弱谦下的状态，是“道”的运用。
天下万物生于有，	天下万物产生于“有”，有名，是创生万物的根源，
有生于无。	而“有”产生于“无”，无名，是形成天地的本始。

心读

这一章虽然只有四句话，但这四句话含义深邃、丰满和开放，蕴藏了无穷的能量，给人无限广阔的思维空间。

“反者道之动”一语，“反”字打头，“反”为相反，相反相成，故有反而道动。也就是说道在万物生化的过程中体现自己的存在，万物得“道”而为万物，万物生化的过程就是得“道”而为万物的过程，即“道”的自然运作化育过程，老子谓之曰“德”。“德”是道的属性。由“道”入“德”的自然运动，就是所谓的“道之动”。

《道德经》第六章“谷神不死，是谓玄牝”“绵绵若存，用之不勤”，第五章“天地之间，其犹橐籥乎？虚而不屈，动而愈出”，都是用来说明“道”之虚而不见，动而无穷，生生不息，动而不止的自然运动本性。

已故哲学大师张岱年先生说：“中国哲学有一个根本的一致的倾向，即承认变化是宇宙中一根本事实。变易是根本的，一切事物莫不在变易之中，而宇宙是一个变易不息的大流。”把中国哲学称之为“变的哲学”是有一定道理的。这种“变的哲学”在老子这里能找到其思想源头。

“道”的运动变化虽然生生不息、动而不止，但是有规律可循，其规律就是“反者道之动”。

老子在2500多年前就发现了这个世界的一个隐秘的法则，提出“反者道之动”这一命题。其基本含义有二：

一是说“道之动”是一种向相反方向的运动。“反”：相反、对立。正反、高下、成败、贫富、贵贱、难易、前后、有无，说的都是对立双方是互为条件，互为依存的关系。没有难，就没有易；没有高，就不存在下……并各自向相反的一面转化。转化的形式有多种，第五十八章“祸兮，福之所倚，福兮，祸之所伏”“正复为奇，善复为妖”，第二十二章“曲则全，枉则直，洼则盈，敝则新，少则多，多则惑”等对立转化形式的说法，都是讲此道理。

二是说“道之动”是一种返本复初的循环往复运动。也就是说“反”为“返”，为“复”。《周易·杂卦》：“复，反也。”第十六章“万物并作，吾以观复”，第二十五章“字之曰道，强为之名曰大，大曰逝，逝曰远，远曰反”，第二十八章“复归于朴”“复归于无极”“复归于婴儿”等，讲的都是道的运行具有往复循环，返本归根的特性。

这种返本归根的循环往复运动，就是万事万物都要遵循的普遍规律，即自然之道。由道生成万物，又使之复归于道。这种起点与终点相统一的运动过程，不是一条直线，而是一条曲线，是曲折迂回的。古希腊哲学家赫拉克利特说：“在圆圈上起点与终点是重合的。”白居易的诗句：“离离原上草，一岁一枯荣。”老子关于道第十四章“迎之不见其首，随之不见其后”，第二十五章“周行而不殆”的说法，都是描述这种起点与终点于一体的循环运动。庄子说得更精辟：“道无始终。”

著名学者陈鼓应先生在《老子注译及评介》一书讲道：“相反对立与循环往复，这两个观念在老子哲学中都很重视的。老子认为自然界中事物的运动和变化莫不依循着某些规律，其中的一个总规律就是‘反’，事物向相反的方向运动发展……同时又是循环往复（再始更新）地运动发展。”

老子的“对立统一辩证法”，在哲学史上第一次超越了经验和直观的范围，在理论思维水平上实现了一个质的飞越，成为中国辩证法史上的一座高峰，蕴藏了丰富的思想资源。直到近代在西方大哲黑格尔那里才有类似的表述。

现在我们终于明白了黑格尔为什么那样赞赏崇拜老子，是因为辩证法的这些主要东西，本来是黑格尔的独门功夫，看家本领，而在2500多年前的东方老子那里就已经具备了。并把这个辩证法确立为最高存在的规律，宇宙的普遍法则。

“反者道之动”这一命题，有助于增强人们的思维能力，指导人们面对困惑时，多从反方向考虑。比如常言所说“胜不骄，败不馁”，胜利了也不要骄傲，要有防患于未然的意识，失败时要冷静思考，沉着自信，因势利导，转危为安。

老子在提出“反者道之动”这一命题之后，紧接着又提出“弱者道之用”。弱，柔弱，柔和。柔弱、谦下、不争是道的状态，是道的效用。这种状态以自然柔和，润物无声为特征，不以暴烈强迫的方式进行，也就是“无为而无不为”。高亨在《老子正诂》中说：“道善利万物而不争，是以弱为用。”柔与刚，必取柔；弱与强，必取弱；高与下，必取下；贵与贱，必取贱……

柔弱不等于虚弱、脆弱，它是一种蕴涵着内在生命力的柔韧。这种力量不断发展壮大，最终能战胜强大。第三十六章说“柔弱胜刚强”。阴柔能胜过阳刚，柔弱能战胜刚强，柔弱的东西都可以胜过刚强的东西。“把它绝对化了，就把贵柔的原则讲死了。实际生活证明只有新生的事物，虽然当时看起来柔弱，但是它有无限的生命力；没落的事物没有前途，并不能由弱转强。”（引自任继愈《老子绎读》）

刘邦与项羽，初开始项羽比刘邦强势得多，盛气凌人，刘邦沉着冷静，审时度势，先让一步，发展壮大自己。结果楚汉成皋之战后，刘邦最终取得了胜利。这是对“弱者道之用”的最好例证。

成语“韬光养晦”“水滴石穿”，毛泽东语录“谦虚使人进步，骄傲使人落后”，都是“弱者道之用”的意思。

最后一句“天下万物生于有，有生于无”，是说天下万物是从有中产生，而“有”却来自于“无”。20世纪存在主义哲学创始人海德格尔先生说：“作哲学思考就是要问：‘为什么有现实存在物而没有无？’”这个问题正是“形而上的基本问题”。天地万物自化，无为自然，并不存在一个真正的起点或最初的原因，即不是起点就是它的起点，没有原因就是它的原因。

有与无是相反相成的概念，“无”离开“有”无法无，“有”离开“无”无法有。第一章“无名，天地之始，有名，万物之母”，有了天地（地球）才有地球上的万物，故天下万物都生于“有”，而天地之始是“无”，故“有”又产生于“无”。

无是有的母亲，有是无的运作，一切事物都是从有形的实体中产生，有形的实体却来自无形的虚无。

混沌之初，宇宙处在什么也没有的虚无状态，但却有能量和物质存在，（现代科学证明有暗物质、暗能量存在）正是这些物质才演化而生万物的。

用当今的观点来说，月亮、地球、太阳系、银河系，直到宇宙都是生自无、又灭向无的。无是更加根本的状态，是永存的大道。这种“无”是充满了生机的“无”,是孕育着新的生命力的无,就是无中生有,有生于无,又消于无。这种无—有—无的辩证运动过程,就是道—万物—道的辩证运动过程。(“无”是“道”的别名,“有”是“万物”的别名)

这一辩证运动过程说明,通向“有”的最好方式并不是“有”,而是“无”。有生于无,这就是“反者道之动”。那么,无中生有也就是“弱者道之用”。本章前后四句话内在关联是密切的、一致的。句句讲的都是辩证法,并且和第一章前后遥相呼应。

道是柔弱的,正是借助于这种柔弱,才能保持其万物之宗的地位。正所谓第四章老子讲的:“道冲,而用之或不盈。渊兮,似万物之宗。”

本章言简意赅,是对事物本然的辩证法最精炼的概括。

需要说明几点:

楚简甲本作“返也者,道动也。弱也者,道之用也。天下之物生于有,生于亡”。

第七十六章:“人之生也柔弱,其死也坚强。万物草木之生也柔脆,其死也枯槁。故坚强者死之徒,柔弱者生之徒。”

第七十八章:“天下莫柔弱于水,而攻坚强者莫之能胜。”

这两章都是讲的“弱者道之用”的道理。

受时代的局限,《道德经》时代的所谓“有”和“无”也许主要是以肉眼进行判定，看得见的山川河流、天地日月、花草鱼鸟等，这都是有；看不见的各种射线、元素、电子、分子、夸克、质量、能量、暗物质、暗能量等，就都是“无”。

第四十一章

上士闻道，	悟性极高之人听了道，
勤而行之；	心领神会，努力去实行；
中士闻道，	悟性一般之人听了道，
若存若亡；	识道不清，半信半疑；
下士闻道，	悟性低下之人听了道，
大笑之。	一窍不通，哈哈大笑。
不笑不足以为道。	不怕被嘲笑，就不足以被称为“道”
故建言有之：	所以，古代立言的人有这样的说法：
“明道若昧，	“光明之道，好似暗昧，
进道若退，	前进之道，好似后退，
夷道若颣，	平坦之道，好似崎岖，
上德若谷，	崇高之德，好似山谷，
大白若辱，	纯洁之心，好似污浊，
广德若不足，	广大之德，好似不足，
建德若偷，	刚健之德，好似懦弱，
质真若渝。	纯真之性，好似庸俗，
大方无隅，	太虚之空，没有棱角，
大器晚成，	大形之器，最后制成，

大音希声，	大道之音，反而希声，
大象无形。”	大道之象。反而无形。”
道隐无名，	道本幽隐，没有名称，
夫唯道，	只有道，
善贷且成。	善于辅助并成就万物。

心　读

本章老子重点讲如何循道修德的问题。道的功能是无穷尽的，本章从不同侧面描述了道的形象，或道的性质，重在论道。“夫唯道，善贷且成”。

“上士闻道，勤而行之”，上等智商的人，亦即悟性极高之人，听了道以后，由衷地赞叹老子的智慧和他思想的深邃，心领神会，身体力行，努力去实践，无为而无不为。

“中士闻道，若存若亡”，中等智商的人，亦即悟性一般之人，听了道之后，会略感迷惑，似真似幻，半信半疑。听听学一些也还有点意思，有益身心健康。略懂其中奥妙，但较肤浅，所以若行若止，顾虑重重。如将有一天在某事上能够想起老子的某一论点，有所启迪，不亦乐乎！

“下士闻道，大笑之。不笑不足以为道”，下等智商的人，亦即悟性低下之人，不知循道修德，只想贪图享受，追逐名利欲望的满足，因此听了恬淡无为的道，认为讲的这些东西，太高深莫测，荒唐至极，纯属无稽之谈，不信其有，嗤之以鼻，哈哈大笑。作为老子不怕被嘲笑,如果不被这般人嘲笑,就不足以被称为“道”。

老子就是老子,他有先见之明。他知道大多数人都不理解他,他的这些思想一定会遭人误解和嘲笑。他很潇洒地说道:“下士闻道,大笑之,不笑不足以为道。”

“故建言有之”,现实生活中立“道”、信“道”甚难,所以古代立言的人有这样的说法:

“明道若昧”“进道若退”“夷道若纇”,“纇”,《说文》:“纇,丝结也。”引申为不平之意,在这里指“道”之性质自然平和,从表相上看好似不平和。这三句中的“道”,有道路之意,意指人生无异于一场生命中的奇旅,一次伴有记忆的壮行。

这三句解读为,光明的前进大道,在事物结局尚未揭晓之前,总是显得若昏若昧;大方向上是前进的道路,总有暂时的局部的倒退和曲折,前进之道好似后退;平坦的大道却有着局部的险阻和崎岖。平坦之道,好似崎岖。

“上德若谷”,“无为”之德,谓之上德,“上德不德,是以有德”(第三十八章)。上德好似山谷一样,可容纳百川而不盈满,喻为崇高之德,不见其德,好似山谷。

“大白若辱”,“辱”,污黑。“大白”,指绝对纯洁之德。纯洁之心,看上去好似污浊,有所污染。第二十八章“知其白,守其黑”“知其荣,守其辱”与本句意同。

“广德若不足”,大德之人,德施万众。万众期待你的德行，期望值自然升高，你的广德也就一定不足。所以大德之人，觉得自己的品德修养不够好，常保持谦虚谨慎的态度。

“建德若偷”，“偷”，指怠惰，松松垮垮。“建德”，指刚健纯正的德性。刚健之人，虽积德之厚，却自以为薄弱，好似懦弱。

“质真若渝”，“渝”，指变化，改变，不能坚持下去。天真淳朴之人，朴实敦厚，随方就圆，顺五色而变，好似庸俗。

“大方无隅”，“隅”，指角，棱角。“大方”指太虚，“道”亦即太虚，太虚没有东、南、西、北、上、下六合之别，没有棱角。意指公道正直之人能海纳百川，无棱无角，不伤害他人。

“大器晚成”，大形之器，最后制成。意指成大器之人，无不经受长期的磨练，才能有卓越的成就。如姜尚(姜太公)直至80余岁才辅佐文王灭纣兴周，大展宏图，功勋卓著。又如于成龙，40余岁出仕，历任知县、知州、知府、巡抚、总督加兵部尚书、大学士等，67岁病卒于两江总督任上，康熙帝赠谥号“清端”，人称天下廉吏第一。

“大音希声”，“大音”指最大的音响。而最大的音响是天籁之音，亦即大道之音。天体物理学家开普勒讲：“宇宙是一个六声部的交响，这美妙的音乐只有用心灵才能听到。”听起来反而少有声音，谓之希声，与第十四章“听之不闻，名曰希”同理。

“大象无形”，“大象”，指最大的形象。最大的形象是宇宙之象，自然之象。道之大形象，谁也看不清，无形可寻，与第十四章“视之不见，名曰夷”“无物之象”说法一致。

“道隐无名”，虚无自然之道，无形无相，幽隐不可名状。同第十四章“绳绳不可名，复归于无物”说的是同样的意思。

以上这十二句古语，不知是当时的流行语，还是老子所总结的，可谓句句经典。魏源在《老子本义》中对此十二句进行了总结：“明道三句，言其体道也；上德五句，言其成德也；大方四句又广喻以赞之。”从道体、道用、道化三个方面对道进行了精辟阐释。“夫为道，善贷且成”，“贷”，指施与、帮助、辅助。唯有道，无时不有，无所不在，无所不能，包容万物，施与万物，成就万物。即“道生万物”也。

需要说明的几点：

“上士、中士、下士”，《礼记·王制》：“诸侯之上大夫卿、下大夫、上士、中士、下士凡五等。”故借此以述俗人之循道修德次第，不指统治者也。

本章重在论道，参阅第四章“道冲，而用之或不盈”，讲道的空虚实用；第十四章“迎之不见其首，随之不见其后”，讲道的无影无踪；第十五章“微妙玄通，深不可识”，讲道的藏而不露；第二十二章“不自见”“不自是”“不自伐”“不自矜”，讲道的俭啬内敛。

“道隐无名”一语与第一章“无名，天地之始”，以及第二十五章“吾不知其名”相呼应。

《庄子·寓言》有“大白若辱，盛德若不足”。

古代学者吴澄，把第四十一、第四十二、第四十三章合为一章，其他的学者也这样组合过。这种组合可使思想更具有连贯性。

第四十二章

道生一，	道是一个混沌未分的和谐统一体，
一生二，	混沌的和谐统一体分化为阴阳二气，
二生三，	阴阳二气交感而产生新的和谐之气，形成阴、阳、和三气，
三生万物。	阴、阳、和三气交感而产生天下万物。
万物负阴而抱阳，	万物背负阴气，拥抱阳气，
冲气以为和。	阴阳两气交冲而形成新的和谐体。
人之所恶，	人们所厌恶的，
唯孤、寡、不穀，	就是“孤家”“寡人”“不善”，
而王公以为称。	但是王公们却是这样称呼自己。
故物	所以一切事物
或损之而益，	有时减损它，它反而受到增益；
或益之而损。	有时增益它，它反而受到减损。
人之所教，	前人所教诲的道理，
我亦教之：	我也用来教导人：
“强梁者不得其死”，	“强横逞凶的人是不得善终的”，
吾将以为教父。	我要把这一句话作为教育人的宗旨。

心 读

承接上章“夫唯道，善贷且成”，老子本章讲“道”是生成宇宙万物的总根源，阐述了由简至繁的形成过程。

老子不仅是一位辩证法大师、哲学家，而且又是一位宇宙学家。他说：“道生一，一生二，二生三，三生万物。”这十三个字，精辟地描述了“道”生成万物的过程，亦即概括了宇宙形成的过程。这一说法耐人寻味，极有意义。

万物是由“道”生成的，“道”就是“一”，为什么还要讲“道生一”？

老子讲的“道”，并不是具体的事物和具体的数量，但多种多样的具体的物，却具有统一性、完整性。老子认为“道”产生出了事物的对立关系，如有无、阴阳、高下、长短、大小、强弱、雌雄等，它们都不是具体的物，而是对物的表述，或是对物的特征的表述。也就是说，道没有产生万物，而是创造出物的产生过程——对立统一关系。

道创造出物的过程，也就是一与多的产生过程。一亦多，多亦一，没有多就不会有一的命名，一与多如“有无相生，难易相成，长短相形，高下相倾……”一样（第二章），它们都不是具体的物，而是对物的表述。“一”表述的是浑然一体的混沌原始状态。“二”“三”是表述混沌原始状态的逐渐分化，万物的“万”字表述的是无穷多的代名词而已。

“一生二”，混沌的和谐统一体分化阴阳二气。阴阳二气交感而产生新的和谐之气，形成阴、阳、和三气，即“二生三”。阴、阳、和交感而产生天下万物，即“三生万物”。

老子用“一、二、三、万”的自然实数来描述“道生万物”，是一个由一而二，二而三，三而万物逐渐增多的形成过程，是由无到有，由少到多，由有限到无限不断发展的过程，并且这个过程是永远的，没有穷尽的。

这就是老子的宇宙生成论，至今有2500多年的历史，但被人们所忽视。《圣经》中上帝创造世界的时候说“要有光”，于是就有了光。上帝的口里只轻轻地说出了三个字“要有光”，我们这个宇宙就拥有了灿烂的日月星辰，天空和大地就充满光明。

老子讲“道生一”，也是三个字。这句富有智慧的话，蕴藏着无穷的力量和气势，与上帝说的“要有光”三字一样，同样精彩，同样崇高，同样激动人心。那是宇宙的开始，是一个井然有序的和谐世界的诞生。用霍金的话说：“果壳里的宇宙。”

老子用深入浅出的话语“道生一，一生二，二生三，三生万物”，来表述道生成万物的过程之后，紧接着又精辟独到地说出“万物负阴而抱阳，冲气以为和”这两句话。万物背负阴气，拥抱阳气，“独阴不生，独阳不长”。

庄子说：“太冲莫胜。”（《庄子·应帝王》）意思是说，阴阳二气得到调和，就不会有阴盛阳衰，或者阳盛阴衰，阴阳二气就能保持平衡与和谐。万物之所以产生，就是由于构成万物的阴阳二气，彼此互动。它们相互交冲与激荡达到了“和”的状态时，就形成新的和谐的统一体，即形成了新事物。天长地久生生不息，就会无穷无尽地产生出万物。

古人不知道物理变化、化学变化、元素周期律和生物变异的原理，不懂得宇宙是最理想的引力实验室——宇宙是生命的起源和演化的实验室，是最大的化工厂——故无法从单纯物质的状况解释万物的各种变化，便设想为气。气是无影无形的，变化起来更加得心应手。气与气相交合，比物与物相交合更易理解，更容易接受。

和谐是宇宙的永恒规律，更是人类应该具备的崇高品格。人类同顶一片天，共踏一方土，在风雨飘摇、不安宁因素随时可能袭来的世上共存，更应该讲“团结”，讲“和谐”。族群与族群之间，人与人之间要以“和为贵”，尽量避免冲突。和气之人合乎自然之道，合乎大道，就会受到大道的庇护。反之，就会受到自然的惩罚，为人们所厌弃，此谓“人之所恶”。

“唯孤、寡、不穀，而王公以为称”，至为尊贵的王公们却自称为“孤家”“寡人”“不善”，这是自谦的说法，表明他们本身并没有脱离“和气”。他们越是虚心谦下越是能得到人们的拥护和尊敬，也就是老子所说的“损之而益”，也就是我们俗话说的“吃亏是福”。

从做人做事的角度来看，“满招损，谦受益”这些思想对我们的生活方式影响极大。

“故物，或损之而益，或益之而损，人之所教，我亦教之”，所以世间万物之变化，减损它，反而得到增益；增益它，反而受到减损。“损之而益”“益之而损”这样的事例数不胜数。如父母溺爱子女，适成其害；严格要求子女，才是真正的增而益之。再如，大肆宣扬为自己添彩，结果往往适得其反，往往降低了自己的威望；而实事求是地自我批评，表面上看是损害自己，其实是增益了自己的威望。

故以此道理教化人们，教人戒骄戒躁，谦让居下，忍辱怀柔。我也用它来教导人，此谓“人之所教，我亦教之”。

“强梁者不得其死，吾将以为教父”，这句话讲得语气很强烈，很直白，很露骨，不留余地，不像老子别的话那样抽象玄妙。

这两句话解读为强梁逞凶的人是不得善终的，我要把这句话作为教育人的宗旨。《论语·先进》说：“若由也，不得其死然。”凡是做人过于强势，恃己凌物，必然不得善终。《孔子家语·观周》“强梁者不得其死，好胜者必遇其敌”讲的也是此道理。儒、道两家讲的完全一致，都是讲柔弱、退守、谦下在社会政治、生活方面的具体运用。

坑害人的不会有好结果，2500多年前就已经流行这种说法了。今天，我们与老子一样有同感：以强梁自命，拉帮结派，扣帽子、打棍子、划圈子，斗红了眼的变态心理，不管时空如何变幻，永远为人们所深恶痛绝。

需要说明的几点：

本章“人之所恶”句，马王堆本作“天下之所恶”。

“孤、寡、不穀”的思想，见本书第三十九章心读。

“道生一，一生二，二生三，三生万物”与第一章“无名，天地之始；有名，万物之母”讲的都是宇宙生成的过程。

前半部分老子讲的宇宙万物生成论，通常有三种说法：

一、以“无”与“有”来解释。以“无”为道，以“有”为一，再以“无”与“有”为二；然后，无与有“相生”而出现三，三生万物。

二、以“天、地”来解释。亦即以“天、地”为二，形成“道、天地、万物”的三层观点。

三、以“阴、阳”来解释。亦即阴、阳代表二，两者相反相成，在交冲互动时出现了“和”，并且一起形成了三。“三”指阴气、阳气、和气。第三十二章“天地相合，以降甘露，民莫之令而自均”，即阴阳二气交合形成的和气状态而产生了万物。

今天随着观测技术手段的不断进步，人类对宇宙起源和演化规律、暗物质和暗能量、微观物质结构等的认识越来越深入，已经达到前所未有的新高度，但仍在探索中。所以老子的“负阴而抱阳，冲气以为和”的原理，依然有着现实的意义。

本章讲万物的生成，与“人之所恶……吾将以为教父”这段文义不合，疑为《第三十九章》错移本章。

第四十三章

天下之至柔，	天下最柔弱（软）的东西，
驰骋天下之至坚。	能够战胜天下最坚强（硬）的东西。
无有入无间，	无形的力量能穿（渗）透没有间隙的东西，
吾是以知无为之有益。	因此我认识到自然无为的益处。
不言之教，	不言的教导，
无为之益，	无为的益处，
天下希及之。	天下很少有人可以做到。

心　读

本章老子进一步论述柔弱胜刚强的道理，阐述无为的作用和好处，重点讲“柔弱”的作用，“无为”的效果。

整部《道德经》五千言，可以看作是对这个“柔”字的解说。“柔”是“道”的基本表现和作用。“柔弱”是万物具有生命力的表现，也是真正有力量的象征。“舌柔常存，齿坚易折”讲的就是这个道理。老子认为坚强只会导致死亡，柔弱才是生命的法则。

“天下之至柔，驰骋天下之至坚”，“至柔”，最柔弱、柔和、柔软。“驰骋”，形容马的奔跑，也作“穿越、驱使、驾御”讲。老子第七十八章曰“天下莫柔弱于水，而攻坚强者莫之能胜”，讲的就是水是天下最柔弱(软)的东西，最顺从的东西，却可以驰骋天下，渗入任何致密而坚硬的物体，摧毁世界上最坚强的东西。

柔顺的水对于无论多么锋利坚硬的刀都是不会畏惧的。古语说得好：“抽刀断水水更流。”

比如“水滴石穿”一词，一滴两滴水的力量是那么的微不足道，但时间的累积，日复一日，就足以将坚硬的岩石穿孔。这是多么柔弱而又神奇的力量！

再如，地球从洪荒年代起，水就开始以自己的柔顺、柔和、柔软攻无不克，无坚不摧。它几乎侵占了所有的领域，陆地、平原、丘陵、沟壑、沼泽、低谷、深潭。地球表面70%以上是水，水成了万物的生存之源。

作为万物之灵的人类，也同样依赖水的哺育才得以生存。我们在母体内需要羊水供养，同时羊水也保护我们免受外物的挤压而造成伤害。可以说水是孕育我们的源泉，没有水我们就无法孕育生长，也无法在世间存活(一个人身体的70%以上是水)。水是生命之源。

水有如此大的作用，但它却从不居功自傲，而是表现出无为素朴、默然柔和的状态。

水的柔性品质表现在，它滋养万物，却泰然自若，无欲无求，甘居卑下。它舍弃自己的形状，能随物赋形，成就一切形状。比如放在方框里它是方的，放在桶里它是圆柱形的，灌进球里它是球形的……有什么样子，它就能成为什么样子的形状。水是天底下最富于变化的东西，它既可以化作云、雨、雪，驰骋于九天之上；也可以形成地下河、暗涌于九泉之下；还可以化作冰川，让河流、溪谷、天堑变坦途。它柔弱至极，却能量巨大。它能汇成江海，奔腾咆哮；也能劈开山岳，击碎岩石，冲垮堤坝，展现气吞山河、雷霆万钧、所向披靡之势；还可以细水长流，水滴石穿，成就其潜移默化之功。

“无有入无间”，“无间”，没有空隙，也可作霍金“果壳里的宇宙”讲。“无有”，指看不见形象的东西(一种无形的力量)。这种看不见形象的东西，会使人立刻联想到分子、原子、原子核、电子、中子、质子、粒子、夸克、放射线、电磁波、B超、CT，联想到高能物理、量子理论、微观物质结构、暗物质、暗能量、热能、化学能、生物能、核能、清洁能源、太阳能、风能、地热能，联想到清洁能源技术、生物科技、纳米科技和量子点技术、量子计算机与量子通信，联想到大数据、云计算、互联网、工业互联网、能源互联网、物联网、太空互联网等，联想到智慧地球、智慧城市、智慧物流、智慧生活、信息化、网络化、集群化、智能化形成的无时不在、无处不在的信息网络环境。从事“互联网+”研究的易观国际董事长于扬就认为：互联网只是工具，是如电力一般的基础设施，是一个无处不在的效率提升器。

“无有入无间”一语，是一种智慧，一种理念，时至2500多年后的今天，还不被人们所理解。当然以当时的科技手段来说，还不可能达到今天这种具体精确的程度，但是老子的想象力暗合物理世界的结构和原理，为后人作出原则性和方向性的指示，颇能启迪思维，开阔视野，与前沿科学家超越时空对话，着实令中外的科学家、哲学家们为之惊叹。

老子这里讲没有间隙却仍然自由出入，穿来穿去，靠的是无有，因为没有间隙，任何“有”是进不去的。

但在这里“无”其实是一种“有”的形式，它可以无影无形，无声无重量，然而，正因为如此，它才能无坚不摧，攻无不克，无孔不入，无不可入。

老子那个时代，没有今天的机械化、电气化、自动化、信息化、智能化，也就是“数码世界物质化，物质世界智能化”，也就是“信息随心至，万物触手及”。然而老子相信世上有一种叫作无有之有的东西，一种无形的力量，可以入无间，能够穿透没有间隙的东西。

这就是老子的伟大和神奇！这种认识，不是靠推理、实验，而是靠形象思维、悟性。它不是物理的而是哲学的，是凭着直觉感知能力而获得的宇宙终极真理，是对宇宙的全面认识。

以柔克刚，无往而不胜。世界上这种无为的柔弱战胜有为的刚强的例子举不胜举。如一块巨石，如果落在一堆棉花上，则会被棉花轻松地包在里面。刚硬的东西不怕刚硬，怕的是柔软，它尤其怕柔弱侵入内部。一头大象能卷动巨木，能使虎豹生寒，但是却对一只小鼠害怕得要命；人能战胜猛兽，但对身体内的病菌却无可奈何；"英雄难过美人关"，美人柔情，英雄孔武；坚固的大堤可以阻挡洪水的击打，却被小小的蚂蚁毁坏而坍塌。

以弱胜强，以柔克刚，以虚胜实，以无胜有，以智胜力，四两拨千斤，借力打力，克敌于无形，不战而胜……这些军事家常用的谋略或者说战术，也都是柔弱胜刚强的实际运用。

"吾是以知无为之有益"，因此，我才认识到自然无为的益处。"无为"绝不是"不为"，而是在用"柔"，这就是"弱者道之用"的道理。

在此老子"不言之教，无为之益"，是告诫人们天下"道"的转化道理。这个道理就是指无、有变化，是从无到有的转化。可是天下很少人懂得，也很少人能做得到，此谓"天下希及之"。道的功能是天下任何事物不能企及的，故"弱之胜强，柔之胜刚，天下莫不知，莫能行"。

需要说明的几点：

本章"天下希及之"句，马王堆甲、乙本作"希能及之矣"。

“无有入无间”一句，王弼《老子注·四十三章》：“气无所不入，水无所不经。”王道《老子亿》：“天地之气，本无形也，而能贯乎金石；日月之光，本无质也，而能透乎蔀屋。”

本章“不言之教，无为之益”，与第二章“是以圣人处无为之事，行不言之教”，还有第五十六章“知者不言，言者不知”，说的是同一个观点。

“弱之胜强，柔之胜刚，天下莫不知，莫能行”，出自第七十八章。

第四十四章

名与身孰亲?	名誉与生命（身体）比起来哪一样更值得珍惜?
身与货孰多?	生命和财产比起来哪一样更重要?
得与亡孰病?	得到与丧失哪一个更有害?
是故	因此
甚爱必大费,	过分地珍惜名利就必定要付出更大的代价,
多藏必厚亡。	过多地收藏就必定会招致惨重的损失。
知足不辱,	所以，知道满足就不会受到屈辱,
知止不殆,	知道适可而止就不会带来危害,
可以长久。	这样才可以保持长久。

心读

本章老子宣传的是这样一种人生观,那就是贵生重己、适可而止、知足常乐的思想。这不是宣扬利己主义,因为只有知足和知止,才能避免祸害。这种思想一直在中国流传了几千年,对中国人的性格塑造影响很大。

老子生活在春秋末期，那时新旧制度交替，社会动荡不安。那是一个群雄并起、生灵涂炭、礼崩乐坏、恶性竞争的灾难年代。诸侯们为争名夺利而身败名裂，家破人亡，株连九族的事例太多了。所见所闻驱使他从人性的角度作了深层次的思考。

世界上没有复杂的事情，只有复杂的心灵和黑洞般没有边际不知深浅的欲望。一个人假若没有体道、悟道，他是永远不会满足的。只要有了相应的环境和条件，欲望就产生了。饥肠辘辘之时，只想粗茶淡饭充饥而已；有粗食思细食，有素食思肉食，吃了猪肉想吃鱼肉，吃了水里的还想吃天上的，到后来即使吃了猴头燕窝，也未必得到满足。同样，拥有大西洋还妄想占有太平洋；拥有地球，还妄想贪占月亮，并向深空、深海、深地、深蓝拓进。总之人的欲望是无止境的，永远也无法满足。

在老子看来，人类的最高追求应该是健康长寿，而不是对名利的疯狂占有。一个人的精力是有限的，过分地耗费精力对生命有害无益。追求物质财富和名利本身没有错，但不知满足就错了。贪欲是一切祸患产生的根源。适可而止，这四个字对人有着不可估量的指导意义。

老子在本章提出了三个尖锐的问题，“名与身孰亲？身与货孰多？得与亡孰病？”“多”，不是多少的多，而是“尊重”“重视”的重。“病”，有害，痛苦。这几个问题是每个人都必然会遇到的。名誉和生命(身体)比起来哪一样更值得珍惜?生命和财产比起来哪一样更重要(贵重)?得到名誉与丧失生命哪一样更有害?

老子认为,为了追求“名”“货”“得”而劳心伤身,可谓得不偿失。名声和财富是身外之物,身体对于人而言是不可或缺和无法替代的。

《钢铁是怎样炼成的》一书中说:“人最宝贵的是生命,生命每个人只有一次。人的一生应当这样度过:当回首往事的时候,他不会因为虚度年华而悔恨,也不会因为碌碌无为而羞愧。”也就是人们常说的,功名利禄都是身外之物,生不带来,死不带去。所以,生命是最宝贵的。

在现实生活中能做到身体力行,将这几个问题回答圆满的人,少之又少。

比如清朝的大贪官和珅,一个年少家贫应试不中的文生员,经乾隆帝一手提拔,成为首辅大学士,领班军机大臣,身兼多个要职,一人之下,万人之上。地位不可谓不高,俸禄不可谓不厚,然而和珅贪得无厌,其党羽、家人甚至差役,亦到处招摇,贪污受贿。四方贡物,上品者送和珅,次品者方入宫中。终于在嘉庆四年(1799年)正月被逮捕治罪。

和珅为相二十年,他的家产有八亿两之巨,比清廷十年收入的总和还要多。和珅死了,家产没了。当时民间流传着这样一句话:“和珅跌倒,嘉庆吃饱。”“甚爱必大费,多藏必厚亡”,讲的就是这样一个道理。这种“大费”和“厚亡”都是不知足惹出来的大祸。

“甚爱必大费”,“甚爱”,过分珍惜、爱惜。“费”,耗费,破费。贪图名利之心愈甚,劳人身心,耗人精气愈多。人一旦执著于所爱,会不顾一切付出。父母溺爱子女,对孩子的成长不见得好。过分地珍惜名利就必然要付出更大的代价。汉武帝“金屋藏娇”的故事就是对这句话最好的佐证。

“多藏必厚亡”,“厚亡”,惨重的损失。这句话的意思是,丰富的收藏必然招致严重的损失。这个损失并不仅仅指物质方面的损失,还有人的精神、人格、品质方面的损失。一句话,不义之财积藏得越多,招祸身亡的危险性就越大,甚至付出生命的代价。

试问今天的贪官们,作为国家的官员,是否知道老子的这两句话:“甚爱必大费,多藏必厚亡。”

这两句话老子讲得相当恳切,虽然已过去了2500多年,但对于今天的芸芸众生来说,它既是告诫,又是良药。

用现在的话来说,不管你追求什么,喜好什么,收藏什么,积攒什么,都要自我控制,适可而止,不要失控,不要过分。印度“圣雄”甘地说:“自然能够满足人的需要,却不能满足人的贪欲。”不要使自己的欲望变成贪欲,导致意想不到的后果。

“知足不辱,知止不殆,可以长久”是老子处世为人的精辟见解和高度概括。“止”,停止。“殆”,危害,危险。“知足”就是说，任何事物都有自己的发展极限，一旦超过这一限度就必然向它的对立面转化。

名誉钱财皆为身外之物，人不可没有它们，但取之有道，得之有理，享之有量，不可贪之过甚。尤其是手中握有权力之人，对财富的占有欲更要适可而止。要知道做人做事要把握一个分寸，这个分寸就是度，度就是恰到好处，适可而止。这是水平，是能力，更是智慧。做到恰到好处、适可而止是最难的。而适可而止的秘诀在于一个“俭”字：懂得收敛自己的欲望，能区分内外，进而重内轻外，做到“知足”与“知止”，自然可以安全自在。

知足是一种感受，一种生活态度。它不在于拥有多少名利而在于个人的感受如何。比如，晋代的大文豪陶渊明在官场摸爬滚打十多年之后，认为官场是污浊的、肮脏的，他置身其中总有一种格格不入的感觉。于是，他毅然辞官还乡。失去了功名利禄，失去了工作，没有了养家糊口的白银，但是他却毫无遗憾和留恋。“采菊东篱下，悠然见南山”，精神上的这些得意和轻松，是任何物质的东西都难以取代的。陶渊明不被世俗所束缚，舍弃物质的利益，放飞心灵的伟大壮举，千百年来令多少人“高山仰之，心向往之”。

知足是一种生命境界。知足的人总是微笑着面对生活，有自己独特的活法，能让生活过得有意义、有价值。

有一颗善良心，会让你人性生辉，普照人间，温暖无比；

有一颗平常心，会让你甘于淡泊，随遇而安，平安无事；

有一颗清净心，会让你心平如镜，神清气爽，益寿天年；

有一颗自由心，会让你得大自在，免遭祸害，处处无碍；

有一颗自然心，会让你道通为一，回到生命本源，回归自然，丢掉生活中的碎片，心灵获得最美好的安顿。

本章老子所提倡的贵生重己的观点，并不是贪生怕死、苟且偷生的利己主义，而是建立在尊重生命基础上的“生”。每个人都应该珍惜自身的价值和尊严，敬畏自己的生命，对待名利要淡然处之，不可无限制地追求。要知足常乐，不可贪婪成性。这是老子留给我们后人珍贵的精神遗产。

需要说明的几点：

“多藏必厚亡”句，楚简甲本作“厚藏必多亡”。

“知足不辱，知止不殆”，可对照第十六章阅读理解。

第二十九章“是以圣人去甚、去奢、去泰”和第四十六章“祸莫大于不知足，咎莫大于欲得”与本章相关联。

张尔岐先生说的“甚爱启争，多藏诲盗”，也如老子所言“甚爱必大费，多藏必厚亡”。所以，人要知道“名之为身累，货之为身贼”。那么怎样才能做到既多藏又不亡，既甚爱又不费呢？正如徐梵澄在《老子臆解》中说的：“甚爱者，不爱己而爱人；多藏者，不藏于己而藏于民。一宅而寓于无私，则亦无所费而无所亡。”

第四十五章

大成若缺，	大成就者，好似欠缺，
其用不弊。	它的作用，不会衰竭。
大盈若冲，	大满盈者，好似空虚，
其用不穷。	它的作用，不会穷尽。
大直若屈；	大正直者，好似弯曲；
大巧若拙；	大灵巧者，好似笨拙；
大辩若讷。	大善辩者，好似木讷。
躁胜寒，	疾走可以克制寒冷，
静胜热。	安静可以化解炎热。
清静为天下正。	清静无为能使天下太平。

心　读

本章主要论述的是人格形态，重在论人的修身。

"大成若缺，其用不弊"，"弊"，破败、衰竭、衰败的意思。"大成"，指大的成就或成功，也指最完美的东西。这句话的意思是说，成就最大之人，往往本人自认为缺陷很多，反而补缺不止，这样做反而越成就他本人。如孔子，世人都认为他是圣人，无所不通，无所不晓，天下万能，没有什么事可以难倒他，然而孔子本人却以为他自身欠缺很多。他虚心地向老子学习礼仪,向郯子请教官职的名称,向苌弘请教音乐……这种谦虚的态度,反而使他的学识更渊博,成就了一代伟人——千古圣人。

如今“孔子学院”已经遍布世界各地。1993年,《世界宗教会议走向全球化伦理宣言》把“已所不欲,勿施于人”这句孔子的语录确定为全球伦理。孔子的语录体现中国的软实力,这一软实力为世界宣传和睦信息和普世价值,积极创造一个无冲突的“大家庭”(地球村)。

“大盈若冲,其用不穷”,“冲”,虚空。这句话是说,大满盈者,表面上好像空虚,但它的作用是不会穷尽的。也就是说,知识学问最丰满之人,往往表现得很谦虚,这种谦虚的品质,使他的学问更加丰富,其对社会发挥的作用是不会穷尽的。一瓶子不满半瓶子晃荡的人,才会指手画脚,说三道四,显得很有学问的样子。

老子这两句话,充分体现了辩证的对立统一,“若缺”就是“大成”,“若冲”就是“大盈”,不完美就是完美,缺憾和距离反而是一种美。

这两句话说明老子对事物的本质和现象(假象)的关系理解得非常深刻。事物的本质有时以假象反映出来。如“大成”“大盈”却以“若缺”“若冲”的形式出现。下文中“大直若屈,大巧若拙,大辩若讷”也是同样的道理。

"大直若屈","屈",弯曲。大正直者,好似弯曲。如平坦的道路,往往都是很曲折的。

"大巧若拙",大道巧妙,大巧通的是大道。道无为,不言,不争。这句话是说最灵巧的人表面看起来好似笨手笨脚。

"大辩若讷","讷",《说文》:"讷,言难也。"口才不好,不善说话。最能言善辩之人,看起来好像口齿不伶俐,不太多说话,好似木讷。

"大直若屈,大巧若拙,大辩若讷"这三个充分体现了辩证法的命题,内涵极其丰富,揭示出事物外在形式与实际情况的复杂性和不一致性。老话"人不可貌相,海水不可斗量"讲的就是这种情况。

所以,在日常生活工作中,尤其是做领导工作的,在识才用人上,必须透过现象看本质。如诸葛亮在《知人性》中讲的"美恶既殊,情貌不一。有温良而为诈者,有外恭而内自欺者,有外勇而内怯者,有尽力而不忠者"。

"若缺、若冲、若屈、若拙、若讷"说明一个完美的人格,其外表往往表现出软弱、低能、愚笨、木讷、卑下的姿态。在这种十分睿智的处世方式,亦即生存智慧里,有阅历,有沉思,有品质,也有无奈。但是有多少人能够理解?又有几个人能达到这样理想的境界呢?

"躁胜寒,静胜热,清静为天下正","躁",疾走,快跑。"清静",无欲无为。"天下正",天下太平。寒与热,亦即阴与阳,它们是两种相反的能量。阳动阴静，其作用功能是相反的。“阳之躁胜阴之寒，阴之静胜阳之热”，亦即疾走快跑身体散发热量，可以战胜寒冷，安静下来气内敛则可以化解炎热。躁可以胜寒，但最终被静统帅制约。“静为躁君”，躁以静为主宰。所以燥热还要被清静无为所统率，故以“清静为天下正”。唯以清静处之则无为而自化，天下自然走向正道，天下太平。

需要说明的几点：

“躁胜寒，静胜热”一句，第二十六章有“重为轻根，静为躁君”。

“清静为天下正”，马王堆甲本作“可以为天下正”。参阅第三十七章“不欲以静，天下将自正”。

《大学》中说：“定而后能静，静而后能安……”这里讲的“静”与本章讲的“静”意思一样。

“大成若缺”“大辩若讷”对照阅读第二章有关部分。

“大巧若拙”对照阅读第十九章有关部分。

第四十六章

天下有道，	统治者治国理政有道，政治清明，国泰民安，
却走马以粪。	战马退还到田野，作为耕种之用。
天下无道，	统治者治国理政无道，政治混乱，战乱不止，
戎马生于郊。	怀孕的母马，在郊野战场生下马驹。（象征有亡国之祸了）
祸莫大于不知足，	最大的祸害莫过于不知足，
咎莫大于欲得。	最大的过错（罪过）莫过于贪得无厌。
故	所以
知足之足，	知道欲望有度，不贪得无厌，
常足矣。	才能保持一分满足心。

心 读

继第三十章、第三十一章之后，这一章老子继续重申自己的反战思想。指出战争的起因，在于野心家们的贪婪。发动战争用武力征服对方，掠夺财物，伤人性命，不管打着什么旗号,说到底都是对人类的犯罪。不论是战胜国还是战败国,都付出了沉重的代价,最终的受害者都是老百姓。

“天下有道,却走马以粪;天下无道,戎马生于郊”,“却”指退回,放回。“走马”指善奔跑的马,战马,亦即良马。“粪”,王弼注“以治田粪也”,这里指种田,耕种。统治者如果以无为的自然之道治理天下,国家政治清明,国泰民安,各国安守本分,和谐共处,那么良马就退回到民间事农耕种,守其本分。马放南山,铸剑为犁,英雄变成了平民,是天下太平的局面。

《韩非子·解老》曰:“凡马之所以大用者,外供甲兵而内给淫奢也。今有道之君,外希用甲兵而内禁淫奢,上不事马于战斗逐北,而民不以马远通淫物,所积力唯田畴。积力于田畴,必且粪灌。故曰‘天下有道,却走马以粪’也。”

“戎马”,指战马。“生于郊”指母马产仔于战地的郊野。统治者不以无为的自然之道治理天下,各国必攻城掠地,战火不息,杀得尸横遍野,血流成河,赤地千里,民不聊生。可征用战场的良马不够用,就连怀孕的母马,也被征用推上战场,在郊野战场母马生下马驹。

《韩非子·解老》曰:“人君者无道,则内暴虐其民,而外侵欺其邻国。内暴虐则民产绝,外侵欺则兵数起;民产绝则畜生少,兵数起则士卒尽;畜生少则戎马乏,士卒尽则军危殆;戎马乏则牸马出,军危殆则近臣役。马者,军之大用;郊者,言其近也。今所以给军之具于牸马近臣,故曰‘天下无道,戎马生于郊’。”

老子站在大众的立场上，表达了自己对战争的不满，他认为战争是由于野心家的贪婪和不知足造成的。要想消灭战争，就必须让野心家们从思想上认识到，战争并不能使国家强大，反而会削弱自己的统治力量。想使国家强大，只有实行恬淡无为的自然之道。不称霸，则战乱不起，否则就会战争频发，天下大乱。这是老子所深恶痛绝的。老子认为战争的祸根皆因统治者私欲膨胀，贪得无厌，因此他警告人们“祸莫大于不知足；咎莫大于欲得”。“咎”，《说文》“灾也”，过失，罪过。“欲得”，就是渴望得到。这两句话大意为最大的灾祸就是不知足，最大的罪恶就是贪得无厌。

欲望和需求都是人的本能，印度“圣雄”甘地说得好：“自然能满足人的需要，但不能满足人的贪欲。”

正常的欲望是天赋人权，神圣不可侵犯的，是要保护的，它是人类进步的一种动力。人类如果不向往高楼大厦，恐怕现在还停留在穴居树巢时代；人类如果没有“顺风耳”“千里眼”等欲望的幻想，恐怕也不会有今天的手机、电脑、互联网、云计算、大数据等。人类的这些正常的欲望，应该说“不知足”才对，那么老子的哲学是否与现代生活格格不入呢？答案是否定的！身处现代社会，“可欲”“欲得”而不知足，会造成对他人，对社会的侵害。现实中，我们看到不少身败名裂的人，正是因为欲壑难填，贪得无厌才走上犯罪道路的。

正常健康的社会是和谐的、平等的、互助互爱的，在发展自己的同时，也发展他人，也就是常讲的“共享”“双赢”理念。如果把自身的幸福，建立在他人的痛苦之上，永不知足，那么，勾心斗角，尔虞我诈，腐化堕落，偷盗抢劫，谋财害命，贪赃枉法等一系列社会丑恶现象便会随之产生，愈演愈烈。

人类要想进步发展，除了救治人心，抑制私欲外，别无他路。从这个角度体会领悟老子所说的“知足之足，常足矣”，就具有重大而深远的现实意义。

“故知足之足，常足矣”，“知足之足”意指知道满足，并且以此为满足。“常足”，永远满足。这句话大意为，所以知道欲望有度，不贪得无厌，才能保持一分满足之心。

一个人懂得满足，心里面就时常充盈着快乐幸福，这样有利于身心健康。相反贪得无厌，不知满足，就会时时感到焦虑不安。用叔本华的观点来说，就会使人生在欲望与失望之间痛苦不堪。

然而“知足”不是没有追求，知足常乐更不是平庸的表现。相反，它是难得修炼成的德行，是最好的追求进步的状态，并不代表不思进取，胸无大志。它只是我们生活的一种态度而已，是一种看透世事无常后的恒常心罢了。

知足与不知足是一个量化过程，不要把“知足”停留在某一个水平上，也不要把“不知足”固定在某一个需要上。对于一个国家来说，知足了，不去侵略他国了，那么如果你被侵略了怎么办？不同的年代，不同的环境，不同的阶层集团的利益，经济的基础，社会发展的要求，以及民族地域文化等，决定知足与不知足，需要从更纵深的思路上去研究分析。知足与不知足总是相互转化的。

知足使人平静、安详、达观、超脱；不知足使人骚动、搏击、进取、奋斗。知足的智慧在于知不可行而不行，不知足的智慧在于可行而必行之。若不可行而勉为其难，势必劳而无功；若知可行而不行，则是堕落和懈怠。这两者之间，实际上存在一个“度”的问题，度是分寸，是智慧，更是一种境界。

把握好知足这个“度”，关乎到我们人类的幸福指数。知足是普世价值观。懂得知足，不处心积虑地算计别人，努力发展自己，维护和平和谐，那么你就会拥有真正而长久的幸福快乐。此谓“知足之足，常足矣”。“不知足”乃人间活地狱，活百岁也无一刻之乐境！

需要说明的几点：

本章“天下有道，却走马以粪；天下无道，戎马生于郊”与第三十章“以道佐人主者，不以兵强天下”，第三十一章“夫唯兵者不祥之器，物或恶之，故有道者不处”的思想是一脉传承的。在这里老子谴责这种战乱不止的社会是“无道”的世界。

本章“祸莫大于不知足”一语，参阅第四十四章“甚爱必大费，多藏必厚亡”方能领悟其深意。

第四十七章

不出户，	不走出家门，
知天下。	就可以知道天下万物的事理。
不阙牖，	不看窗外的天空，
见天道。	就可以识得天理自然。
其出弥远，	你行走得越远，
其知弥少。	对道的认识就越少。
是以圣人	因此得道之人
不行而知，	不外出行走就可知道，
不见而明，	不察看就自然明白，
不为而成。	不妄为而自然天成。

心　读

本章语句简洁凝练，却蕴含着很深的哲学思想，讲的主要是人的认知能力，也就是哲学上讲的认识论。人类运用全息思维和抽象思维能力，可以把握事物发展规律性的东西。遵循事物的运动方向和发展进程，不但可知现在，知过去，还能预知未来。老子认为有这种思维能力的人就能“不行而知，不见而明，不为而成”。

“不出户，知天下”，“户”，门户。“天下”，古人的天下即全国，也指天下万物。这句话意为不走出家门，就可以知晓天下事理。比如诸葛亮在隆中不走出家门，便上知天文，下知地理，中察人事。

“不出户，知天下”，在今天看来已不是难事。现代社会的条件比过去不知便捷了多少倍，天下已经全球化了，已经不是老子那时的“天下”了。打开报纸、电视、电脑、手机就知道天下的大事了，叫作人人得知天下，人人必知天下。但在2500多年前，没有电脑、手机、互联网，信息交流很不发达，老子说出这样的话，不是很奇怪吗？其实一点都不足为奇。老子用的是全息思维。天下人怎样过日子，你通过一个普通人家庭的生活状态，就可以判断推理出整个国家社会的生活状态及水准。一个家庭，一个村庄的面貌就是整个国家社会发展进步的一个缩影。

老子的观念是整体的、全息的，国家社会是一个大宇宙，而我们每个家庭，每个村庄是一个小宇宙。而一个村庄里，家庭与家庭的相处之道，推及到国家与国家的相处之道，其本质是相同的。每个家庭都希望受到尊重、肯定，希望找到合适的机会发展自己，所以由近观远，不必行走到很远的地方，只需要在房间里，通过观察、对比和思索，真正了解了自己和周边的人事，也就明白了社会事理。正如习近平主席出席第70届联合国大会所讲的：“和平、发展、公平、正义、民主、自由是全人类的共同价值,也是联合国的崇高目标。”

“不阒牖,见天道”,是针对自然界而言。“阒”,从小孔看,窃看。“牖”,窗户,窗子。“天道”,日月星辰自然运行的规律。此句意为不观望窗外的天空,也可以了解日月星辰的自然运行规律,亦即天理自然。

“不阒牖,见天道”,现代语便是“秀才不出门,便知天下事”。从认识论上讲,直接经验是通过亲身实践得到的知识,间接经验是通过某种途径得到的知识。不是只有直接实践才是认识的唯一来源,间接经验也是获得认识的重要来源。

老子这句话旨在提醒人们:可以通过某种途径获得知识。间接经验虽然自己没有经过实践,但对于他人却是直接经验,所以一个人获得知识用不着事事都去亲身经历。一个人的生命是有限的,一个人在有生之年要想事事都去体验的话,那么纵然本领再大,也不会取得什么成就。一个人通过间接经验,同样也能变得博学多识。

比如18世纪德国最伟大的哲学家康德,一辈子没有走出哥尼斯堡这座小城。但偏偏是他,彻底改变了世界哲学的方向,还写出了享誉全球的《宇宙发展史概论》一书。

在地球上看到的现象,在宇宙也看得到,气的变易无论在地球上空还是在宇宙内部都一样。无论气的规模大小,变化原因皆来自于阴阳互动、冷热差,而不在于空间变化。诗人们讲的“一粒沙子看世界”,不再是想象,而是事实。现代人通过高科技研究得知,从一个小分子里能知道宇宙万物的结构。宇宙是个大原子,原子是个小宇宙,原子的电子云如同宇宙中的星系。一颗原子里面隐藏着宇宙的真理。它们以其特有的精确性讲述着真理,以极其简洁明快的格式,传递着大量的宇宙信息。宇宙是信息宇宙。

2500 多年前老子能自觉运用全息思维认识问题,能有这样一种哲学思维,真是令人惊叹!所以他说"其出弥远,其知弥少","弥",愈,更加。"出",指走出去,实践。此句意为,你行走得愈远,对道的认识就愈少。

如胡适行过万里路,一生中获得十几个博士学位,但他要的是中国全盘西化、美国化,可惜他没有做到。王明等也行过万里路,是"百分之百的布尔什维克",他从书与路中得到的是全盘苏化,也行不通。这不就是"其出弥远,其知弥少"吗?

有时候真理并非远在天边,而是近在咫尺,就在我们的眼前和脚下,就在你的周边。它藏在大自然里,大宇宙里,等着你去发现。开国领袖毛泽东领导中国人民取得革命成功,就在于他牢牢地根植于脚下的土地,发动武装斗争,开辟革命根据地,实行游击战术,用枪杆子夺取政权,走农村包围城市的道路。

又如,牛顿定律、爱因斯坦的相对论,都不是通过自己的实践来发现某些定律和理论的,而是苦苦思索其他科学家的观察结果中暗藏的东西,在他们灵感火花的激发下完成的。

人的“知”一定要以自我内省为前提。陈鼓应先生在《老子注译及评介》一书中写道：“透过自我修养的工夫，作内观返照，净化欲念，清除心灵的蔽障，以本明的智慧，虚静的心境，去览照外物，去了解外物运行的规律。”

有了这些至灵至明的心智能力，就能“不行而知，不见而明，不为而成”。这样的人就是老子讲的圣人，亦即得道之人。所以，得道之人不外出远行，亲身经历，就自然明白，不作为而自然天成。在这里圣人的三不“不行、不见、不为”讲得非常精辟、深刻，只有顺乎自然无为，才能达到“知、明、成”。

圣人治世，顺应于道(自然)。自然大道是无所不在的，只要用心，任何地方都能发现它。道是宇宙的大知，体现了宇宙万物总的存在状态和运动方向。在道的层面，一切都是相通的，全息的，故不用远行，亲身经历也可知天下事理，可知自然界运行的法则(规律)。不行而知，不见而明，则能无为而无不为。一切事理皆可自然天成。

需要说明的几点：

本章“不见而明”一语，可参照第二十二章“不自见，故明”和第五十二章“见小曰明”阅读理解。

“不为”亦即“无为”。

第四十八章

为学日益，	探求学问一天比一天增益新知，
为道日损。	修行自然天道的人，情欲妄为一天比一天减少。
损之又损，	减少再减少，
以至于无为。	一直减少到无为的状态。
无为而无不为。	如能顺应自然不妄为，就没有一件事情不是它所为。
取天下常以无事，	治理天下（国家）常要保持清静无为，
及其有事，	等到有事可做，
不足以取天下。	就不配治理天下了。

心　读

老子认为“为学”须日积月累，要“日益”。“为道”则要“日损”，每日减损情欲妄为，最后达到自然无为境地。治国理政也要遵循同样的法则，无为而无不为。

哲学家张岱年先生说：“主损的思想，创始于老子，老子是第一个分别损益的人。”

“益”就是加法，“损”就是减法。人一生喜欢加法，然而有时候减法比加法更智慧，更有益，因为只有在减损的同时才能增益。有些东西当损则损，还应主动地去损，乐观地去损，积极地去损，而不是消极地损，盲目地损，被动地损。

德国哲学家尼采有一句话说得好：“一个人智慧的增长以什么标准来衡量呢？就是看他的不良品性减少了多少。”这就是损的真正涵义。

“为学日益，为道日损，损之又损，以至于无为”，“为学”，指对于政教礼仪这些外在的世俗之学，所得知识的积累。“为道”，在于探求客观事物发展规律性的东西（事物的本质），尤在于提升人的精神境界。“无为”，应理解为禁止反自然的行为发生，不做违反自然规律的事，顺自然而为，是一种道法自然的精神。

“为学”，在于一天比一天增益新知，日积月累，随着时间的推移，我们的知识就会变得越来越丰富，经验越来越多，成为博学多才的有用之人。

与此相反，修行自然天道之人，在于每天都在减损自己的杂念、妄想、妄见和一切不良的思虑。减损再减损，以至达到无知、无欲、无求的地步，也就是无为了。

因为杂念、妄见这些东西，包括名声、地位、权利、财富，往往只是增加了你的外在，减损和去除它们，才能帮你回归到自己本来的状态，不容易沦为欲望的奴隶，从而达到自然无为之境，天人合一之“道体”，再不做任何无聊的、不智的、不良的、无效的事情了。于是各种有意义的事情，合乎大道的事情也就做好了。顺应自然，不妄为而自然天成，此谓“无为而无不为”也。

著名哲学大师冯友兰先生说：“‘为学’就是求对于外物的知识。知识要积累，越多越好，所以要‘日益’。‘为道’是求对于道的体会。道是不可说，不可名的，所以对于道的体会是要减少知识‘见素抱朴，少私寡欲’（第十九章），所以要‘日损’。”

联系当时的社会现实，老子想到了君主治理天下，也要遵循无为而无不为的法则。“取天下常以无事，及其有事，不足以取天下”，“取”，治理，掌握。“无事”，不做妄为之事，无为。“有事”，有为，有所事事，严刑峻法的苛政之类。这句话是说，治理天下的君王（统治者），追求的是一种“无为而治”的治国理念，须以无事为要，采取无所事事的态度治国理政，不对天下人实施强硬的手段，人为干涉。顺百姓自身的特点和德行来发展，使百姓返璞归真而自化，百姓自然会归服，天下大治的局面自然会出现。

相反，如果统治者滥施淫威，压迫人民，则必遭人民的反对、反抗。得不到人民的拥护，也就不可能长治久安，其统治地位自然岌岌可危，不可长保。

需要说明的几点：

“为道日损”马王堆帛书乙本作“闻道者日损”。

“为学日益”，《庄子·养生主》提醒我们：“吾生也有涯，而知也无涯，以有涯随无涯，殆已。”

“无为而无不为”一语，可对照第三十七章“道常无为而无不为”和第三章“为无为，则无不治”阅读理解。

“取天下常以无事”一语，可对照第五十七章“以无事取天下”和第六十三章“为无为，事无事”阅读理解。

这一章是上一章思想的延续，两章互相呼应，可以合并阅读理解。

第四十九章

圣人无常心，	圣人常常是没有私心的，
以百姓心为心。	以百姓的想法作为自己的想法。
善者吾善之；	善良的人，我善待他；
不善者吾亦善之；	不善良的人，我也善待他；
德善。	这样就可以使人人向善（行善）。
信者吾信之；	守（诚）信的人，我信任他；
不信者吾亦信之；	不守（诚）信的人，我也信任他；
德信。	这样就可以使人人守信（诚信）。
圣人在天下，	圣人治国理政，
歙歙焉，	总是小心谨慎的，收敛自己的意欲，
为天下浑其心。	使天下人的心归于浑朴（返璞归真）。
百姓皆注其耳目，	百姓们都十分在意圣人的一举一动的，
圣人皆孩之。	圣人对待百姓如同对待婴儿一样。

心　读

老子承接着前一章继续阐述他的政治理念，论述了以善心、诚心待人的道德伦理和治世思想。政治理想的核心在于“无为”，无为而治，才能保持一个良好的社会生态环境。

“圣人常无心，以百姓心为心”，“常”，不变，固定。“圣人”是指老子理想中的执政者。这句话是说，有道的贤明君主，他们没有私心私欲，不乱为妄为，能够体察民心，顺应民意，以百姓之心为己之心，把服务百姓内化为自觉意识，外化为实际行动，以百姓利益为上，处处为百姓着想，先天下之忧而忧，后天下之乐而乐。

“善者吾善之，不善者吾亦善之，德善。信者吾信之，不信者吾亦信之，德信”，贤明的君主，知足，无为，能体悟大道的德性，诚心诚意地为百姓服务，没有偏见。对一切善良与不善良的人，诚信与不诚信的人都一视同仁，因为他们都是我的百姓，我都要善待他们，信任他们。这样，可使不善者转变为善者，不诚实之人，转变为诚实之人，使人们同归于善，同归于忠诚信实，保持淳厚质朴的状态，使天下和谐健康有序地发展。

“圣人无常心，以百姓心为心”，即是同心；“德善，德信”，即是同德。这种“同心同德”就是圣人与百姓同呼吸共命运。

反之，一个不良的社会文化生态，必定孕育出一个不良的社会政治生态。

近年来，一些领导干部沦为阶下囚，其根本原因在于信念缺失，精神空虚，道德沦丧，这与不良的社会文化生态有关。如何改变我们的社会文化生态环境，是一个大的系统工程，其核心是人们的价值观、人生观教育，也就是我们今天讲的社会主义核心价值观教育。

通过这种教育，可以提高领导干部的政治自觉、理论自觉、伦理自觉，使他们全心全意地为人民服务。这与第二十七章“是以圣人常善救人，故无弃人；常善救物，故无弃物”的人道主义精神是一致的。精神境界提升了，免疫力增强了，才能抵御各种不良思想的侵袭。只要越来越多的人精神状态健康，人人崇善，向善，行善，守信，诚信，一个风清气正的社会文化生态环境就会形成，就更有利于建设一个廉洁高效的政府。

“圣人”是理想中的执政者，没有私心，以百姓心为心，所以“天下之善皆归之”也。

“圣人在天下，歙歙焉，为天下浑其心”，“歙歙”，收敛主观的意欲，行为谨慎。贤明的君主治理天下，遵循“无为”的法则，无为而治不妄为。他们尊重所有人，不论尊卑，不分贵贱，平等对待，以大公无私之心治理天下，不骚扰老百姓，使民自化，返璞归真。

老百姓很留意圣人的言行举止，圣人之心则如同初生婴儿之心，洁白纯素，无私无欲。对待百姓，如同对待自己的孩子一样，不抛弃，尽心抚育。此谓“百姓皆注其耳目，圣人皆孩之”。

需要说明的几点：

马王堆帛书甲、乙本“常”作“恒”。

“圣人皆孩之”一语，第十章有“专气致柔，能如婴儿乎”，第二十章有“我独泊兮，其未兆，如婴儿之未孩”，第二十八章有“为天下溪，常德不离，复归于婴儿”。

第五十章

出生入死。	人出世为生，入土为死，生死本自然。
生之徒十有三，	人当中，能够长寿的占十分之三，
死之徒十有三，	属于短命的占十分之三，
人之生，动之于死地，	想让自己生活得好，过分地奉养生命，却走向死地的，
亦十有三。	也占十分之三。
夫何故？	这是什么原因呢？
以其生生之厚。	因为养生过分奢侈，糟蹋了生命。
盖闻善摄生者，	听说那些善于保养生命的人，
陆行不遇兕虎，	在陆地上行走不会受到犀牛和老虎的侵害，
入军不被甲兵。	在战争中不会遭到攻击（杀伤）。
兕无所投其角，	犀牛用不上它的角，
虎无所用其爪，	老虎用不上它的爪，

兵无所容其刃。 兵器用不上它的刃。

夫何故？ 这是什么原因呢？

以其无死地。 因为他没有进入到致死的境地。

心 读

本章老子首先运用数字表达法，三个十有三，也就是今天数学上讲的十分之三，分析了在人的世界中，长寿者，短命者，自寻短路者，这三种人所占的比重。这三个“三成”讲得相当出彩，可以说是老子的一大发现，成为千古妙句。

老子教导人远离危险，懂得保护自己的生命。他倡导自然无为的养生法则，重在讲养生。用当代话来说也就是生命哲学。

“出生入死”，出者为动是生，道生万物。入者为静是死，指万物回归自然。生与死是平等的，生死相循是“道”的自然法则。有生必有死，新陈代谢是自然规律。整个自然都是依照这条规律循环往复着。这里老子讲的“出生入死”与我们今天常讲的冒生命危险，不顾个人安危的“出生入死”含义不一样。

“生之徒十有三，死之徒十有三，人之生，动之于死地，亦十有三”，“生之徒”，即正常活着的人。“死之徒”，即夭折的人。“死地”，死亡之地。“十有三”，亦即十分之三。老子这几句话意思是说：

一、顺其自然生长，无病无灾，颐养天年而亡，天生长寿的人约占十分之三。

二、先天不足，体弱多病，而未尽天年，天生短命的人约占十分之三。

三、本来可以长寿的人，因为恣情纵欲，生活奢侈糜烂，享受过度，从而背离了自然规律，时间长了也会毁坏自己的身体，缩短自己的寿命。贪生过厚而夭亡的人约占十分之三。

前两种情况，长寿，短命，都属于正常自然的，我们应淡然地对待它，人为地干预于事无补。庄子“鼓盆而歌”的故事，对此正是最好的解读。

第三种夭亡死去的人是什么缘故呢？是因为他们养生过度，生活条件太优厚，妄动以求生，违背自然生存法则，糟蹋了生命。此谓“夫何故？以其生生之厚”。

历代帝王们生活条件（养生）最为丰厚，但大都短命，就是这方面的突出例证。

“盖闻善摄生者，陆行不遇兕虎，入军不被甲兵”，“摄生”，养生。“陆”，作陵，指丘陵，山地。“兕”，犀牛。这句话意为，真正懂得养生之道的人，在路上行走不会遇到伤害人的犀牛和猛虎，进入两军之中不被甲兵伤害。这是什么原因呢？因为善于善生之人，这部分人所占比例极少，十分中只占一分，他们恬淡无为，少私寡欲，心地善良，通达事理，无所不容，德行极高，遵循天道行事，不会让任何外患来伤害。“兕无所投其角，虎无所用其爪，兵无所容其刃”，犀牛用不上它的角，猛虎用不上它的爪，甲兵用不上它的刃。这并不是说靠近它们而不受损伤，而是说角、爪、兵器无法接近他的身体，无法施展其威力，自然他就不会走向死亡之境。此谓“以其无死地”。这句话讲得非常深刻，死不死，伤不伤，不在猛兽，不在敌军，不在武器，而首先在你自身，在你自身的道行至德。被犀牛、猛虎、甲兵攻击了的人，一定有他自己的原因，至少是不小心谨慎，而招致不幸的后果。

“陆行不遇兕虎，入军不被甲兵”这样固然好，但不如有一个根本的“兕无所投其角，虎无所用其爪，兵无所容其刃”的养生环境：一个人与自然，人与社会，人与他人，人与自身和谐相处的生态环境，一个和谐有序的世界秩序。

人类生活在这样的环境中，任何角、爪、兵器都奈何不了他。老子的这种养生观，在现代人看来，虽是理想中的一种境界，但却是我们人类为之奋斗的共同使命。

历史在发展，社会在前进，科技在进步，互联网已将世界变成人们朝夕相处的地球村，高速铁路将千里之遥缩短为一日之返。世界正在以前所未有的力量和速度改变彼此分割、相互分离的局面。不同的国家、民族和人群交往、交流、交融日益频繁，人与自然，人与社会的关系日益密切。但同时又是一个各种利益关系不断分化调整的时代。一些国家搞强权政治，一些地方民族关系紧张，一些地区矛盾冲突不断。人对自然超负荷索取，自然对人类的报复接连发生，自然灾害频发，气候异常，网络问题，以及足以摧毁整个人类的核武器威胁等，使得自然社会都变得十分脆弱。我们应该把应对这些问题变成彼此共同的使命，必须认识到：我们只拥有一个家园——地球，应当善待我们赖以生存的地球，善待自然，善待我们这个世界，确立人类命运共同体意识，营造一个和谐有序的世界秩序。正如美国前国务卿基辛格博士说的：人类历史上从来未有过一个世界秩序，但必须要有这样一个世界秩序。也就是2500多年前老子说的“兕无所投其角，虎无所用其爪，兵无所容其刃”。这样一种“无死地”的生态环境，以生命为世间最高价值，重生乐生贵养，人死于“兵器”，害于“兕虎”的机会就会更少，中途夭折者就会更少，长寿全生者就会更多。

否则人类就可能面临被各种负面因素摧毁的灭顶之灾。

需要说明的几点：

“出生入死”一语，与《庄子·达生》“天地者，万物之父母也，合则成体，散则成始”意思相同。

“生生之厚”，过分地奉养生命，以求长生，反而速死。西晋郭象《庄子注》“养之弥厚，则死地弥至”。

“人之生，动之于死地”，这里的“动”指人类反自然的妄为。

“出生入死”是一个人的生命过程。生命是大自然的杰作，是大道至德的显现。根据霍金的虫洞理论，我们认为出生是白洞，死亡是黑洞。因为有虫洞的存在，黑洞与白洞才能能量守恒。

黑与白也就是老子讲的无与有。黑产生了白，无产生了有，它们不是对立关系，而是相互依存，虚实相随的关系。

霍金在《大设计》一书里提出M理论，认为宇宙是无中生有，有生于无的。

第五十一章

道生之，	道产生万物，
德畜之，	德畜养万物，
物形之，	物质赋形了万物，
势成之。	态势成就了万物。
是以	因此，
万物莫不尊道而贵德。	万物没有不尊崇道，而以内具德性为珍贵的。
道之尊，	道被万物尊崇，
德之贵，	德受万物珍重，
夫莫之命而常自然。	并没有谁来命令和安排，一切顺其自然。
故道生之，	所以道产生万物，
德畜之，	德畜养万物，
长之育之，	使万物成长、发展，
亭之毒之，	使万物成熟、结果，
养之覆之。	养育万物，保护万物。
生而不有，	生养万物而不据为己有，
为而不恃，	化育万物而不自以为尽了力，

长而不宰,	成长万物而不主宰它们,
是谓玄德。	这就是自然无为之“德”。

心　读

本章老子认为,“道”以“无为”的方式,生长万物;“德”畜养万物,并不自以为对万物有功。“无为”是万物生长的本根,一切顺其自然。这种品德,老子称为看不见的“玄德”。

万物的形成和发展过程是“道生之,德畜之,物行之,势成之”。这里道、德、物、势四者不能分开,是有机的、完整的统一体。“之”指万物。“畜”,畜养、抚育。“势”是一种态势。

万物顺自然规律生长、发展,规律就是道,老子称之为“道生之”。这里的“生”指化生,催生。

“德畜之”,德畜养万物。这里的“德”指万物各自的本性,万物凭借自己的本性,成长壮大。俗话说:种瓜得瓜,种豆得豆。什么树结什么果,不能随便改变。

“物行之”,物质赋形了万物。由形以见物,有物才有形,有一物之形,则不能有他物之形,物无穷尽,形态各异。

周围环境和条件使万物成长发展。“势成之”,态势成就了万物。万物有信息就有能量,就有它们的存在态势。信息指导能量按一定态势存在,能量依照信息的指令,构成一定的存在态势。态势受信息指令,以能量为基础,三者共存,不可分开,才是实在的、具体的万物。

陈鼓应先生在《老子注译及评介》一书中说:“万物成长的过程是:一、万物由‘道’产生;二、‘道’生万物之后,又内在于万物,成为万物各自的本性(道分化于万物即为德);三、万物依据各自的本性而发展个别独特的存在;四、周围环境的培养,使各物成长成熟。”

英国李约瑟博士在《中国科学技术史》一书中说:“作为大自然的秩序的‘道’,使得万物发生并且支配万物的一切活动。”而“道”支配万物,创造万物不含有意识性,不带有目的性、占有性。各物的自发性是一种自然力,而非强制力。

著名哲学大师冯友兰先生说:“老子认为:万物的形成和发展,有四个阶段。首先,万物都由‘道’所构成,依靠‘道’才能生出来。‘道生之’。其次,生出来以后,万物各得到自己的本性,依靠自己的本性以维持自己的存在。‘德畜之’。有了自己的本性以后,再有一定的形体,才能成为物。‘物形之’。最后,物的形成和发展还要受周围环境的培养和限制。‘势成之’。在这些阶段中,‘道’和‘德’是基本的。没有‘道’,万物无所从出;没有‘德’,万物就没有了自己的本性,所以说‘万物莫不尊道而贵德’。但是‘道’生长万物,是自然而然如此的;万物依靠‘道’生长和变化,也是自然如此的。这就是说并没有什么主宰使它们如此,所以说,‘夫莫之命而常自然’。”

“万物莫不尊道而贵德。道之尊,德之贵,夫莫之命而常自然”,万物没有不尊崇自然大道,而以内具德性为珍贵的。

"道"被万物所尊崇,"德"受万物所珍惜(重),也是对自然规律的遵循和运用,而不是任何主宰者的刻意命令和安排,而是顺其自然,自然而然的。万物通过自然而然的途径诞生,又通过遵从自然无为的品德而生生不息运动不止,任其自然,自我化育,自我完成,如此而已。

"道"和"德"是宇宙万物形成过程中最基本的两要素。"德"是"道"的外在表现,是"道"造化万物的行为(功能),是"道"的能量转化。这一思想很有意味。宇宙万事万物由道产生以后,更需要(得到)"德"的滋养,生而不养必然灭亡。万物由道生,由德养,道和德构成了一个有机的体系。"长之育之,亭之毒之,养之覆之"。使万物成长发育,结果成熟,育养和保护的过程,也就是万物从无到有,有生于无,由始到终的过程。

明末清初思想家傅山先生说:"'亭''毒'两字最要紧,'毒'字最好最有义,其中有禁而不犯之义,又有苦而使坚之义。"

万物形成都是自然作用的结果,没有意识性,没有目的性,不要求有任何回报,所以说"生而不有,为而不恃,长而不宰"。道生养万物而不据为己有,不自以为尽了力,不自恃其能,长养了万物而不主宰它们。这是道的美德,也是人类至高无上的美德。

陈鼓应先生在《老子注译及评介》一书中说:"'生而不有,为而不恃,长而不宰','生''为''长'(生育、兴作、长养)都是说明道的创造功能，'不有''不恃''不宰'都是说明道的不具占有意欲。在整个道的创造过程中，完全是自然的，各物的成长活动亦完全是自由的。"由自然而造化，由无为而自由，由物质而赋形，由条件而促成，这就是自然无为之德，也就是所谓的"玄德"，深远的"德"。

老子在第十章、第五十一章中两次强调"生而不有，为而不恃，长而不宰"的思想。20世纪20年代，英国大哲学家罗素先生在中国讲学时，非常赞赏地提到老子的这一思想。他说："人之天性有两种冲动，一、创造的冲动，二、占据的冲动。一切行为事实，不外此两种冲动所造成。凡善皆出于创造的冲动，凡恶皆出于占据的冲动。占据冲动，发现于行为，结果必致战争。创造的冲动，则其利益非但自己可以享受，并人人皆得而享受之，而于己又无损。使事事皆为创造的冲动，则战争可消弭矣，使予言为然者，则世界之改造，固不外鼓吹创造的冲动，减少占据的冲动也。"（罗素《社会改造原理》）

罗素认为老子的"生而不有，为而不恃，长而不宰"，就是提倡创造的冲动，是对人类十分有益的哲学思想。创造的冲动如哲学、科学、文学、美术、音乐等，任凭每个人自由创造，传播给他人。如果得到社会的认可共鸣，会感到无比快乐、幸福。每位哲学家、科学家、文学家、艺术家都希望自己的研究成果和作品造福于人类，有益于社会。

需要说明的几点：

马王堆甲、乙本“势成之”作“器成之”，第二十八章有“朴散则为器”一语，可供对照阅读。

著名学者、哲学家张岱年先生说：“万物皆由道生成，而道之生万物，亦是无为而自然的。万物之遵循于道，亦是自然的。在老子的宇宙论中，帝神都无位置。”

“生而不有，为而不恃，长而不宰，是谓玄德”，这四句在第十章中也有同样说法，放在此处笔者以为更恰当些。

第五十二章

天下有始，	宇宙万物都有本源，本源就是道。
以为天下母。	道化生宇宙万物，所以是宇宙万物之母。
既得其母，	既已得知宇宙万物之母的道，
以知其子。	就可以认识宇宙万物。
既知其子，	既能认识宇宙万物，
复守其母，	又能持守这个创生宇宙万物的道，
没身不殆。	这样，终身不会有危险。
塞其兑，	堵塞嗜欲的孔窍，
闭其门，	关闭欲望的门径，
终身不勤。	终身没有祸患。
开其兑，	打开嗜欲的孔窍，
济其事，	为满足感官的需要而贪婪妄为，
终身不救。	则终身不可救药。
见小曰明，	从细微之处观察事物之理叫作明，
守柔曰强。	能持守柔弱叫作强。
用其光，	使用智慧之光，
复归其明，	返照内省之明，

无遗身殃，	不给自身带来祸殃，
是为习常。	这叫作守本固根的“常道”，因任自然。

心　读

上一章讲宇宙万事万物由“道”产生，由“德”畜养，这一章论述道与天下万物的关系。老子把这种关系形象地比喻为母与子的关系。遵循大道的德行，像敬畏母亲一样，只有这样才合乎自然之道，才能终身康泰。

“天下有始，以为天下母。既得其母，以知其子，既知其子，复守其母，没身不殆。”“始”，初始，指道。“母”，本源，指道。“子”指万物。“殆”，危险。这几句话意为，天下万物有一个开始，而这个开始就是所谓的道。第一章：“无名，天地之始，有名，万物之母。”“道”本无名，道化生万物而有名，故宇宙间的万事万物始于“道”。第四十二章：“道生一，一生二，二生三，三生万物。”道化生万物永远是一个无穷的变数，“道”就是天下万物的初始、本始。作为宇宙万物的本始“道”，我们可以把道比作生养万物的母亲，而把万物比作道的孩子。道与万物的关系，老子形象地比喻为母与子的关系，目的在于让人们认识和理解这个关系，理解“道”是产生万事万物的总根源，人们认识天下万物不能离开这个总根源（道）。

道是万物之母，由母知子，由子知母，母就是大道，是太极，是本质，是一切德性、一切智慧的总概括。有了这个母就有了一切，我们每个人都愿意投入母亲最温暖的怀抱。守住母，亦即持守于“道”，持守于根本原则。在“无为”之道的意境下，复归于朴，复归于自然，如此终身不会有危险，一生平安康泰。

著名学者、哲学大师张岱年先生在《中国哲学大纲》一书中说：“在老子以前，似乎无人注意到宇宙始终问题；到老子乃认为宇宙有始，是一切之所本。”

“塞其兑，闭其门，终身不勤。开其兑，济其事，终身不救。”“兑”在《易经》的八卦里作“口”解，这里指与外界相通的器官（口、鼻、耳）。“门”，门径，指巧利的途径。“勤”，劳，作“勤劳”讲。“济”，助成。这几句话可以解释为把自己的感觉器官（口、鼻、耳）全部都关闭起来，把自己的心灵门户也封闭起来。这里的关闭、封闭并非不睁眼睛、不呼吸、不吃、不看、不听声音，这只是一种夸张的说法。而是说要堵塞、封闭诱惑人们灵魂堕落的通道。

人生而具有欲望，有物欲是天性，摆脱对身外之物的执着，不是说什么都不要，什么都不想，而是该想的时候就要想，该要的时候就要积极去争取，但一旦争取不到，就马上放下，不要被外物扰乱，更不要愚痴迷惑。要守住这颗心，管住这颗心。对老子来说，认识自身所具有的德性，比认识世界更重要。若清心寡欲、闭目塞口，不贪欲身外之物，而是恬淡自养，持守“大道”无为，如此终身不会招来祸患。反之，心被外物所干扰，对任何事物，包括美色、佳肴、名利、地位都贪婪执着，意欲任性妄为，如此终身都不可救药。

“见小曰明，守柔曰强”，这句话的意思是说，宇宙间任何事物都是由小到大，从事物至微之处观察事物之理、事物发展的规律，才算明智。现代全息理论认为，一个个体包含着整体的所有信息。如今高科技研究得知，一个小分子里能够知道宇宙万物的结构，一个原子里面隐藏着宇宙真理。这就叫“见小曰明”。“明”这个概念在老子《道德经》中经常出现，如第十六章和第五十五章“知常曰明”，第三十三章“自知者明”，第二十二章“不自见，故明”，第二十四章“自见者不明”。如此多的“明”字，皆因由悟“道”所得的智慧，多指内在智慧，是个肯定的概念。

老子一语“守柔曰强”道破了天机。“守道”表现为“守柔”，柔弱只是外表，本质却是生命的强大，能持守柔弱叫作“强”。柔弱谦下的人，才是最刚强者。柔能克刚，阴能胜阳，柔弱胜刚强。

“用其光，复归其明，无遗身殃，是为习常”，“光”指智慧之光。“明”，内省之明。“习常”指“常道”。这几句话可以解释为，有内在智慧之光的人，亦即悟性极高的人，遇到事情就有先见之明，通达明理，清朗透明。依道而行就不会给自身带来危险和祸殃，这就叫守本固根的“常道”。

需要说明的几点：

本章“守柔曰强”一语，与第十章“专气致柔，能如婴儿乎”，第四十三章“天下之至柔，驰骋天下之至坚，无有入无间”，第七十六章“人之生也柔弱，其死也坚强；万物草木之生也柔脆，其死也枯槁。故坚强者死之徒，柔弱者生之徒。……坚强处下，柔弱处上”，第七十八章“天下莫柔弱于水，……弱之胜强，柔之胜刚，天下莫不知，莫能行”等是同样的说辞。

“用其光”一语可参阅第四章、第五十六章、第五十八章。在老子的哲学中，“光”是个肯定的概念，含有理智的意思。

“习常”一词，可参考第二十七章“袭明”。“习”与“袭”古通用，敦煌本作“袭常”。“袭常”，指暗藏、隐藏。

第五十三章

使我介然有知，	假使我的确有智慧，
行于大道，	就会顺着大道行走，小心谨慎，
唯施是畏。	唯恐误入歧途。
大道甚夷，	大道平平坦坦，没有危险，
而人好径。	可是人君却喜欢走邪门歪道。
朝甚除，	朝政里腐败至极，
田甚芜，	农田一片荒芜，
仓甚虚，	国库十分空虚，
服文采，	但侯王们还穿着锦绣华丽的衣服，
带利剑，	佩带着锐利的宝剑，威吓百姓，
厌饮食，	精美的饮食早已吃厌，
财货有余，	侵占了大量的民间财货，
是谓盗竽。	这样的人君，可称为强盗头子。
非道也哉！	他们是多么的不符合大道啊！

心 读

大道与邪径的选择问题，是我们每个人在实践中不可回避的问题。在本章中老子痛斥君王们不走平平坦坦的大道，而好邪径，恣意暴行，徇私舞弊，损公肥私，贪求享乐，不顾国民安危。说他们背道而驰，是强盗头子。

“使我介然有知，行于大道，唯施是畏”，“我”指有道的君主。“介然”，《荀子·修身篇》：“善在身，介然必以自好也。”“施”通“邪”字，即斜径、邪径。此句意为，道本无知，假若我确实有知，深刻地领悟到了清静无为之道的妙处，就会顺着大道行走，小心谨慎，唯恐背离自然之道。担忧的是在实践中，误入岐途，违背治理国家的大道。

“大道甚夷，而人好径”，“夷”，平平坦坦。“径”，小路，斜径，邪径。宇宙自然之道，平平坦坦，光明正大，可是人君却都不循道而行，顺应事物的本性和规律，而是强行妄为，偏离大道。

大彻大悟的老子2500多年前就告诫世人，要有一颗平常心，亦即清静心，此谓“道心”。要顺规律做事，做有益于社会，有益于人民的事，不可为了名利，舍弃正义，走弯路、邪径，那样的话迟早会酿成大错，遗臭万年。

如夏朝最后一位君王夏桀，“筑倾宫，饰瑶台，作琼室，立玉门”，从各地征选美女，整日寻欢作乐，还狂妄地自比为太阳。但老百姓诅咒他说：“你这个太阳啊，我们愿意和你一起灭亡。”

商朝最后一个君王纣王也是如此，他筑露台，建“酒池”“肉林”，制作“炮烙”之刑，网罗天下美女与珍禽异兽，诛杀为国为民的忠臣，完全不管百姓的死活。老百姓恨透了他，当周武王的军队攻到牧野时，纣王将奴隶们武装起来，抵抗周军的进攻，奴隶们却阵前倒戈，加入周军的阵列攻击商军，商朝就这样灭亡了。

四十多年改革开放，大力发展社会主义市场经济，而有人却说："不捞白不捞，捞了也白捞，不捞才是傻瓜。"此看法大错而特错。捞了不白捞，许多曾经叱咤风云的人物，最后锒铛入狱，落得身败名裂。

古今中外，这样的例子比比皆是，确实发人深思。

"朝甚除，田甚芜，仓甚虚，服文采，带利剑，厌饮食，财货有余，是谓盗竽"，"除"，借为"污"，腐败之意。"芜"，长满杂草。"厌"，满足，饱足，足够。"竽"是古代合奏音乐中的主导乐器。《韩非子·解老》："竽也者，五声之长也，故竽先则钟瑟皆随，竽唱则诸乐皆和。"故知竽先奏，然后乐章开始；竽停，乐音结束。"盗竽"，是强盗头子。这段话老子说得很生动。朝政腐败至极，千顷万亩的良田一片荒芜，国家的粮库空虚。但君王们仍然穿着锦绣华丽的衣服显示尊荣，佩挂着锋利的宝剑炫耀强悍，精美的饮食早已吃厌，仗权位侵吞大量的民脂民膏，百姓生活危困。君王们不自省悟，却认为他是万民之主。这样的人君，人民视之如贼寇，谓之天下最大的强盗头子，亦即盗竽。

明朝开国重臣、军事家、思想家、政治家及诗人刘基(字伯温)，针对当时统治阶级的腐败现象提出"金玉其外，败絮其中”的著名论断。一些人看起来耀武扬威，装腔作势，其实内心非常空虚，与老子的说法一脉相承。

最后一句“非道也哉”，是说他们是对治国理政大道的背叛，绝非以“道”治理国家。

这一章老子对君王治国理政之道做了较深入的探讨，告诫当政者，治理国家，要懂得敬天爱民，不谋私利的道理。如一味谋私利，欺凌百姓，必将遭到天道的惩罚。天人共怨，万物同诛，终将走向灭亡。

需要说明的几点：

“使我介然有知”一语，可参阅第十章“明白四达，能无知乎”，第三章“常使民无知无欲。使夫智者不敢为也”。道本无知，有所为都是不符合治国理政的大道的。

“盗竽”一语，可参阅第三章“不贵难得之货，使民不为盗”，第十九章“绝巧弃利，盗贼无有”。

第五十四章

善建者不拔，	善于循道创业的人，其意志不可动摇，
善抱者不脱，	善于持守德行的人，其信念不会失脱，
子孙以祭祀不辍。	子子孙孙遵循大道，持守德行，就永远延续下去，祭祀不会断绝。
修之于身，	把这个道理付诸于自身，
其德乃真；	他的“德”就会真实纯洁；
修之于家，	循道修德于家庭，
其德乃余；	他的“德”就会绰绰有余；
修之于乡，	循道修德于乡里，
其德乃长；	他的“德”就会受尊崇；
修之于国，	循道修德于邦国，
其德乃丰；	他的“德”就会丰硕；
修之于天下，	循道修德于天下，
其德乃普。	他的“德”就会无限普及。
故以身观身，	所以从我的自身来观察他人，
以家观家，	从我的家庭来观察他人的家庭，

以乡观乡，从我的乡里来观察他人的乡里，
以国观国，从我的国家来观察他人的国家，
以天下观天下。从今日天下去观察未来天下。
吾何以知天下然哉？我怎么知晓天下的状况呢？
以此。就是用以上的方法。

心读

从哲学上讲，本章老子讲的是主体与客体的统一，也就是讲人的主观世界与自然的客观世界的统一，亦即天人合一，道身合一的理念。人是天的杰作，是天的集中而灵动的表现。人循道修德，德化天下。修德就是修身，修身是立身与处人治世的基础。只有巩固修身之根基，才可以立身、齐家、治国、平天下，这就是“道”。儒家经典把“修身”放在齐家、治国、平天下之首，看来是有深刻内涵的。一个品德修养极差之人，怎堪承载“治国、平天下”的重任呢？

“善建者不拔，善抱者不脱”，“拔”，指拔除。“脱”，指脱离。这两句话讲得非常深刻，非常辩证。善建者是发展，善抱者是巩固，建是攻，抱是守，只知攻，不知守，很难成就大业。“善建者”“善抱者”都是指得“道”之人。将“德”建持于无形的内心世界，其意志不可动摇，其信念不会失脱，没有任何外在的力量可将此拔去剥脱。所以，建“德”（或精神）于人之内心，是人立身处人治世的根本。也是使子孙后代祭祀不绝的根本原因。

“子孙以祭祀不辍”,“辍”,停止,断绝。子子孙孙遵循大道,持守德信,就永远延续下去,祭祀不会断绝,其“德”永恒,其精神永存。

道为德之内容和本体,德为道之功用和表现形式,道之德的核心理念是自然无为。按自然无为的精神修身、齐家、睦邻、治国、平天下,此为道矣。

“修之于身,其德乃真”,以自然无为的理念修德于自身,那么这个人就会变得朴实纯真不伪。

“修之于家,其德乃余”,以自然无为的理念修德于家庭,那么他的高尚的德行潜移默化于家人,整个家族就会变得和顺兴旺发达。

“修之于乡,其德乃长”,以自然无为的理念修德于乡里,他高尚的德行就会受到乡里人的尊崇,乡邻之间就会和睦相处,互帮互助。

“修之于国,其德乃丰”,以自然无为的理念修德于邦国,他高尚的德行就会变成国人效仿的榜样,社会风气淳厚,路不拾遗,夜不闭户,国家就会安定和平,繁荣昌盛。

“修之于天下,其德乃普”,以自然无为的理念修德于天下,他高尚的德行普及天下百姓,那么就会收获一个民主、自由、平等、博爱的理想社会。

以上讲德之修于身、家、乡、国、天下的五种功用或表现形式。在这里老子描绘了一种人们理想中的美好社会，在这个社会里人与自身，人与他人，人与社会，人与自然之间的关系是和谐融洽的。

这个境界虽不易至，但心向往之，这是2500多年前老子基于人本性的需要而发出敬重生命的最强音。只可惜，这种普世价值，没有得到时人的足够的倾听。如今谈起普世价值，似乎是西方的专利，中国好像没有。

建设和谐社会，弘扬社会主义核心价值观，需要身心和谐的社会群体。但在物质生活高度发达的今天，人们所面临的精神问题和身体危机却愈加严重。因此，现代人在追求物欲目标的同时，应将身心和谐放在第一位，锻造健康的体魄和培养完善高尚的人格。老子天人合一，身、心、灵合一的思想，恰是治愈当代心物及身心二元分裂精神病患的良方。它具有永恒的普世价值，近年来受到国外科学界、思想界的高度关注和重视，也越来越受到全世界人民的尊崇，也就不足为奇了。

中国科技史专家李约瑟博士指出："道教的身体不朽并非奇特的幻想，而是一种具有深远意义的信念。它再好不过地表明中国思想有机特性的一个侧面，而没有遭受欧洲那种典型的神经分裂症：一方面脱离不了机械唯物论，另一方面又脱离不了神学的唯灵论。"

"故，以身观身，以家观家，以乡观乡，以国观国，以天下观天下"，"观"是观察认识。所以要以自身循道修德去观察他人，是否循道有德，以修德之家来观察他人的家庭是否有德，以修德之乡来观察他乡是否有德，以修德之国来观察他国是否有德，以修德之天下大治来观察无德之天下大乱。

在这里老子一连用了五个“观”字。这种玄览静观的“全息”方法，不是向外追求，而是向内反观，用心观循道修德。

这五个“反观”是检验身、家、乡、国、天下是否有德的标准，也是老子独特的全息思维方式，是一种由己及人，由此及彼类推认识事物的方法。

“吾何以知天下然哉？以此”，“然”，是这样。“此”，指的是由此及彼的观察方法。此句意为，我怎么知晓天下之理呢？我是用以上类推认识事物的方法。这一章，也能体现老子的一种信念，那就是“守道而有德者昌，背道而无德者亡”。

需要说明的几点：

“家”，奴隶制度下的家，不是指平民一家一户的三口、四口之家庭，是指一个家族。

“国”，春秋战国时期，国不是今天所谓的国家，它相当于今天的城镇、乡镇。

古代“天下”，相当于今天的“国家”。

第五十五章

含德之厚，	德行深厚之人，
比于赤子。	好比无知无欲初生的婴儿。
毒虫不螫，	毒虫不会去刺他，
猛兽不据，	猛兽不会去咬他，
攫鸟不搏。	凶禽不会去抓他。
骨弱筋柔而握固。	婴儿的筋骨虽很柔弱，但握起小拳头来，却是很牢固。
未知牝牡之合而峻作，	不知道男女交合之事，而小生殖器却自动勃起，
精之至也。	因为他精气充足的缘故。
终日号而不嗄，	他整天哭号而喉咙不会沙哑，
和之至也。	因为他元气柔和的缘故。
知和曰常，	认识虚静柔和、阴阳平衡之理，叫做懂得了生命的常道，
知常曰明。	而能持守生命之常道，就叫做明白了事理。
益生曰祥，	贪生纵欲享受就会有灾殃，
心使气曰强，	心神驱使欲望去消耗元气叫

逞强。

物壮则老，过分的强壮必致衰老，

谓之不道，这是不符合柔弱之道的，

不道早已。不符合柔弱之道很快就会消亡。

心读

本章老子前半部分用的是形象的比喻，后半部分讲的是抽象的道理。从思维方式上讲，也就是从形象思维到抽象思维。

老子将具有深厚修养的人，俗称自然得道之人，比喻成无知无欲、天真无邪的婴儿（赤子），自然纯真柔和，认为这样才符合“道”的标准。

“含德之厚，比于赤子”，“赤子”就是初生的婴儿，光屁股的孩子。他初到这个世界，什么都不知道，除了满足本能的需求之外，根本不知道自己需要什么，无知无欲无为。这是一个人最佳最富有的状态，一般成人是难以企及的。只有修道之深，养德之厚之人，才能达到这种状态。那便是元气淳和，筋骨柔弱，质朴纯真，动静自如，正如第二十章写的“沌沌兮，如婴儿之未孩”。

“毒虫不螫，猛兽不据，攫鸟不搏”，“毒虫”指蜂、蝎、毒蛇之类的动物。“螫”意为毒虫用尾端刺入人体施毒。“据”指猛兽类用前爪抓物撕咬。“攫”是用爪子抓物。“攫”字的用法与“毒虫”的“毒”的用法一样,都是形容物类的凶恶。“攫鸟”是猛禽。“搏”指的是猛禽用爪抓,用羽翅拍击。此句意为,对于得道之人来说,于内无欲,于外至刚,故毒虫见之不刺,猛兽见之不咬,恶鸟见之不抓。还要说明的是,动物对人的攻击主要是一种自我保护的本能,人对动物不构成威胁,动物也就不会伤害人。

老子对婴儿生理特征观察得非常仔细,说婴儿“骨弱筋柔而握固”。“握固”指用手的其他四个指头紧握其拇指。此句是说,婴儿的小手虽然很柔软,但是小拳头握得很牢固,长时间不分开,如果是大人,早就松手了。

“未知牝牡之合而峻作,精之至也”,“牝牡之合”是指男女交合。“峻作”指婴儿的生殖器勃起。此句是说,婴儿不懂得男女交合之事,而小生殖器却能自动勃起,而且能持续很长时间,而成年人是不可能做到的。这种现象,证明婴儿的元气充足,神气和畅,生命力强,有活力。

河上公说:“赤子未知男女之合会,而阴作怒者,由精气多之所致也。”

“终日号而不嗄,和之至也”,“终日”是指整天。“号”是哭号。“嗄”是嘶哑。“和”是元气淳和,神气和畅。此句是说,婴儿整天哭号,但喉咙(嗓子)不会沙哑,而成人多讲几句话就会口干舌燥,声音沙哑,这是什么缘故呢?是婴儿身体内元气充足,神气和畅致也。婴儿的哭号是一种自然而然的现象(事情）。

以上老子对婴儿生命特征的描述，不管是拳头紧握，还是喉咙不沙哑，再或者生殖器勃起，一切自有章法，该起则起，该止则止，行藏有道，起伏在我，自我调节，达到和谐平衡可持续。这都是天性使然。顺应自然，就能养生。

"知和曰常，知常曰明"，"和"指阴阳平衡，元气淳和。"常"指永恒不变的自然规律。知道了自然规律（常道），就叫做"明"，是灵感的顿悟。此句意为，如能懂得虚静柔和、阴阳平衡之理，就叫做懂得了生命的常道；如能持守生命常道之理，就叫做明白了事理。明道修德，是根本的养生之道。

"益生曰祥，心使气曰强"，"益生"是补益生命。"强"是逞强。王弼说："生不可益，益之则夭。"把"祥"讲成是"夭"，就是把祥当凶的意思讲的。这样与老子的上下文义相符合。人为地去补益生命叫灾殃，人们的生命运行有它自身的规律，人自身无法对它补益，越补益越糟糕。只有自然无为，不贪生，不厚生，无意于长生，才能自自然然延长生命。如果心神驱使欲望去耗费元气，必然破坏元气的正常运行。这是人为的逞强，逞强就会变得暴躁起来，损伤人与生俱来的元气。人的元气不应损伤，不应向外流失。人要持守元气、精气，精固根源气固神，心静，神清。只有心静下来，元气才能自然柔和深长，流经百脉，自行畅通。心不静则意不定，意不定则神不凝，神不凝心必粗暴、强硬。元气的柔和及强暴其根在心。

魏源说："益生由于多欲，多欲则起居动作纵于外，饮食男女恣于内，异于精之至者矣。心使气由于多忿，多忿则乖张决骤，而内不能自主，张脉偾兴，而外不能自制，异于和之至者矣。"

"物壮则老，谓之不道，不道早已"，此句是说，任何事情过早地强盛，追求所谓的"极致"，就会迅速走向衰老，走向反面。违背了自然之道，不仅不能长生，反而很快就会消亡。

这就是人们常说的"物极必反"的道理。它再一次告诫人们，不管是养生，还是处世、治国、平天下，必须要有节制，掌握一个度，适可而止，要知道满足，不可过度地放纵自己的欲望。要懂得控制自己的贪奢的欲望，处虚守静，柔弱处下，固守元精，不耗元气。顺其自然，于己可以养生长生，于国可以长治久安，和平康泰。否则，必定会物极必反，向相反的方向发展，导致灭亡。

需要说明的几点：

"知和曰常"可对阅第四十二章"万物负阴而抱阳，冲气以为和"。

"知常曰明"可对阅第十六章"复命曰常，知常曰明"。

"赤子"就是出生的婴儿，可对阅第十章："专气致柔，能婴儿乎"，第二十八章"为天下谿，常德不离，复归于婴儿"。

"物壮则老，是谓不道，不道早已"，此句在第三十章里也有。

第五十六章

知者不言，	真正懂得大道的人是不多言说的，
言者不知。	多说的就不是懂得大道的人。
塞其兑，	堵塞嗜欲的孔窍，
闭其门，	关闭欲望的门径，
挫其锐，	磨掉锐气，不露锋芒，
解其纷，	减少心灵的纷扰
和其光，	隐蔽光耀
同其尘，	混同尘世，
是谓玄同，	这就叫“玄同”。
故	因此，达到玄同境界的人，
不可得而亲，	无所谓亲近，
不可得而疏；	无所谓疏远；
不可得而利，	无所谓得利，
不可得而害；	无所谓受害；
不可得而贵，	无所谓尊贵，
不可得而贱。	无所谓卑贱。
故	所以，
为天下贵，	受到天下人的尊重。

心 读

上一章将修养深厚之人,比喻成天真无邪的赤子,柔和不争,无私无欲。这正是自然得道之人所必须具备的品德修养。本章接着讲如何修德,进而达到“玄同”的境界。

“知者不言,言者不知”,此语无语言上的障碍,读起来很好理解,就是知道的不说,说的不知道,说得越多,离道越远。真正懂得大道的人是不多言说的,“道”不可名状,故大道只能意会,不可言传。能够用语言表达出来的,只是浮浅的、表面的、有形的事物之末,而不是事物之本。道本无言,《道德经》首章提到“道可道,非常道”正是此意。

“塞其兑,闭其门”,这两句与第五十二章“塞其兑,闭其心”义同。“兑”在《易经》的八卦里作“口”解,这里指与外界相通的器官(口、鼻、耳)。“门”,门径,指巧利的途径。这两句话可以理解为把自己的口鼻耳全部都关闭起来,隔绝自己的心灵与外界的联系。这里的关闭、封闭并非不睁眼睛,不呼吸,不吃,不看,不听声音,而是要堵塞、封闭诱惑人们灵魂堕落的通道。

《庄子·应帝王》里有一个关于浑沌之死的寓言,说浑沌对别人特别和善、友好,别人看他可怜,没有七窍,想报答他,帮他开窍。“结果,日凿一窍,七日而浑沌死”,所以,通道多了,欲望多了,就失去了大道赋予它原有的本真。

“挫其锐,解其纷,和其光,同其尘”,这四句可对照阅读第四章的心读。这也是一个人在修道时主观上采取的方法。“锐”是刀尖锋芒。“纷”是纷芸杂乱。“光”是智慧、德行。“尘”是尘世、俗情。此四句大意提醒人们不要锐气十足,锋芒毕露,招祸惹事。“解其纷”就是排除欲望的纷扰,使心态变得平和安静,“和其光”就是不要显示自己比别人智慧高,本事大,德行好,自以为是。应以百姓心为心,与百姓和谐相处,平等相待,如同火照火,水入水,浑然一体。“同其尘”就是与尘俗的一般人相处融洽,不能认为自己超凡脱俗而弃异于人。不能清高,要知道别人有一些小毛病,你同样也有,只要无伤大雅,就不要太计较。真正的智者貌似普通人,大智若愚,入乡随俗,混同于普通人中,看上去和普通人没有任何差别。

从中国文化上讲,不管是道家,还是儒家,都认为人在世界上生存,必然要尊重文化传统和世俗的一般规范,和光同尘。这不是虚伪,而是一种谦卑、随和的处世态度。无为自然,如此与老百姓“和光,同尘”,彼此没有内外高低之差别,这种无出无入,无我无物,无左无右之境界,谓之玄同。

“是谓玄同”,“玄”意为玄妙、深不可测的意思。“玄同”,指与道同在融为一体,玄妙的同化境界。西晋郭象《庄子注》:“物皆自是,故无非是,物皆相彼,故无非彼,则天下无是矣;无非是,则天下无彼矣,无彼无是,所以玄同也。”

达到“玄同”境界的人,与道同体。从“道”的角度看待宇宙人生,会发现人生其实根本没有所谓的亲疏、远近、得失、成败、荣辱、贵贱、利害之分,“故,不可得而亲,不可得而疏;不可得而利,不可得而害;不可得而贵,不可得而贱”。“亲”是亲近。“疏”是疏远。这六句,其意弥深,其格弥高,其言弥善。能做到像道运行的那样,为天地立心,为生民立命,为往圣继绝学,为万世开太平,无所谓亲近疏远,无所谓得利受害,无所谓尊贵卑贱,“故为天下贵”。人之贵不是权位高官大则贵,也不是钱财多则贵,更不是威望高名声大则贵。只有与道浑然为一的人,才最尊贵,最有价值,受到老百姓,全天下人的尊崇敬爱。

需要说明的几点:

“是谓玄同”一语,第五十一章有“生而不有,为而不恃,长而不宰,是谓玄德”。第十章也有此句。

“和其光”一语可参阅第四十九章“圣人无常心,以百姓心为心”。

第五十七章

以正治国，	以正道治国理政，
以奇用兵，	以出人意料的战术用兵，
以无事取天下。	以清静无为来治理天下。
吾何以知其然哉？	我凭什么知道这样的道理呢？
以此：	根据就在于以下几个方面：
天下多忌讳，而民弥贫；	天下的禁忌越多，人民就越陷于贫困；
民多利器，	民间的利器越多，
国家滋昏；	国家就越陷于混乱；
人多伎巧，	人民的技巧越多，
奇物滋起；	邪恶的事情就越多；
法令滋彰，	法令越繁多，刑罚越严酷，
盗贼多有。	盗贼就越泛滥。
故圣人云：	所以有道的人说：
“我无为而民自化；	“我无为人民就自我教化；
我好静而民自正；	我清静人民就自然端正；
我无事而民自富；	我无事人民就自然生活富裕；
我无欲而民自朴。”	我不贪婪民风就自然淳朴厚实。”

心 读

本章老子继续论述“无为而治”的政治理念，与第二十九章、第三十七章的思想一致，而且表述得更为详尽。

“以正治国，以奇用兵，以无事取天下”，“正”指正道、公正。“奇”指的是奇谋、奇术。“取”为治理、管理。“无事”即自然无为之道。“国”指的是诸侯国。为了说明“以道治国”，以自然无为之道取天下，首先从“以正治国，以奇用兵”讲起。治国是针对本土民众，必须用正道，制定切实可行的政策法令，光明正大。用兵之道则不然，要采用非常规的战略战术，虚虚实实，声东击西，出其不意，从而达到出奇制胜的效果。

“以正治国”虽合于正道，但政策法令都是人为因素制定出来的，不是自然的。治国者以正不以奇，用兵者以奇不以正，此二者都是“有为而治”，不是“无为而治”。想治理天下，就得用自然无为之道了。以无事而取天下，自然受到天下人的拥护。正如第四十八章所言：“取天下常以无事，及其有事，不足以取天下。”

“吾何以知其然哉？以此”，我何以知道以无事而取天下的道理呢？“以此”，从下面这一系列的社会现象，就可以明白。

“天下多忌讳，而民弥贫；民多利器，国家滋昏；人多伎巧，奇物滋起；法令滋彰，盗贼多有”，“天下”，当时的“天下”和“中国”一样，只是指黄河中下游为主的中原地区。“忌讳”，不许说和不许做的事情，即禁令。“弥”，更加，越。“滋”，更加。“昏”，迷乱。“彰”，明显。“滋彰”，繁多显明。“奇物”，邪奇的事物。天下忌讳的东西太多，一切兴利之事遭禁，民间的一切风俗行为受压制。在这种禁忌下的百姓，聪明才智得不到发挥，无所作为，自然陷于贫困；百姓生活贫困就容易惹是生非，天下就会发生混乱，原本可以便民利民的利器、技巧，也会被用歪用邪，社会道德失范，彼此勾心斗角，致使国家滋昏。国家混乱，百姓的机巧心智就会越来越多，人人投机取巧，欺瞒成风，为了追求浮华的生活方式，假冒伪劣的货品四起，物价飞涨，邪风怪事盛行，这些现象不利于国家的治理。为了防止这些不正当行为的出现，国家就要制定颁布很多法令加以约束和限制，法令条文制定得越多越森严，说明这个国家的邪恶势力越猖獗，社会越不安宁。如果社会安定、和谐、健康、有序，没有违法犯罪行为，那么制定颁布法令条文还有何必要呢？

其实，老百姓过日子，只要他们能吃饱穿暖，有房住，看得起病，上得起学，生活有保障，你让他去干那些违法乱纪的事，他也不会去做。教化百姓贵在“无为”“无事”，只要统治者不胡作非为（无为），老百姓就会自然归服，社会自然康泰平安。

以上所举这些社会现象，都属于“有为而治”。“有为而治”与“无为而治”相比较，用自然无为之道来治理天下，要比“有为而治”好得多。“无为而治”强调的是感化的力量，也就是德化教育，得民心者得天下。

陈鼓应先生在《老子注译及评介》一书中说：“‘天下多忌

讳，而民弥贫……法令滋彰，盗贼多有。'从这里，不仅可以看到老子对于一切刑政的非议，也可体会出老子所生存的时代，战乱和权力横暴的地步，可见老子提倡'无为'并非无的放矢。……当时'无为'思想的提出，一方面要消解统治集团的强制性，另一方面要激励人民的自发性。"

最后，老子引述得道明君的话来重申自己的观点："故圣人云：我无为而民自化，我好静而民自正，我无事而民自富，我无欲而民自朴。""自化"，自然顺化。"自正"，自然端正，"自富"，自然富足。"自朴"，自然淳朴。全国道教协会原会长任法融《道德经释义》一书中解释说："体现自然之道的圣人，取法天地生长万物的自然无为之德，不背理徇私，而事事顺乎天理，应于人心，不作不为以感天下之人。因此，天下之民众皆安居乐业而自化。此谓'我无为而民自化'。人君戒除贪欲之心，不好事，不妄为，不求荣贵，不劳民力，不妨民事，民能尽力耕而食，织而衣，乐其俗，安其居，美其服，甘其食，丰衣足食，此谓'我无事而民自富'。能取法自然无为之道的清静体性，虚心恬淡，自然而然，事事物物必顺其条理，各得其所，各有所用，各有所适。鸟不教而自在空中飞，兽不驯而自在山上跑，鱼不学而自在水中游，人自然父慈子孝，君正臣忠。此谓'我好静而民自正'。无私欲，民风自然就好，社会风气自然淳厚质朴，人们活得轻松自在，社会自然和谐安康。此谓'我无欲而民自朴'。"

老子主张用自然无为之道来取天下，治理天下，在当时的社会实践中是难以行得通的，带有理想主义的色彩。但这是老子“无为政治”的理想社会情境的构想，对一个社会的永续发展是大有益处的，对人类在这个星球上的长期生存具有积极的现实意义。

一个国家的领导者，以正治国，虽然合于正道；以奇用兵，虽是兵家之法宝，但都是“有事”，都是“有为而治”，有为政治不足以取天下。应该以道治国，以无事取天下。以“道”为至高存在，展现宇宙视野，超越人类本位，敞开胸怀，放眼未来，从宇宙发展的有限性和无限性来看一切，以无心的态度来观察社会、人生。“道”永远是顺其自然的，道常无为而无不为。

这样的治国理政者，才有大智慧，大气度，大境界。

需要说明的几点：

“以奇用兵”一语可对阅第三十章“以道佐人主者，不以兵强天下”，第三十一章“兵者不祥之器，非君子之器，不得已而用之”。

我们所有的军事哲学、兵家方略，都渊源于老子的这一思想。这是我国哲学文化的一大特色。中国人绝对不侵略他国，但是也绝对不允许他国的侵略。所以说，老子绝对不是反战主义者。他主张统治者要有强军战略，在不得已时应战。因为有了强大的军事实力，才能维护国家的和平与发展。

“民多利器，国家滋昏；人多伎巧，奇物滋起；法令滋彰，盗贼多有”，与第十九章“绝圣弃智，民利百倍；绝仁弃义，民复孝慈；绝巧弃利，盗贼无有”前后相呼应。

“我好静而民自正”一语，可对照阅读第三十七章“不欲以静，天下将自定”，第四十五章“清静为天下正”。这里的“静”与儒家经典《大学》中说“知止而后有定，定而后能静，静而后能安”的“静”相通。不是佛家静坐的“静”，而是说人们在社会实践中要有一种定力。

“我无为而民自化”一语，可参阅第三十七章“道常无为而无不为，侯王若能守之，万物将自化”。

“以无事取天下”，与第二十九章“将欲取天下而为之，吾见其不得已，天下神器，不可为也，不可执也。为者败之，执者失之”含义相吻合。

第五十八章

其政闷闷，	政策宽厚清明，施政无为仁慈，
其民淳淳。	百姓就淳朴忠厚。
其政察察，	政策繁琐严明，为政精明能察，
其民缺缺。	百姓就狡诈抱怨。
祸兮，福之所倚，	灾祸啊，幸福倚傍在它旁边，
福兮，祸之所伏。	幸福啊，灾祸潜伏在它里面。
孰知其极？	谁知道它相互转化的结局呢？
其无正。	并没有一个标准。
正复为奇，	正常忽而转化为邪，
善复为妖。	善良忽而转变为恶。
人之迷，	人们迷惑于这种现象，
其日固久。	已经有好久的时间了。
是以圣人，	因此，有道的人，
方而不割，	行为端方讲原则，却不损伤他人，
廉而不刿，	性格刚强，棱角锐利，却不伤害他人，

直而不肆，	处事正直公道，对他人不放肆，
光而不耀。	为人正大光明，智慧聪明，却不炫耀于他人。

心 读

本章顺承上一章，继续深入地讲“无为而治”的好处，讲对立面的事物相互转化的道理。这种充分体现辩证法的思想，是老子哲学的最大成就。

“其政闷闷，其民淳淳。其政察察，其民缺缺”，“闷闷”指政策宽大、宽厚、宽松。“淳淳”指人民淳朴、厚道知足的样子。“察察”指政策严明、苛刻。“缺缺”指人民抱怨、不满意的样子。这两句话的意思是说，如果统治者治国理政宽厚无为，不玩弄权术，不耍花招，为天地立心，为生民立命，用现在话讲，就是以人民为中心，全心全意为人民服务，其政策看似宽厚不明，但老百姓会自然摒弃私欲而不妄为，回归到自然淳朴生机勃勃的状态之中。与此相反，如果统治者自以为比老百姓精明能干，以有事有为治国理政，政令严密苛刻细致入微，那么老百姓不但不会摒弃贪婪的欲望，而且还会为了满足私欲，变得越来越狡诈，永远处于不满足的状态，难以管理。

为政者最忌刻薄，一刻薄就会伤害人心，对老百姓要管得宽松一些。在社会生活中，尽量避免“为政”的干预，多给老百姓一点自由，一些生活的空间、发展的空间，同样可以实现“民莫之令而自均焉”，达到天下大治。

“祸兮，福之所倚，福兮，祸之所伏”，这一流传千古的至理名言，清楚地告诉人们一个“祸福相生”的道理，充分体现了老子的辩证思维。它用词精炼、深刻、准确，很容易使我们联想起《淮南子·人间训》里那则“塞翁失马，焉知非福”的典故。这则有趣的故事是对老子这句话最好的诠释。

这句话的意思是说，灾祸和幸福是相依相随，互为因果的。灾祸之中隐含着转化为幸福的因素，幸福之中也潜藏着转化为灾祸的可能。逆境随着时间和空间的变化，人为的努力有可能变为顺境。所以说要以平静的心态面对祸与福，面对逆境与顺境，面对得意和失意。要知道得意是失意的起点，而失意，却正是得意的开端。我们在失意的时候不要悲观，在得意的时候不要忘形，即古人讲的“胜不骄，败不馁”，这才是人生的一个正确态度。

其实，祸与福是一个硬币的两个方面，是一体的，没有绝对的祸，也没有绝对的福。

美国理论物理学家卡普拉在他的《物理学之道》一书中，评论道家的辩证思想时说：“他们认识的善与恶，乐与苦，生与死，并不是不同范畴的绝对经验，而只是同一实在的两个侧面，是同一整体的两个极端。一切对立物都是两个极端，从而也就是一个统一体。”

印度著名诗人、文学家泰戈尔也说：“最好的东西不是独来的，它伴了所有的东西同来。”

《韩非子·解老》曰：“人有祸则心畏恐，心畏恐则行端直，行端直则思虑熟，思虑熟则得事理。行端直则无祸害，无祸害则尽天年；得事理则必成功，尽天年则全而寿；必成功则富与贵，全寿富贵之谓福。而福本于有祸，故曰‘祸兮，福之所倚’，以成其功也。”又曰：“人有福则富贵至，富贵至则衣食美，衣食美则骄心生，骄心生则行邪僻而动弃理。行邪僻则身死夭，动弃理则无成功。夫内有死夭之难，而外无成功之名者，大祸也。而祸本生于有福，故曰‘福兮，祸之所伏’。”

“孰知其极？其无正”，“孰”意为谁。“极”是极限、极点、终极。“正”是定数，是标准，也指主宰者。这两句话意思是说，谁能知道，什么是福的极限，什么又是祸的极限？祸与福相依相随，祸可以转化为福，福也可以变化成祸，这种变化深不可测，难以预料，没有一个定数，也没有一个明确的标准，也没有一个主宰者操控。

明白了这个原理，则“其无正”。不要太正了，正到了极点，不也就歪了嘛。太较真了，不也就不真了嘛，一点鲜活的生机都没有了。

“正复为奇，善复为妖，人之谜，其日固久”，在这里“奇”指诡诈。“妖”意为邪。此句是说，正反而变为诡诈，正常的可以转化为不正常的、奇特的，美好善良的可以变成为丑的邪恶的（不善）。正、奇、善、妖都是可以相互转化的，与祸福相互转化同理。这种转化过程是永无止尽的,是没有定向的,没有谁能说得明白。人们对这种转化原因的认识,一直迷惑不解,由来已久了,成了永远解不开的谜。

“是以圣人,方而不割,廉而不刿,直而不肆,光而不耀”,“方”是方正有角。“割”是割伤。“廉”是棱边。“刿”是划伤。“肆”是放肆、无顾忌。“直”是正直、直率。“耀”是过分明亮,亮得刺眼。这几句话解读为,明白事物转化规律的人,为人行为端正,讲原则,但不损伤于人;为人性格刚强,棱角锐利分明,但不伤害于人;为人处事天真自然,正直公道,但不以公道正直而放肆待人;为人正大光明,聪明智慧,但不炫耀聪明于人前,明亮而没有耀眼的光芒。这样才能避祸得福保全性命。

陈鼓应先生在《老子注译及评介》一书中解释:“‘圣人方而不割,廉而不刿,直而不肆,光而不耀’,‘方’‘廉’‘直’‘光’,正是积极性的人格心态的描述,‘不割’‘不刿’‘不肆’‘不耀’乃是无逼迫感的形容。这是说有道的人为政,有积极性的理想,而其作为对人民并不构成逼迫感。”

本章老子的可贵之处,在于讲出了社会、政治、人生等方面的辩证道理。世界上任何事物都向其反面转化是客观规律,物极必反,是不以人的意志为转移的。所以认识事物一定要深入事物的内部,不能停留在表面。要认清事物的本质,客观全面地分析事物发展的规律和方向。

需要说明的几点：

“其政闷闷”一语，第二十章有“俗人察察，我独闷闷”。

“方而不割”一语，第二十八章有“故大制不割”。

“方而不割，廉而不刿，直而不肆，光而不耀”，正如第二十八章讲的“知其雄，守其雌……知其白，守其黑……知其荣，守其辱……”，也就是说，老子要求人们要持守“中道”，不说过头话，不做过火的事，达中正平和也。

第五十九章

治人，事天， 莫若啬。	治理百姓，敬奉上天， 没有比爱惜自己的身体更重要。
夫唯啬， 是谓早服。	只有爱惜自己的身体， 就是早早服从于道。
早服谓之重积德。	早早服从于道就是重视积累其德。
重积德则无不克，	深厚地积累其德，就没有克服不了的困难和障碍。
无不克则莫知其极。	没有什么困难和障碍不能克服，其能量是不可估量的。
莫知其极，可以有国。	具备这不可估量的能量，就可以治理好国家。
有国之母，可以长久。	有了治国理政的根本之道，则国家可以长治久安。
是谓 深根，固柢， 长生，久视之道。	这就是 深扎其根，稳固其柢， 长远其生，是永久存在的道理。

心 读

此章老子采用环环相扣的写作手法，如果一口气读下来，语言很优美，抑扬顿挫，有节奏感，像诗一样有音韵的美。

这一章老子首先提出“治人，事天”的根本是“莫若啬”，重在一个“啬”字。“治人”就是如何治理百姓。也可以说为人处世，要遵循人伦之常理，六亲和睦，长幼有序，上慈下孝；与人相处，要言而有信，宽容大度。“事天”，这个“天”，并不是指宗教信仰上的天（上帝），也不是自然科学中讲的天，代表的是一种道体。“道”是宇宙的总规律，是宇宙万物存在的自然法则。

老子天才地发现了“道”是宇宙的绝对本体，是万物的本原，构建起了真正的形而上学，是人类历史天空的一道智慧之光。“道”就在我们身边，时时都在发挥作用，但却让人浑然不觉。

“莫若啬”的“啬”是指节俭，可引申为珍惜、爱惜、保养和积蓄力量的意思。《韩非子·解老》：“啬之者，爱其精神，啬其智识也。”具备“啬”之精神的人，终日神清气爽，纯和之元气畅通。

用形而上学来说，“啬”就是道体。用形而下来讲，道体在“治人”“事天”运用上的根本真理就是“啬”。

《吕氏春秋·先乙》：“汤问于伊尹曰：‘欲取天下若何？’伊尹对曰：‘欲取天下，天下不可取。可取，身将先取。’凡事之本，必先治身，啬其大宝。”

“治人，事天，莫若啬”，这句话的意思是说，无论是治理国家，管理百姓，还是善养身心，没有比采用“啬”更好的了。“啬”体现了一种本体的功能（作用），是最好的行为准则（规范）。

“夫唯啬，是谓早服”，“夫唯啬”，只有珍惜自己的身体。“是谓”，郭店楚简《老子》，还有帛书《老子》都作“是以”。“早服”，两千多年以来，关于早服的注释有几百家，说法五花八门，不胜枚举。在此，“早服”从词义上说，“服”的本义是“用”。《说文》里说：“服，用也。”“早服”就是早用。“早用”就是早早服从于道，涵养精气神，爱惜自己的精神和生命。

韩非子云：“夫能啬也，是从于道而服于理者也。众人离于患，陷于祸，犹未知退，而不服从道理；圣人虽未见祸患之形，虚无服从于道理，以称蚤服。故曰 ‘夫谓啬，是以蚤服’。”“蚤”同“早”。

“夫唯啬，是谓早服”，此句可以解读为，运用了啬，就是早早臣服于道。

“早服谓之重积德”，“重”是重视的意思，“啬”身就是“重积德”。此句意思是说，早早臣从于道，崇善若阳，止于至善，亦即积德深厚。

“重积德则无不克，无不克则莫知其极”，“克”是“胜”，“无不克”指无不胜，能战胜一切。“极”是极限、极点、尽头。“莫知其极”，就是没有极限，不知穷极。此句意思是说，崇善积德深厚则无往而不胜，就没有克服不了的困难和障碍。精神的能量是不可估量的，没有人能知道它能力的极限。

“莫知其极，可以有国”，在老子时代，所谓的“国”并不完全代表国人观念中的国家，它有区域，有土地，还代表着一种资源，包括精神智慧文化哲学等形而上的资源。“可以有国”，指可以治理好一个国家。

韩非子云：“夫能有其国，保其身者，必且体道。体道则其智深，其智深则其会远，其会远众人莫能见其所极。唯夫能令人不见其事极，不见其事极者为能保其身，有其国。故曰‘莫知其极，莫知其极则可以有国’。”

《道德经》第五十四章所讲：“修之于身，其德乃真；修之于家，其德乃余；修之于乡，其德乃长；修之于国，其德乃丰；修之于天下，其德乃普。”从修身到治理国家的过程，说明“啬身”是治国的起点和根本。自己都管理不好自己，怎么可以管理好一个家，一个乡，一个国家呢？一个连自身都管不了的人，怎么能担当治理国家的重任？

“有国之母，可以长久”，“母”从形而上来讲就是道，道是本原，是规律。韩非子云：“所谓‘有国之母’，母者，道也。道也者，生于所以有国之术，故谓‘有国之母’。”用形而下来讲，“母”就是“啬”。“守道”，亦即守“啬身”。理国以“啬”就掌握了管理国家的根本原则，就不会搞违反客观规律的形象工程，不会追求那些劳民伤财的所谓政绩，就可以使国家长治久安。

“是谓，深根，固柢，长生久视之道”，“根”是树根。“柢”是指树的主根，根的尖端叫“柢”。“久视”，我们的眼睛是不能久视的，这里讲的“久视”，是“内视”。佛家《楞严经》所说的明心见性，是理性上的“见”，“见”同“视”，“视”，鲜活也。“长生久视之道”就是指精神世界永远明亮。老子的这种思想和伟大的思想家王阳明的心学理论如出一辙。阳明心学以“心外无物，知行合一，致良知”为核心的思想，要求人们凡事要返求诸己，从“格物”转向“格心”。“无善无恶是本心，有善有恶意之动，知善知恶是良知，为善去恶是格物”，首先，通过伦理道德教化，唤起人们内心的良知。其次，“知行合一”，力行实践的精神。理国以“啬”就是体道，致良知，重积德。

把“啬”看作治国理政的根本原则，就能确保国家长治久安，这就是“深根，固柢，长生久视之道”。深扎其根，夯实其柢，长远其生，是永久存在的道理。五代道教学者谭峭在《化书·俭化》中说：“自古及今，未有亡于俭者也。”

这一章的中心思想是讲“啬”的基本精神。从“啬”的原则做起，无论是素养身心，为人处世，还是治理国家，敬奉上天，都要遵从“啬”的精神，也就是遵循自然之常道，善养浑厚之德。这样做，则民无不顺，事无不理，国无不治，社会无不稳固长久。

需要说明的几点：

“有国之母”一语，参阅第五十二章：“天下有始，以为天下母。既得其母，以知其子。既知其子，复守其母，没身不殆。”

“莫知其极”一语，可参阅《尉缭子·治本》“苍苍之天，莫知其极，帝王之君，谁为法则？往世不可及，来世不可待，求己者也”。

“莫若啬”的“啬”与第六十七章的“俭”意义相近，“啬俭”。

“治人，事天莫若啬”一语涵盖了三方面的内容：

一是人类发展。无论什么时候，发展都是硬道理。二是天道时运。人可欺，天不可欺，任何情况下，天时都不能违背。三是土地问题。农业是国家的命脉，库里有粮心不慌。“治人，事天莫若啬”，简简单单一句话，把“一阴一阳谓之道”，天、地、人三才之道有机地联系到一起。上得天时，下取地利，中通人和，才能解决好人类的生存和发展，才能开创灿烂辉煌的人类文明。

第六十章

治大国	治理大国
若烹小鲜。	如同烹制小鱼那样，不能多次翻动它。
以道莅天下，	以正道来治理天下，
其鬼不神。	那些歪风邪气的干扰就不起作用了。
非其鬼不神，	不是那些歪风邪气的干扰不起作用，
其神不伤人。	而是它起的作用不能伤害人。
非其神不伤人，	不是它起的作用对人无害，
圣人也不伤人。	而是因为“圣人”根本不理会这种现象。
夫两不相伤，	这样歪风邪气与正常秩序同体而共存，互不伤害，
故德交归焉，	所以，这就是道心，道心即是德心，有道必有德，德道本合一。

心　读

这一章老子运用比喻的写作手法，生动而形象地提出“治大国若烹小鲜”的命题。仅用这七个字，就把治国理政要“无为而治”的政治思想表述得淋漓尽致，令人拍案叫绝，叹为观止。这是思想、语言和智慧三者相结合的天才杰作，是留给我们的智慧瑰室，在中国传统的政治思想及政治哲学上产生了重大而深远的影响。

政治在老子那里，不是复杂的权力角逐和利害相争，而是一种本体论和方法论、实践论和矛盾论、形象思维和全息思维、人生观与世界观、政治观与价值观的高度统一。

“治大国若烹小鲜”是本章的纲领。这里的“小鲜”即“小鱼”，或一块小肉之类。“烹”是用“文火”、小火慢慢煮炖，不宜勤翻动。《诗经·桧风·匪风》：“谁能亨（烹）鱼则知治民矣。”

《韩非子·解老》：“烹小鲜而数挠之，则贼其宰，治大国而数变法，则民苦之。是以有道之君，贵静，不重变法，故：‘治大国若烹小鲜。’”此句言简而意深。意思是说，治理一个大国，如同烹制小鲜那样，调五味，掌火候，合时令，正颜色，不折腾，不宜多次翻动它，否则就会把小鱼搞碎弄烂。引申开来便是说，应该运用“道法自然”的法则，治理一个国家。当然这并不是说什么都不管，都不做，只是不要妄为，该治理的还是要治理，要政令从简，不能朝令夕改，要像烹小鱼那样，不多加翻动，以调和为要义，否则就会把国家搞乱了。

那么治大国如何“烹”呢！“以道莅天下，其鬼不神”，“莅”是临，也相当于统治。“鬼”指歪风邪气等社会现象。“神”，起作用，不是指一般意义上的鬼神显灵，说明祸患全在人为。人为符合道，则祸患不会发生。此句的意思是说，用大道来治理天下，做到清静无为，社会自然会顺应其规律，和谐有序地向前发展，社会上那些歪风邪气的干扰就不会起作用了。这句话彰显出“德”在社会实践中的伟大作用。

“非其鬼不神，其神不伤人。非其神不伤人，圣人亦不伤人”，“伤”是伤害、妨害。“鬼”指歪风邪气。这两句话的意思是说，不是说社会上那些歪风邪气不伤害社会，伤害人民，而是说它们的干扰没有机会起到伤害社会，伤害人民的作用。不是说那些歪风邪气的干扰对社会对人民无害，而是因为圣人治理天下，清静无为，根本不去理会歪风邪气的干扰，它自己自然也就消散淡化了。

“圣人亦不伤人”其道理还在于，违反规律必然受到惩罚。这是为什么呢？因为规律是无形的，人再怎么聪明也躲不过大自然法则、社会规律的制约。与其如此，不如运用“道法自然”的法则，“无为而无不为”来治理国家。顺天意，合民心，心通情应，天人合一，也就是不伤害百姓的利益，以百姓心为心，大公无私，全心全意为人民服务。

“夫两不相伤，故德交归焉”，在这里，“相”，一起的意思。“交”，互换、合并。“归”是赠送、给予。这句话的意思是说，运用“道法自然”的法则，“无为而无不为”治国理政，就是善政。善政亦即德政，以德治国，诚信于民。“诚”就是《中庸》上讲的“至诚之道”，天理之本然也，天地自然运动的原动力。社会上那些歪风邪气没有机会对社会、对人民起到伤害的作用，自然也就消散淡化了。歪风邪气与正常秩序互不相干，两不相伤，同体而共存，互善而和谐共生，两者汇集在一起，有利于社会健康有序和谐地向前发展，人民安居乐业，共享盛世。这就是第五十七章的“我无为，而民自化；我好静，而民自正；我无事，而民自富；我无欲，而民自朴”。

“圣人”的政治道德是至高无上的，已经达到了“天人合一”的境界，也就是庄子说的“天地与我同根，万物与我一体”的崇高境界，也就是“道”。道为德之体，德为道之用，所以，人们都敬佩“圣人”的大德。有道必有德，道德本合一。此“一”，也即大儒陆九渊所说的“宇宙即吾心，吾心即宇宙”。宇宙合一于吾心，吾心也就是世界的根本，这也正是“天人合一”思想的经典表述。

本章重点讲如何治国理政，老子将治国理政比作厨师烹调小鲜，将治理国家的头等大事化成了烹调般的艺术，与古希腊伟大的科学家阿基米德的名言“给我一个杠杆，我将把整个地球撬起来”，我国伟大诗人杜甫的诗“日月笼中鸟，乾坤水上萍”一样，都有着举重若轻、四两拨千斤的大气象、大格局。

“治大国若烹小鲜”这一千古传诵的哲学名言，不仅为中国人所熟知，而且欧、美、日、印等国家和地区的政治家和企业家们也经常引用，视为治国强企的重要法宝，不断从中汲取老子的思想和智慧。

美国前总统里根在1987年度的国情咨文中引用“治大国

若烹小鲜”一语，作为施政方针之一。除了治国不折腾的基本意思之外，老子这句话更道出了治国平天下的一种智慧和气魄，一种理念和自信，一种领导人(政治家)的人格修养和风范，大度、潇洒、幽默和深邃。

老子的哲学智慧，到2500多年后的今天仍为政治家们推崇备至，恐怕老子本人也根本意料不到。

需要说明的几点：

“以道莅天下，其鬼不神”一语，可参悟理解第四章“吾不知谁之子，象帝之先”一句。

老子之前的人们都不同程度地认为，人们的行为要受鬼神的支配。本章老子彰显了理性在人类认识中的至高存在地位，比波兰伟大的天文学家哥白尼的日心说早了两千多年。还排除了以往人们所谓鬼神作用的概念，说明祸患全在人为。人的精神正常，行为规范，祸患则无从产生，自然消失。鬼神是人的心理作用，俗话说“魔由心造”“妖自人兴”“疑心生暗鬼”，鬼神跟人们的心理状态的需求有关。人们总希望有某些外在力量来满足自己的愿望，支配自己，反而忘记了自己就是一个宇宙的自主生命体。只要自己依道而行，尽职尽责，做好自己该做的事，鬼神是不起作用的。对鬼神持有的态度，正如孔子所言“敬鬼神而远之”。

“故德交归焉”一语，可对阅第三十九章“天得一以清，地得一以宁，神得一以灵，谷得一以盈，万物得一以生，侯王得一以为天下贞”。

国学名家、北大教授张辛说：我们只是一个小生命，做不了神，做不了物，做不了别人；做好自己，成就这宇宙间唯一的小生命，也便成就了大宇宙。

第六十一章

大国者下流，	大国要像江海那样居于下流，
天下之交，	为天下百川河流交汇的地方，
天下之牝。	处于天下雌柔的位置。
牝常以静胜牡，	雌柔常以安静守定而战胜雄强，
以静为下。	就在于以静制动而又能居下的缘故。
故大国以下小国，	所以大国用谦下的态度对待小国，
则取小国。	就可以取得小国的信任依赖。
小国以下大国，	小国以谦下的态度对待大国，
则取大国。	就可取得大国的支持。
故	所以
或下以取，	作为大国要以谦下卑让取得小国的信赖，
或下而取。	作为小国要以谦虚卑下取得大国的信任。
大国不过欲兼畜人，	大国（谦下）不过是想得到小国的拥戴，
小国不过欲入事人。	小国（谦下）不过是想依附大国。

夫两者各得所欲，	这样大小国都可以满足各自的要求，
大者宜为下。	作为大国，更应当主动谦下。

心 读

上章论述“道法自然”的法则，说明以“无为而无不为”来治理天下，百姓方可安居乐业，共享太平盛世。本章进一步运用政治哲学的原理，讲述大国在国际上对待小国或不发达国家应该持有的态度和政策。

老子一针见血地指出：“大国者下流，天下之交，天下之牝，牝常以静胜牡，以静为下。”“下流”是形容像江海一样处下流，这样才能海纳百川，包容一切。古人有副对联，“水唯能下方成海，山不矜高自及天”，这样才能成其大，汇成江海，容纳万物，这是讲谦虚之德。“交”，汇集，交会之处。王弼注：“天下所归会也。”“牝”，雌性动物，指女性，主静；“牡”，雄性动物，指男性，主动。“静”，王弼注：“静而不求，物自归之也。”“以静”是方法，“为下”是目的。这几句话意思是说大国要像江海一样居于下流，成为天下百川交汇的地方，也就是处于天下雌柔的位置。雌柔经常以静制动而战胜雄强，就是因为它以静而又居下方的自然至理。

“故大国以下小国，则取小国。小国以下大国，则取大国”，这是主柔谦下思想的具体实施，其目的是不要发动战争，以柔赢得和平。“取”,得到。这两句话的意思是说,作为大国用谦下的态度对待小国,就可以得到小国的信任和依附,扩大大国的势力范围。小国以谦下的态度对待大国,就能得到大国的爱护和支持,大国接纳小国,增强了小国的防卫能力。

“故或下以取,或下而取”,“取”同“聚”。“以取”,以聚人。“而取”,聚于人。张默生释为:“故或谦下以取得小国的信赖,或谦下而取得大国的信任。”也就是大国以谦虚谨慎、平等相待的态度得到小国的信赖,小国以谦虚友好的态度得到大国的信任。

“大国不过欲兼畜人,小国不过欲入事人”,“兼”是两者都有,既有大国,也有小国。“畜”是善养,在此是容纳之意。“兼畜人”是把人聚在一起,善养众人。“欲入事人”是归入侍奉大国,也就是找个主子,找个靠山。一个大国,总想兼并小国,这是霸权主义的侵略行为,而大国兼畜人,不是要吞并小国,而是善养小国,保护小国,这是中国政治道德的一大特色。

此句“大国不过欲兼畜人,小国不过欲入事人”意为:大国不过想要团聚小国,团聚后也要善养其人民;小国不过是想能找个靠山,归附于大国,从而避免受到其他国家的欺凌而得到安全,也就达到了目的。

在此老子主张反对战乱,反对“强权即真理”的霸权思维。这个愿望是美好的,是值得肯定的。但是,大国未必只是“欲兼畜人”,小国未必愿意“欲入事人”。这是脱离实际的幻想，与历史演进的规律相违背。大国霸权从来不知足。如近代社会西方列强的武力方式，和现代世界霸权主义的强权政治，坚信国家间的政治就是以实力为基础的。在这样一个列强横行的霸道时代，一个民族，一个国家，只有敢于在强权政治面前不屈服，敢于斗争，才是有希望，有前途的。同时，我们也要明白，以武力对抗解决不了实际的冲突、分歧、纠纷问题，要走以文明交流的途径克服文化隔膜，以文明互鉴代替文明冲突，坚持对话解决争端，以协商化解分歧。在信息、技术、资源方面互通共享，相互协作，共商共进，大力推动在政治、经济、文化、社会、生态等方面的有机互动，来解决双方的矛盾、冲突问题，这样才能“夫两者各得所欲”。

从这个意义上理解，文明交流互鉴，对话协商沟通，比武力对抗的方式更有效，更有利于世界的和平与发展，更有利于构建公平合理的世界经贸新秩序，有利于世界多极化政治格局的形成。也就是老子讲的“柔弱胜刚强”的道理。在此的“柔弱”不是说“柔弱”的一方胜过“刚强”的一方，而是说“柔弱”的方式胜过“刚强”的方式。“弱者道之用”，柔弱谦下是“道”的功用。

现代著名学者庞朴先生的“一分为三”，安乐哲先生的“一多不分”，张立文先生的“和合学”，钱耕森先生的“大道和生学”等，都与老子2500多年前提出的“夫两者各得所欲”的思想，殊途而同归，都在表证着同一个道理：哲学不是什么抽象的(形而下的)“实体”之类的东西,它不过是我们中华民族文化的一种最自觉的表达。

从中华传统文化的整体性研究来看,分别是阴阳五行、天人合一、中和中庸、修身克己。从中华民族的历史发展长河来看,中国人都是“人不犯我,我不犯人”。老子在2500多年前提出的“两者各得所欲”的和平外交思想,一直是中国的基本外交政策的理论支持。如礼遇万邦以德服众。新中国成立后又提出了“和平共处五项原则”和“不称霸、不扩张”等和平外交方针。

现在国际社会上指责“中国威胁论”,美国学者艾利森依据古希腊历史学家修昔底德《伯罗奔尼撒战争史》中的论述,别出心裁地提出所谓“修昔底德陷阱”,以论证新崛起大国(崛起国)必然要挑战现存大国(霸权国),导致战争变得不可避免。这种论调为“中国威胁论”提供了理论基础,因而在西方国家很有市场,说中国一旦强大起来之后,未必还会主张国家不分大小、强弱、贫富一律平等的和平外交政策,未必以共同发展推动构建“人类命运共同体”的实现。这完全是他们不了解中华传统文化和理念的缘故。相信这些人只要读了《道德经》一书之后,就可以打破他们国强必霸、弱肉强食、“强权即真理”的形而上学思维逻辑,就会确信中国即使强大以后,也绝不称霸,绝不扩张,还会主张国家不分大小一律平等的和平外交良策,开出文明交流互鉴、普惠公平公正、开放合作共赢的药方,秉承“既以为人己愈有,既以与人己愈多”的思想,兼顾义利平衡,追求共同利益。这是当今解决国际争端的最佳方案,有益于多极化世界格局的和平与发展,有益于建设一个美好的、文明的世界。

“夫两者各得所欲”,这种思想也适用于处理人类与宇宙万物的关系。人类应与宇宙万物和谐相处,对待万物应该友善、包容、克制,合乎自然之道,而不应凌驾于万物之上,把自己作为万物之灵,掠夺宇宙资源,满足人类的贪欲心。这样人类才能与宇宙万物各得其欲,并育并行,相依相存,才算真正拥有大智慧。

“大者宜为下”一语,是“弱者道之用”观点的精彩表述。此句意为,因为大国是处于对立双方的主导地位,小国处于被主导地位,被主导者,处于下,为下,所以大国更应当主动,礼遇万邦,以德服众,谦下为上,居下为上,即强者须能弱,刚者须能柔,有者须能无,高者宜为低,大者宜为下……

本章的中心思想是国家无论大小,都应该以柔弱谦下包容的精神来处理国与国之间的关系。都要不耻为下,才能共享太平盛世。

需要说明的几点:

“大国者下流”一句可参阅第三十二章:“譬道之在天下,犹川谷之于江海。”第六十六章:“江海之所以能为百谷王者,以其善下之,故能为百谷王。"

"天下之牝。牝常以静胜牡"可参悟理解第二十八章"知其雄,守其雌,为天下溪"一句。

第六十二章

道者，万物之奥，	道是万物运行规律之所在，
善人之宝，	善人以道为宝，
不善人之所保。	不善的人亦为“道”所保护。
美言可以市尊，	美妙动听的言词可以用作社交，
美行可以加人。	美好的品行可以使人高贵起来。
人之不善，	即便不善的人，
何弃之有？	为什么要抛弃道呢？
故立天子，	所以拥立天子即位，
置三公，	三公就职，
虽有拱璧，	虽有进奉的拱璧在先，
以先驷马，	驷马车在后的隆重礼仪，
不如坐进此道。	还不如坐而论道来作为献礼。
古之所以贵此道者何？	自古以来为什么对“道”这样重视呢？
不曰：	还不是因为（有了道）：
求以得，	有求就可以得到，
有罪以免邪？	有罪的就可以消除吗？（有过失就可以避免吗？）

故为天下贵。	所以“道”得到普天下人的崇仰和珍重。

心 读

上一章老子讲到大国与小国能否和平共处,取决于大国是否具备柔弱谦下包容的精神。本章讲“道”的益处、作用。善的人不离道,不善的人也离不了道。

“道者,万物之奥,善人之宝,不善人之所宝”,“奥”,一说为深,不容易被人看见的地方;另一说“藏也”,含有庇荫的意思。其实这两种说法意思相近,不拘其一,都是讲“道”的功能。“道”是宇宙万物的庇护之处,天地间最高的庇护之所,它包容一切,既是善人的法宝,也是不善之人的凭借依靠。为什么?因为善人本身尊道而行,尊道而善言,视“道”为法宝。但不善之人,也离不了“道”,因为“道”是“不善之人所保”,不善之人也要依靠“道”,才可以得到保护。

在这里,善与不善,不是指普通意义上的善良和不善良,而是说得道者和未得道者。“善人”,指以“道”治世者;“不善人”,指不以“道”治世者。

《尹文子·大道上》:“大道治者,则名、法、儒、墨自废。以名、法、儒、墨治者,则不得离道。老子曰:‘道者万物之奥,善人之宝,不善人之所保。’是道治者,谓之善人;藉名、法、儒、墨者,谓之不善人。”

老子认为，无论是善人，还是不善的人，都要修道、悟道、得道。掌握了“道”的精髓后，才懂得“道”是珍贵的法宝，是“万物之奥”。这是高超的政治智慧，也是一个人应该具有的道德素养。一切的幸福与自由都源于对“道”的正确理解与践行。

“美言可以市尊，美行可以加人”此句，王弼本及河上公本作“美言可以市，尊行可以加人”，两句的字数不同，也不押韵，今据《淮南子·道应训》作“美言可以市尊，美行可以加人”。这句话句式整齐，韵律和谐。“市”指交易行为。“加”，重也。“加人”是指处于人上人，不是指凌驾于人之上。这两句具体说明为什么大道是“善人之宝”。善人行大道，用善言作为社交，可以换取人们的尊重、爱戴；高尚的品行合乎“道”，使人高贵起来。

“人之不善，何弃有之”，这两句承接上句的“不善人之所保”，意为大道也是不善之人的保护者，不善之人怎么能抛弃它呢？道不抛弃任何一个不善之人，抛弃不善之人的做法不合大道，这是讲“道”的包容性。

老子认为：尊道的美言，可以说服人尊道贵德，行善积德，有利于社会和谐进步，事业健康发展，赢得世人的尊敬爱戴；尊道的美行，可以影响人。“行不言之教”，身教重于言教，质朴的言行可以调解社会矛盾，化解社会的对立冲突，教化不善的人修道、悟道、得道。所以，有什么理由抛弃他们呢？这是人类社会从古至今的永恒真理。善人把“道”作为法宝，不善之人也需要它作为得以保全的护身之宝。

“故，立天子，置三公”，“故”，所以。“立天子”，拥立天子即位。“三公”，古代天子之下三个最高的官员，周朝时指太师、太傅、太保。“置三公”，设置三公的政治制度，是国家的大事、喜事。在“立天子，置三公”时，“虽有拱璧，以先驷马，不如坐进此道”。“拱”是两手合抱。“璧”是中有圆孔的玉，是古代很贵重的礼品。“驷马”，四匹马驾的车，古代只有天子、大臣才可以乘坐。“拱璧以先驷马”，“拱璧”在先，“驷马”在后，这是古时候献奉的礼仪。“坐进此道”，生而论道，守道为要。

这几句意为，在拥立天子或置任三公等重臣时，即使有“拱璧以先驷马”的隆重仪式，也不如席坐而论“道”，将“大道”之理进献给天子。

老子把国事大礼与君主体道得道等同起来，目的在于告诉人们，道的至关重要性，重申“道者，万物之奥”的观点。

“古之所以贵此道者何”，自古以来之所以贵重此“道”，为什么呢？“不曰，求以得，有罪以免邪”，“不曰”意为不就说的是（有了道）。“求以得”是有求可得，亦即有愿望可以实现。“免”是消除之意。“有罪以免邪”这句正是前句“不善人之所宝”的说明。善人涵化于道，则求善得善，有罪者涵化于道，则免罪从善。也就是说：有罪的人体道、得道，可以免除罪过。

在这里老子给人们指出了新的出路，是很有意义的。与孔子“君子过而能改”的说法基本一致，意思是人可以通过修道，改变自己，不断进步，亨顺通达，有益于自己，有益于社会。

以道立身，是一个人内在的本然，道不是向外求得，而是返求诸己，从自己本身涵化出来，如基督教所言“上帝就在你的心中”。为什么不相信自己呢?“道”无所不在，处处皆有，充满在大千世界中。只要你自己认真体悟，事事磨炼，知行合一，每日反省，崇善若阳，从而建立起自己完善的人格，就会有真实而有意义的人生。

“故为天下贵”，人与天地万物是一体的，天人合一。人生有幼、少、壮、老之变化，犹如春、夏、秋、冬之交替，生于自然，死于自然，任其自然，一切皆来自于自然。大道自然至纯至上至远，具有无穷的力量。所以“道”得到普天下人的崇仰和珍重。

需要说明的几点：

“道者，万物之奥”与第四章“渊兮，似万物之宗”义同。

“美言可以市尊”一句，可参阅第八十一章“信言不美，美言不信”。

“美行可以加人”一句，可参阅第二章“圣人处无为之事，行不言之教”。

第二十七章“是以圣人常善救人，故无弃人”，可以作为“人之不善，何弃之有”的注释。

当代学人、吉林省儒学研究会会长钱凤仪先生在《道德经哲学原理》一书中说："任何物质的宝物都不过是中子和电子所组成。宝物的价值取决于人，人的价值取决于'道'。因此'道'远远比物质上的宝物重要。"

第六十三章

为无为，	以无为的态度去作为，
事无事，	以无事之心去做事，
味无味。	把恬淡无味当作味。
大小多少，	不论大小多少，还是大起于小，多起于少，
报怨以德。	都要以德回报怨恨。
图难于其易，	难始于易，解决困难就要从易处做起，
为大于其细；	大始于细，做大事就要从细微处着手；
天下难事，	普天下的难事，
必作于易，	必须从容易处做起；
天下大事，	普天下的大事，
必作于细。	必须从细微小处开始。
是以圣人终不为大，	因此，圣人做事从来不从大处做起，好像没有做大事，
故能成其大。	所以成就了他想要办成的大事。

夫轻诺必寡信，	轻易许诺，必定难以履行承诺，反而减少信用，
多易必多难。	把事情看得容易了，必定会遇到很多困难。
是以圣人犹难之，	因此，即使圣人也不敢轻视困难，
故终无难矣。	所以最终他不会遇到困难。

心　读

本章进一步阐述了“无为而无不为”的思想，也是在讲一种人生哲学。内容分两大部分，前半部分讲“无为”和“抱怨以德”的自我修养境界。后半部分讲事物发展由量变到质变的辩证关系。

“为无为，事无事，味无味”，“为”作为、行为。“无为”就是顺应客观事物的发展规律去“为”。“无事”指以不谋世俗的权位和名利为目的去做事。“无味”，虚静寡欲，不贪美食，不求厚味。王弼注：“以无为为居，以不言为教，以恬淡为味，治之极也。”这几句话的意思是说，有为而不大胆妄为，顺其自然而作为；做事不以谋世俗的权位和名利为目的，不以个人的主观欲望滋生事端，不扰民，就是为了成事；生活清淡适口，不贪求肥美厚味，不追求外在奢侈的物质生活享受，以恬淡为味。

为无为，是为了更有作为；事无事，是为了成大事；味无味，是以恬淡简朴为生活方式，这就是大道的真正品质，也是明道之人的全息思维观，同时也是明道之人的真实境界。这种境界不仅是政治领袖们治国理政的最高境界，也应当作为一个平常人在社会生活中效仿或者说修为的一个标杆。

无味之味才是最好的味。比如，水是无味的，清水无香；空气、阳光也是无味的，但是对人最有益。它们清洁透彻，营养丰富，滋养生命，没有因过度使用而产生副作用。

俗话说“君子之交淡如水，小人之交甘若醴”，小人贪欲，纵欲，做事极端。君子以道为味，以无味为味，做事适可而止，淡然处之。

“大小多少，报怨以德”，“怨”是怨恨，“德”是恩德。这两句话是说，明道之人懂得行善积德是由小及大，处理事情是由小及多，不论大小多少，都能以少为多以小为大。获得多，获得少，居于大位，还是安于小位，都不去计较。于我有怨者，不计较对我恩怨多少，总是以德相报，以大道包容之德，化解怨恨。

这样说来，难道老子否定客观世界是对立统一，矛盾一体的存在？从整部《道德经》来看，答案当然是肯定的。在他看来，我们应该把这种矛盾和斗争冲突，从激烈的对抗状态，拉回到相对的平衡状态。因此老子主张人要有道德修为，不要与人结仇，不要对别人心生怨恨，对待怨恨不要采取报复的态度。但这不等同于容忍，而是一种更高贵的慈悲情怀。如果人人都能以这样的心态来处世，社会就会充满一种信赖和谐的氛围。

从这个意义上讲，“报怨以德”是一种崇高的社会理想，并不仅仅是德行修为而已，里面包含着深沉的理性智慧和博爱情怀。

对于老子“报怨以德”的这一观点，《论语·宪问》有“或曰‘以德报怨何如？’子曰：‘何以报德？以直报怨，以德报德。’”孔子这句话是说，以德报怨的话，“何以报德”呢？“怨”是指别人对我不好，我对他有所怨恨，如果我用“德”来报答怨，那么别人对我好，我拿什么来报答他的德？无从报答。孔子好恶分明，他主张“以直报怨”。“以直报怨”就是真诚地按照正义的原则标准对待他人，别人有什么地方做错，或自己受到冤枉委屈，认真仔细加以辨明，让他人感受到公平公正。

应当说孔子的“以直报怨”“以德报德”要比世俗的“以怨报怨”“以牙还牙”高出一个层次。何以见得呢？因为“以怨报怨”得到的结果反而是更大的怨，更深的仇。但是孔子的“以直报怨”表面上看是很公道的，却不能消除怨。他针对“以德报怨”提出“何以报德”的问题，但真正明德之人明白“冤家宜解不宜结”的道理，所以他不会考虑报与不报的问题，而是考虑如何消弭怨仇，和谐、和美、和平相处的问题。老子的“报怨以德”正是彻底消除怨恨的唯一办法。由此可知儒道两家处世态度的异同。

在我国学术思想界，历史上一直都有儒道互补之论。两家都直接服务于现实政治和社会伦理，处理事情，儒道互参往往相得益彰，比较圆满，无论对个人修身济世，还是对构建和谐社会，对人类的和平发展都有积极意义。

“图难于其易，为大于其细”，“图”考虑、计划、规划、谋划。《说文解字》：“图，画计难也。”《尔雅·释诂》：“图，谋也。”“难”指的是力所不及的目标或难于办成功的事情。“为”，完成，成就。《广雅·释诂》：“为，成也。”“大”指的是伟大的工作和事业。“细”是小。这句话是说，从事艰难的事业或面对困难时，着手解决的办法，首先应从它的容易处做起；成就伟大的事业或做大事时，首先应从它的细微处着手。这样做符合自然规律。化难为易，可以使事情变得容易些，这是明道之人必须掌握的做事规律。这一规律是不可逆转的，可谓必然规律、恒道。

“天下难事，必作于易，天下大事，必作于细”，“作”，兴起，发生。《说文解字》：“作，起也。”《韩非子·喻老篇》：“有形之类，大必起于小，行久之物，族必起于少。故曰：天下难事，必作于易，天下大事，必作于细。”这两句话是说，普天下的难事，必须得从最容易处做起；普天下的大事，必须从细微处开始。也就是说，为了防止未来出现各种大的变数，如天灾、人祸，要注意随时解决当下的各种小的隐患；对于已经出现的各种事故变乱，如局部战争、恐怖活动、黑势力、瘟疫等社会问题，也要从局部入手逐步解决。

关于难与易的相互关系，涉及世界观与方法论、认识论与实践论的辩证关系，是哲学上经常谈论到的命题，在人类思想史上占据着很重要的地位。

我国最早关于难与易的认识出自《尚书·说命中》："非知之艰，行之惟艰。"《孔传》注疏："言知之易，行之难。"宋朝程颐认为知难行亦难，"故人力行，先须要知，非特行难，知亦难也"。他不仅认为知难行难，而且还提出知先行后的观点，"君子之学，必先明诸心，知所养，然后力行以求至，所谓自明而诚也"。明朝王阳明提出知行合一的观点，"某尝说知是行的主意，行是知的功夫，知是行之始，行是知之成。若会得时，只说一个知，已自有行在。只说一个行，已自有知在"。清初王夫之则提出行先知后的观点，"行可兼知，而知不可兼行""君子之学，未尝离行以为知也"。孙中山先生提出知难行易的观点，"行之非艰，而知之惟艰"。

在我国哲学思想家们看来，难与易的关系，实为知与行的矛盾统一体关系。这种关系之间，论知不能离开行，论行不能离开知；论难不能离开易，论易不能离开难，而是把两者结合起来加以阐述和实践。无论是难与易，还是知与行，不分先后，重在实践，认识，再实践，再认识。重实践也就是重行，是中国传统文化中知行观的共同（活的）灵魂，重行有着悠久的历史文化学术传承。

在西方哲学思想学术中，从柏拉图开始，知与行就是分离的。知是属于理念世界，行是属于现象世界，二者更多的不是讲综合和统一结合的关系，而是讲矛盾的对立斗争和冲突。从留基伯到斯宾诺莎、康德、黑格尔等都是如此，仍然沿袭古希腊柏拉图的二分世界。比如，康德以"知"为主题写了《纯粹理性批判》，以"行"为专门主题，又写了《实践理性批判》。

纵观人类学术思想发展史，西方哲学对问题的研究，重的是矛盾对立的斗争关系，而中国哲学对问题的研究更着重的是矛盾的结合统一体的和谐关系。无论这种关系谁先谁后，是对立斗争冲突关系，还是结合统一和谐关系，都有失偏颇。2500多年前的大哲老子提出"天下万物生于有，有生于无"的本体论，在这个本体论的基础上他又做出"图难于其易，为大于其细；天下难事，必作于易，天下大事，必作于细……多易必多难"的论断。用现代人的思维来说，从世界观与方法论、认识论与实践论的角度，对难与易、大与小、知与行的关系作出了最深刻的阐释，成为千古警世恒言，至理名言。

"是以圣人终不为大，故能成其大"，"终"，自始至终。这两句话是说，因为明道之人自始至终，谦卑处下，虚怀若谷，不妄自尊大，自以为是，常表现为宠辱不惊，恬淡高雅，心态平衡。这样才得以成就了他想要做成的大事业，或者说丰功伟业。

"夫轻诺必寡信，多易必多难"，"诺"，应许、许诺、说大话、吹牛皮。"寡"是少。"信"是兑现。"寡信"是说真实可信的成分很少，很难兑现。"多"表示数量大。"多易"指经常把事情看得很简单而心生轻视。这两句话说的是，轻易作出承诺的人，一定缺少诚信，往往因无法兑现承诺而失信于人；把事情看得很容易的人，好走捷径，这种人一定会遭到重重困难，做起事来往往力不从心，最终难以达成目标。

“是以圣人终不为大，故能成其大。夫轻诺必寡信，多易必多难”，这两句体现了老子“无为而无不为”的思想和精神。“无为”是为了“无不为”，只有“无为”才能“无不为”。亦即是说老子主张自然无为，认为宇宙万物有自己运行的规律，人类在与宇宙万物相处时，其一切行为都应当效法自然。“道法自然”，即法自然之道，就是要符合各种事物的“本然”之理，并顺应之。人类只有法自然之道，终不为大，才能成其大。

当代学人钱凤仪先生在《道德经哲学原理》一书中说：“万物的原子来自宇宙，非人力所为。时间、空间更非人力所能改变。老子始终强调无为，是因为人本身不能从根本上有所作为。如果人想相对地有所作为，只能在遵循客观规律的基础上相对地而非绝对地，而且是有限地改变物质的组合形态。味道靠的是无味来感知。大的天体由许多微小原子组成，浩瀚的宇宙是由微小的局部空间组成。认识微观世界是件非常困难的事，而宏观世界是由微观世界构成的。只有将看似容易的事当作实质是困难的事来应对，才有可能解决困难。”

“是以圣人犹难之，故终无难矣”，“犹”，还。“难之”即追问其事之究竟。这两句话是说，因为明道之君处事总是能认真地谋划，周全地考虑，谨慎而庄严地面对各种可能发生的困难和问题，未雨绸缪，常以易当难，知易守难，所以在社会实践中，始终没有解决不了的问题，始终没有战胜不了的困难。

人类进入21世纪，面对各种危机和挑战的存在，不能不赞叹老子“道法自然”的智慧。我们在探求和思考人类生存和自由的同时，必须要把自然法则上升为人类的行为规范和道德行为价值，反对一切形式的人类中心主义，或者说人类霸凌主义。人类必须与自然万物和谐相处，从而创建一个健康美丽的生态环境，熔铸成一个精神层面的美好世界。

在这一章，老子提出了一个解决矛盾冲突的基本准则，或者说态度，那就是“报怨以德”，体现出老子至善博广的高尚情怀。不论是待人处世，还是修身济世，都秉持“无为、无事、无味”的理性态度与道相应，就会感到大道至简，道不远人。循道而行，自然顺天应人，会让我们崇善若阳，念念良知，事事如意，知行合一，万事达成。

处理问题和矛盾，既要看到它好的容易的一面，也要看到它不好的困难的一面。做事情要由易到难，由小到大，复杂的事情要从细微之处、容易之处入手；干大事首先要从小事做起，把小事做好。这一充满辩证关系的思维方法，至今人们仍在自觉或不自觉地运用着。

需要说明的几点：

“为无为”一语，可参阅第三章“为无为，则无不治”。

“事无事”一语，可参阅第五十七章“以无事取天下”。

“味无味”一语，可参阅第三十五章“道之出口，淡乎其无味”。

“圣人终不为大，故能成其大”一语，可参阅第三十四章“常无欲，可名于小，万物归焉而不为主，可名为大。以其终不自为大，故能成其大”。

“夫轻诺必寡信”一语，可参阅第八十一章“信言不美，美言不信”。

第六十四章

其安易持，	当局面安定时，容易维持，
其未兆易谋；	当事物变化未见端倪时，容易图谋；
其脆易泮，	当事物脆嫩时，容易化解破碎，
其微易散。	当事物微弱时，容易消除。
为之于未有，	要在事态还未发生前就采取防范措施，
治之于未乱。	要在社会未混乱前就开始整治。
合抱之木，	合抱粗的大树，
生于毫末；	是从细小的萌芽生长起来的；
九层之台，	九层高的楼台，
起于累土；	是用一筐筐的泥土筑起来的；
千里之行，	千里的行程，
始于足下。	是从脚下的第一步开始的。
为者败之，	强作妄为，反而容易失败，
执者失之。	执着把持，反而容易丢失。
是以圣人	因此，“圣人”
无为，故无败；	自然无为，所以不会失败，

无执，故无失。	不把持，所以不会丢失。
民之从事，	老百姓所做的事，
常于几成而败之。	总是在接近成功的时候失败了。
慎终如始，	自开始就遵道而行，一直到最终结束，
则无败事。	那就没有失败的事情。
是以圣人欲不欲，	因此“圣人”的欲望是众人所不欲，就是无欲，
不贵难得之货；	不看中稀有的物品；
学不学，	“圣人”的学问是众人所不学的、学不到的天道，
复众人之所过，	弥补众人经常所犯的过错，
以辅万物之自然，	以辅助万物自然演化发展，
而不敢为。	而不敢强作妄为。(不敢为了满足私欲而胡作妄为)

心　读

这一章的核心思想是讲“无为”,但不是实践上的“无为”,而是精神层面上的“无为”。是说在“有为”时更要想到“无为”,“为之于未有”,为于未作,未雨绸缪,于无声处知惊雷,想到人所未想处。

通过观察和对实践经验的深刻分析,老子指出:“其安易持,其未兆易谋;其脆易泮,其微易散。为之于未有,治之于未乱。""其"不是指具体事物,而是抽象地泛指一切。"持",保持、维持、掌握。"安",安稳的时候。"兆",苗头、征兆、端倪。"未兆",尚未出现的苗头,指变化尚未显现。"谋"是谋划,谋求解决,"脆",脆弱。脆弱的物体容易折断破碎。"泮",散、解、分解。"为"是做。这几句话,深刻地阐明了透过现象看本质的哲学道理,表达得很精炼,很巧妙。在局面安定稳固的时候,容易掌握维持;当它变化发展的迹象还不明显时,即未见端倪的时候,容易谋划解决;当它还在脆嫩(弱)的时候,容易化解破碎。在它还微弱细小的时候,容易分化消除。正是因为脆弱微小的时候容易解决,所以要防微杜渐,在麻烦还未来临前就采取措施,把问题消灭在萌芽状态。要在社会还未混乱前就开始整顿治理,消除致乱的因素。

以上老子讲了持,讲了谋,讲了为,讲了治,这些都是有为,不是无为,都是有,不是无。但老子这里讲的为,是说在有为时更要想到无为的道理,用"无为"去筹划它,用"有为"去实现它。有为是以无为为前提和基础的,"无为"是说为于无处。在做事情的时候还要注意到事情的无意义处,在言论说教的同时还要想到不言之教的益处。想到人所未想之处,为于无处,为于先时,为于未发,为于未作,就是要从根本上做起,要治本,透过事物的现象,抓住事物的本质。简而言之,无为是现象,为无是本质,二者是相互作用,互为因果的关系。

老子的提示对人类具有深刻的启迪意义。他告诉人们:所有强大的不可战胜的事物都有它的萌芽时期。萌芽时期的事物正处于柔弱阶段,如果人们善于把握事物发展的规律,就能够防患于未然。

凡事都要有一个全息思维的理念,只要预先谋划,有所准备,慎重对待,就可以战胜困难,赢得成功。

“为之于未有,治之于未乱”是对做事情能瞻前不能顾后的人们的一种告诫。

当代学人钱凤仪先生在他的《道德经哲学原理》一书中评述:“在事物发生的萌芽之前,就把握它的发展方向,自然就掌握了主动权。掌握了主动权,才能把握整个事物的全部发展过程。也是无为而无不为。”

老子为了进一步说明为于无处、为于先时的道理,运用了三个排比句:“合抱之木,生于毫末;九层之台,起于累土;千里之行,始于足下。”“合抱”,用双臂抱,指粗大。“毫”,细小,指初生婴儿身上的汗毛,若有若无叫做毫毛。“毫末”指毫毛尖端特别细小的部分(细小的萌芽),“累”,堆积。“累土”,一筐土。“台”,古代建筑物。考古发现,国家最高规格的祭坛和宫殿都有九层台阶,可供人们游玩眺望。“九层”,在中国古代文化中指高楼。九层并不代表“九”,代表的是数的极点。从一开始,最后的数字是九;到十又是另外一位数的一,所以数的最高是九。这几句话意为:合抱粗的大树,是细小的萌芽生长成的;

九层高的楼台，是用一筐筐的泥土堆积而成的；千里的征程，是从脚下的第一步开始走出来的。

荀子《劝学篇》中说：“积土成山，风雨兴焉；积水成渊，蛟龙生焉”“不积跬步，无以至千里；不积小流，无以成江海”。这种观点和老子的思想是相通的，一致的。

“为者败之，执者失之。是以圣人无为，故无败；无执，故无失”，“为”是有意而为。“无为”是顺其自然不强为。“为之者”是说那些恣意妄为的人们。他们不懂量变引起质变的道理，等到出了大问题，仓促处理，扮演救火的角色。“败”，坏，毁。“执”，固执地去做。“执之者”是指做事执着把持的人们。这几句话意为，强作妄为，反而容易导致失败；执着把持，反而容易丢失。因此“圣人”自然无为，遵循规律，办事不妄为，所以不会失败。不勉强把持不放，所以也不会失去。

一个人不管做什么事，迈出第一步最重要。智者虽有千虑，如果不立即行动，也将一事无成；愚者虽少智慧，只要在实践中磨练自己，也将心想事成。但成功不是偶然的，有时要分秒必争，有时是不可争。《孟子·公孙丑上》说“虽有智慧不如乘势，虽有镃基不如待时”，可见时空两个因素是不可忽略的。

如果忽略时间和空间两个因素，非要把事情做到某种程度，一味地追逐成功，在追逐的过程中偏离了方向，误入歧途，结果只能是失败。这是由于有为而失败，不是“为无为”，所以是“执者失之”。

时空不断在变，天地万物都在随时随地变化，变是宇宙的永恒法则，变就是道。如果执着地将把持不变当作法则，就是教条主义，注定要失败。

上古圣人懂得这个原则，懂得无为之理，不积极追求有所为，不固执成见，所以永远不会失败，“是以圣人无为，故无败，无执，故无失”。

“民之从事，常于几成而败之。慎终如始，则无败事”，这个“民”是指老百姓，代表一般人。“从事”，做事。“几成”，接近成功。“慎”是谨慎小心，“终”是事情的最后阶段。“始”是开始阶段。“慎始”，好的开端是成功的一半，打好基础，以后发展就容易。“慎终”，结束也要谨慎，不可懈怠。

这几句话老子说得太深刻了。一般人做事情，不能善始善终，常常在接近成功的时候失败了。功败垂成是经常发生的。有诗云：“行百里者半九十。”要走一百里路，走到九十里只能算一半，不能算百分之九十。

出现这种情况的原因是什么呢？原因在于事情将要成功之时，也是最危险之时。因为接近成功会使人大脑发昏，不知天高地厚，失去韧性、耐性，开始懈怠，不够谨慎。

一个人发挥智能和技能的最佳状态是在内心平静之时，只有内心宁静，灵感才能显现。总之在最后关头，要懂得保合太和。如果能保持做事情的初始时状态，谨慎从事，就不会出现功败垂成的状况，亦即“慎终如始，则无败事”。

现实中，不少原本洁身自好的政府官员，经不起金钱、稀有物品的诱惑，从政几十年，在即将退休前开始贪污腐败，晚节不保，甚至连命都不保。“一失足成千古恨，再回首已百年身”。慎始不慎终，到头来一场空。为官执政者对此不可不慎，不可不戒。

“是以圣人欲不欲，不贵难得之货；学不学，复众人之所过，以辅万物之自然，而不敢为”，“是以”，因此、以此。“不欲”，即无欲。“欲不欲”，欲而不欲。“货”就是物质的东西。“不学”，不必学。“学不学”，学而不学。“复”，返、回，补救、弥补。“过”是过分。“辅”，辅助、协助。

圣人的欲望就是无欲，欲以无欲之教，使百姓不要看重物质世界稀有的物品，不被这些稀奇物品所迷惑，成为欲望的俘虏，成为一个“东西”，也就是“物”，与动物无异。因为人不应该是一个“东西”，而应该是富有情感、理性与德性的完整存在。圣人的学问是众人学不到的天道，所以说圣人的学问就是不学。“学问深时意气平”，学问智慧到了一定程度，心气就平了。俗话说“满罐子不响，半罐子叮当响”就是这个意思。真有学问的人，大智若愚，知行合一，不把学问看得很重。“学不学”，所谓的学，是“复众人之所过”，弥补众人常常所犯的过错。顺应自然，无为而无不为，不恣意妄为。但不是完全不为、不欲、不学，这只是指精神层面上的不为、不欲、不学，在实践的运用上，就要有为、有欲、有学。只不过这种为、欲、学是用以辅助万物之自然演化发展。万物的发展变化是“自得天机自成长”的，自然地阴阳交泰成长，自然地保合太和，生生不息。

在这一章老子重点阐述“无为”在事物发展变化中的作用，说明任何事物都是从量变到质变（否定之否定）发展而来的。老子告诫人们做事情的三个原则和方法：第一，无论什么事情，一定要全盘考虑，防患于未然，要善于发现和克服各种隐患，把风险消灭在萌芽状态；第二，无论做什么事情，必须具有坚强的毅力和恒心，要具备坚持不懈、锲而不舍的精神，反之稍有松懈，就会造成前功尽弃、功亏一篑的后果；第三，一定要从小事做起，从容易处入手，由浅入深，循序渐进，一点一滴地积累，一步一个脚印，不急于求成，真正做到善始善终，这样方可成就大业，方能“无败事”。惟其如此，才是辅助万物自然发展变化，也就是老子所说的“配天”，与宇宙万物合为一体，即天、地、人三才之道合一。

需要说明的几点：

许多人认为，本章的内容比较零散，不成系统，是其他章的内容混入本章的。实际上本章从开头到“始于足下”是承接上一章“天下难事，必作于易，天下大事，必作于细”而讲的，肯定了为事“慎始”的重要性。“为者败之，执者失之”到“慎终如始，则无败事”，强调了为事“慎终”的重要性。只有慎始慎终，才可把事情顺利完成。然而重视始终就是有为，与老子提倡的无为向背，于是从“是以圣人欲不欲”到最后“而不敢为”，讲了为和不为的辩证关系。本章围绕着具体做事开展论述，层次分明，逻辑严谨，上下连贯，浑然一体。

“为者败之，执者失之”亦见第二十九章“将欲取天下而为之，吾见其不得已。天下神器，不可为也，为者败之，执者失之”。此句在本章是用来解释“慎终如始，则无败事”的道理，而第二十九章是用来解读得天下而治理。侧重点不同，所以不应该因为第二十九章有此句，就认为可以从本章删掉。

关于“万物之自然”的概念，在本书中总共出现五次。可参阅第十七章“百姓皆谓我自然”，第二十三章“希言自然”，第二十五章“人法地，地法天，天法道，道法自然”，第五十一章“道之尊，德之贵，夫莫之命而常自然”。

第六十五章

古之善为道者，	古时候善于以道治国理政的人，
非以明民，	不是教化民众聪明巧智，
将以愚之。	而是以道来教化民众质朴纯厚。
民之难治，	民众之所以难以治理，
以其智多。	是因为他们的智巧太多。
故以智治国，	所以，用智巧来治国理政，
国之贼；	是国家的祸患；
不以智治国，	不用智巧来治国理政，
国之福。	是国家的幸运。
知此两者亦稽式。	懂得两者的差别，也就是掌握了治国理政的法则。
常知稽式，	经常用这个法则提醒自己，
是谓玄德。	这就叫做玄妙之德。
玄德深矣，远矣，	玄妙之德是多么的深远而奇妙啊，
与物反矣，	与万物一起回归到自然朴质的本源，
然后乃至大顺。	然后才能实现国泰民安的大治局面。

心 读

这一章表述了老子的社会政治哲学思想，其旨重在治国。

老子认为人应该取法于天地自然。自然界的春花秋月、夏雨冬雪、鸟飞鱼跃、小桥流水，这一切的一切都是道法自然的结果，不是刻意追求有意而为使然。人类何不像大自然那样，以“无为”的态度对待一切呢？能达到自己的目的，这就叫做“知行合一”，“无为而无不为”。

老子的为政理念就是无为，无为必然是不用智，反对以智治国理政，主张以道治国。然而，本章常常被人们理解为是老子的“愚民主义之说”。当代学人陈鼓应先生在《老子注译及评介》一书中说：“本章的立意，被后人普遍误解，以为老子主张愚民政策。其实老子说的‘愚’，乃是真朴的意思。他不仅希望人民真朴，他更要求统治者首先应以真朴自砺。所以第二十章有‘我愚人之心也哉’的话，这说明真朴（‘愚’）是理想的高度人格修养之境界，但这主张和提法容易产生不良的误导。”

当今世界随着科学技术的进步，人类的认知能力和心智能力取得了重大突破。从量子、质子和夸克领域的微观世界，到红移世界和黑洞存在的宏观世界，人类的传统世界图景已发生了重大变化。人与自然环境，人与机器的互相作用，使得传统思维的认知理论受到了极大挑战，信息化的普遍应用取代了需要独立反省的思想观念和系统理论。能否从人工智能与人类智能，大数据与人类尊严，机器存在与生命伦理等问题入手，探讨人类未来的各种可能性，为当代人类社会的发展提供全息整体性的思维意识，提供有益的思想帮助和理论指导，从而构建一个公正、合理的世界新秩序，则显得尤为重要。

世人只知道追求未知的外在领域的知识而忽略了已有的内在本性。人的心智能量如果没有道德作为基础，可能成为人类社会和谐发展与进步的大祸患，由文明冲和导致文明冲突。

从哲学范畴上，老子2500多年前就明确指出“古之善为道者，非以明民，将以愚之”。“为道”，以道为本治国理政。“非以明民”，河上公注：“不以道教民，明智巧诈也。”“将以愚之”，河上公注：“将以道德教民，使质朴不诈伪。”王弼注：“‘明’，谓多智巧诈，蔽其朴也。‘愚’，谓无知守真，顺自然也。”“明民”，让百姓聪明巧智。“愚之”，使百姓质朴淳厚。这句话的意思是说，古时候善于用道治国理政的人，不是教化民众聪明巧智，变得巧诈；而是以道来教化民众质朴纯厚。一旦民心淳朴了，道德厚重高尚了，民众就不会胡作非为了，这样社会自然发展变化，各正性命，保合太和，有序发展。

一般人认为，能够在自己所生存的自然和社会环境中谋取个人私利，实现其个人价值，那么这种人就是聪明之人，否则就是愚蠢之人。善于逆向思维的老子则认为，如果一个人只从自己的利益出发，谋取个人私利，实现个人价值，这无形中就把自己与整个世界对立起来了,必将会引起自己与整个世界的对抗与冲突。这种不自量力的做法是愚不可及的。那么,怎样才算是聪明的人呢?善于为道的人,意识到大自然生生不息的运动变化,生生关系为本的自然宇宙观。宇宙中的万物各随其性,各得其所,有利于宇宙万物大生命体系生生不已的行为,共同构成一个完美和谐的生命境域,是一个高度和谐、完美神圣的生命整体,即命运共同体。把自己看成是宇宙万物中的一分子,和宇宙万物融为一体,天地与我并生,万物与我为一。一者,无限之"道"也。积极投入到自然和人类社会的伟大事业中,贡献自己的力量,这样才是富有而幸福的人生,其乐无穷,精神不朽。

生态伦理学的重要奠基人奥尔多·利奥波德明言:"当一个事物有助于保护生物共同体的和谐、稳定和美丽的时候,它就是正确的。当它走向反面时,就是错误的。"

"民之难治,以其智多","智",智谋。"智多",景龙本、敦煌辛本均作"多智",意义相同。王弼注:"'多智'巧诈,故难治也。"这两句话是说,民众之所以难以治理,是因为他们的智巧太多。这种人就是老算计别人,追逐个人利益最大化,易于导致人们相互冲突,相互斗争,不利于社会和谐健康有序发展。

"故以智治国,国之贼;不以智治国,国之福","贼",伤害。这句话的意思是说不以德为本,不以道治国,而用智谋来治国理政,是国家的祸害或灾难,必然导致天下大乱。不用智谋来治国理政，以德为本，以道治国，无为而无不为，是国家的祯祥，社会的福祉。

“知此两者亦稽式，常知稽式，是谓玄德”，“稽式”，法则，法式，模式。“式”，法。此句意为，知道这两种不同的治国模式，就明白懂得了如何治国的法则。实践中常常运用法则提醒自己，这就是玄妙之德。这是一种智慧的体认，而不是道德良知。是哲学范畴上讲的认识论和实践论，而不是伦理学范畴讲的价值概念。掌握了此稽式，就把握了大道运行的法则，这就叫玄德、大德。大德无谋，大德无智。大德是规律、法则，是能动性的绝对。

“玄德深矣，远矣，与物反矣”，“玄德”，又深又远，非感官所能直接感受，看不见也摸不着。“反”，同“返”，返回，还。“物”，郑玄注：“物，万物也。”《中庸》：“诚者物之始终。”“与物反矣”，返回到自然质朴的本质。这几句话的意思是说，这个“德”是又深又远的无限之“道”。道是宇宙万物的本源，是规律，是能动性的绝对。整个宇宙万物的存在，就是道德的存在。“与物反矣”中的“反”，就是讲宇宙万物回归到存在的自然质朴本源之中，就是道。道之规律与具象的物不同，规律是无形无象的，必须透过自然物的运动才能显现出来。

“然后乃至大顺”，与“道”的原则不违背，知行合一，天人合一，道法自然，顺应自然，这样才能实现国泰民安的大治局面。

这一章老子重点批判了用智术治国理政的思想和方法，说明用稽式治国的重要性，亦即道比仁更重要，更高明。

当代学人钱凤仪先生在他的《道德经哲学原理》一书中有这样的评述："老子怎么可能让百姓变得愚蠢以便于治理呢！智由心生，'道'是由心智与宇宙形成发展变化的规律相结合而产生。因此治国之人用智治国，必然会犯主观主义、想当然的错误。这样就使得以智治国变成'国之贼'。反之不以智治国，代之以道治国，就会很少犯主观主义、想当然的错误。这样就使得不以智治国变成'国之福'。对百姓而言，不以智修身，而是顺乎自然或以道修身，就能在天道上与自然和谐共处，在人世与社会和谐共处。相反，百姓以智修身，同样会犯主观主义、想当然的错误，从而在天道上不能与自然和谐共处，在社会上专门喜好行奸使诈。"

人类心智的发展与自然规律的发展是两条永不相交的平行线，人们心智能力的发展与道德的滋长是永远不能平衡的。人类智慧无以替代宇宙之天道。天道幽远，在宇宙空间上无中心可言，地球中心论、太阳中心说都是谬论。人类只有遵循天道，不背离天道精神，秉承天道自然淳朴的本性，去掉狡诈、伪变的思想，去伪存真，返璞归真，道法自然，(最大的心智就是不用心智，道法自然就是最大的心智)才能实现一个人一生的价值和意义。

需要说明的几点：

“非以明民，将以愚之”一语可参阅第十九章才能深刻解读。参阅第二十章“我愚人之心也哉，沌沌兮。俗人昭昭，我独昏昏。俗人察察，我独闷闷”来理解“愚”，那就是不只使民愚，还包括统治者在内。

“以智治国，国之贼”一语可参阅第十八章“大道废，有仁义。智慧出，有大伪”来理解。

“与物反矣”一语，可配合第四十章“反者道之动，弱者道之用”来理解。

第六十六章

江海之所以	大江大海之所以，
能为百谷王者，	能成为百川河流汇集的地方，
以其善下之，	是由于它善于处在河流的下游，
故能为百谷王。	所以才能够成为百谷之王。
是以	因此
圣人欲上民，	圣人要成为民众的首领，
必以言下之；	必须在言语上对民众表示谦下尊重；
欲先民，	要想成为民众的表率，
必以身后之。	必须把自己的利益放在民众之后。
是以圣人	因此圣人
处上而民不重，	处在民众之上，而民众不感到有压力。
处前而民不害。	处于民众之前，而民众不认为有妨害。
是以天下乐推而不厌。	因此，天下的民众乐意拥戴他而不嫌弃他。
以其不争，	是因为他有谦下居后的不争之德，
故天下莫能与之争。	所以天下没有人能够与他相争。

心读

这一章的字面文义比较好理解，开篇就以江海为百谷王者作比喻，这和第三十二章“譬道之在天下，犹川谷之于江海”的意思相同，都在讲“善下之，言下之，身后之”的益处，亦即知行合一、自然无为的好处。重在治国。

“江海之所以，能成为百谷王者，以其善下之，故能为百谷王”，“谷”，溪，小河流。“百谷”，即百川，地球上的一切河流。《说文解字》：“泉出通川为谷。”“百谷王”，百川的首领，河流的汇集之地，即大海。百川自然而然皆归于海。《说文解字》：“王，天下所归往也。”这里的“王”有归往的意思。《穀梁传》的解释说“其曰王者，民之所归也”。《文子·自然》：“江海近于道。”

从全息理论的角度来讲，在中华文化里边，作为最高统治者的王，被称为天德、地德、人德三才合德的人，亦即天人合一的人。

这几句话的意思是说，江海之所以能成为百川河流的归往汇集之地，是由于它善于处在下游，所以百川河流自然而然皆归于它，从而成就了江海的浩瀚，成为百川之王。

“江海”喻圣人。《墨子·亲士》：“是故江河不恶小谷之满已也，故能大。圣人者，事无辞也，物无违也，故能为天下器。是故江河之水，非一源之水也。”《文子·自然》：“古之善为君者法江海，江海无为以成其大，窳下以成其广，故能长久。为天下溪谷，其德乃足，无为故能取百川，不求故能得，不行故能至。”

在这里老子从“江海成为百谷王”的物理自然现象中引申出圣人犹如江海的观点。“是以圣人欲上民，必以言下之；欲先民，必以身后之”一语，“上民”，处民之上，即统治人民。“言”指的是愿望或意志的表达。“言下之”，在语言上对人民表示谦虚。“先民”，处在民之前，即领导人民。“身”指行为。这几句话意为，圣人要统治民众，必须在言语上对民众表示谦下尊重，不要先声夺人，更不要盛气凌人；必须高瞻远瞩，具有前瞻性；必须代表人民的愿望和意志说话，以百姓心为心；要想做民众的领导人，必须把自己的利益放在民众之后，先民后己，不与民争利，以身作则，这才是高明的领导人应该具备的品质和素养。

“是以圣人处上而民不重，处前而民不害”，“重”，负累、负担、压迫。“害”，妨害，受害。这几句话意思是说，圣人是悟道的统治者，圣人如江海，江海近于道，道法自然，这种统治就是“无为而治”。所以老子说，圣人虽然位居民众之上，但他深知自己身上肩负责任之重大，一切以人民的意愿和利益为中心，以百姓心为心，人民才不会感到有负担、有压迫感。虽然处于民众之前，人民不觉得有妨害、妨碍，还是照样过自己的日常生活，做自己该做的事。悠然自得，其乐无穷。

“是以天下乐推而不厌，以其不争，故天下莫能与之争”，“厌”，不喜欢，嫌恶，厌恶。“推”，意为拥护、推举、选举。“不争”,指不与民争夺。“莫能与之争”指莫能与之争位。这几句话是说,正是因为他代表民众的利益和意愿,以人民为中心,所以天下人都乐意推举拥戴他作首领,不厌弃他;也正是因为他有谦下居后的不争之德的崇高美德,所以天下没有人能够与他争锋。

这一章,老子主张的是民本主义思想。圣人与老百姓心连心,是鱼水关系。圣人犹如江海,无为不争,谦下居后,包容万物,大度从容,终将成就天下归心的格局。

在当今世界,以生命科学、认知科学、数据化计算机科学、量子—纳米技术的汇聚为核心的科学技术新形态不仅正在改变我们的日常工作和生活,而且也将越来越深刻地进入人类的知识体系、经济秩序、社会秩序、政治秩序、道德认知中,更加深刻地浸润到我们对自我、他人与世界关系的理解中,直到对人类本性、人类命运和宇宙未来的理解中。当今人类科技所达到的发达程度,完全能够使地球上的人们,过上高质量的生活。但现实世界中很多人生活质量并不高,还有很多人饿肚子。这是因为粮食短缺、环境污染、极端气候、恐怖主义、霸权主义、单边主义、贸易保护主义、难民危机、瘟疫蔓延、金融动荡、收入不公、战争纷争等问题都没有得到根本解决。这些问题,是没有国界的,是全球性的。

人类所面临的这一系列严峻的全球性问题,主要不是来自自然的变化或外部力量的侵害,而是来自人类自身通过自我改造和技术进步所导致的道德和社会规范的转变。实质上便是天人之间长期紧张对峙的结果，是传统发展观以物为中心追求单纯的经济增长所造成的严重恶果。诚如美国环境伦理学家巴里·康芝纳所说："新技术是一个经济上的胜利，但它也是一个生态学上的失败。"

人类智慧水平提高了，虽有高度发达的科学技术，但缺少原则性哲学意识，因此必须来一场思想上的革命。老子"譬道之在天下，犹川谷之于江海"所蕴含的"谦下不争，自然无为"的思想，必将为人类在心智和认知本质的真理探索中，创造出与世界各国共享以达到理解的新知识和新思想，从而使人类的价值观、世界观、实践能力有一个大的转变，从"独立个人至上"转向"以生生关系为本"的人类生存发展的哲学理念上来。

宇宙万物乃是一个井然有序和谐发展的有机整体，人作为宇宙万物中的一个成员，一个分子，是宇宙不可分割的一部分。人类共有一个地球，我们都是地球村里的村民，只是角色不同，各自的功能不同而已，须相互尊重，相互依存，合作共赢。面对世界性难题，世界各国必须联手合作，协同一致，共同治理，迎接人类未来的新挑战。人类须从整体出发，以高瞻远瞩、顾全大局的现代行为方式，努力创造更加理想的生态环境，致力于建设一个持久和平、开放包容、普遍安全、共同繁荣的美丽世界。

需要说明的几点：

圣人犹如江海，老子以水归江海比喻圣人谦下居后而为人所归。这种思想在第七章“是以圣人，后其身而身先，外其身而身存”，第三十九章“故贵以贱为本，高以下为基。是以侯王自称孤、寡、不穀”，第四十二章：“人之所恶，惟孤、寡、不穀，而王公以为称”中，均有体现。

“处上而民不重，处前而民不害”一语，可参阅第十七章“太上，下知有之”来理解。这样的执政者，实际上只具有象征意义，而真正管理社会的是百姓自己。

“以其不争，故天下莫能与之争”一语可参阅第八章“上善若水，水善利万物而不争，处众人之所恶，故几于道”，第二十二章“夫唯不争，故天下莫能与之争”来理解。

第六十七章

天下皆谓我道大，	天下人都说我讲的“道”玄远宏大，
似不肖。	不像任何具体的东西。
夫唯大，故似不肖。	正因为其博大，所以不像任何具体的东西。
若肖，	如果它像某一种东西的话，
久矣其细也夫！	早就已经变得很渺小了！
我有三宝，	我有三条宝贵的法则，
持而保之。	一直秉持并且运用着它。
一曰慈，	一种叫做慈爱，
二曰俭，	另一种便是俭啬，
三曰不敢为天下先。	第三种叫作不敢为天下先。
慈，故能勇，	因为慈爱所以能勇武，
俭，故能广，	因为俭朴所以能广博，
不敢为天下先，	由于不敢为天下人之先，
故能成器长，	所以能成为天下首领。
今舍慈且勇，	当今，有些人舍弃慈爱而只求勇敢，

舍俭且广，	舍弃了啬俭，而只为广博，
舍后且先，	舍弃了谦让而只求抢先，
死矣。	是必定走向死亡之路的。
夫慈，	慈爱之心，
以战则胜，	把慈爱之心用于征战就能获得胜利，
以守则固。	凭借它来守卫就能稳固。
天将救之，	如苍天将要救助谁，
以慈卫之。	就会用慈爱之心来保佑他。

心　读

这一章包含两方面内容，首先是对道的理性认知，其次是讲道在社会实践、政治和军事方面的具体运用。后者是本章的核心。

“天下皆谓我道大，似不肖。夫唯大，故似不肖，若肖，久矣其细也夫”，这里的“大”指道是能动性的绝对，无穷大，崇高而伟大。“肖”，像，相似，“不肖”是不像。“似不肖”，好像什么都不像，不像个有用的东西。这几句话意为：天下人都说我讲的道玄远宏大，天地都没有道大，不像任何具体的东西。为什么？因为形而上的道体超越了精神与物质两重世界，也就是理念世界和现象世界。而人都拿物质世界和自己的心理去推测“道”，所以就越来越不像了。“道”不像任何具体的东西，超越了精神和物质两重世界，是具有能动性的绝对，大而无外，至大无边。如果像某一种具体东西的话，早已经变得很渺小了，也就不是道了。

道是宇宙的本体，是构成宇宙的实体与动力，是宇宙万物运动的规律，人类道德的基础和行为的准则。道秉持宇宙的纲纪，柔弱谦下不争，从不表现自己，无为而无不为。老子把道的这些品质归纳为“三宝”。

“我有三宝，持而保之”，“持”是持守，“保”是保有。这句话是说，我有三条宝贵的法则，一直秉持并且运用着它。上至天子下至普通人都离不开这三大宝贵的法则。过去是，现在依然是，将来也永远是。

第一件宝是“慈”。“慈”是慈爱，与仁爱有较大差别。仁爱是作为人应该具备的好品质，而慈爱是天的属性，是人性的自然而然，是淳朴真情的流露，是人的良知本性。比如母爱之心，就是慈心。有了“慈爱之心”，就能够以“百姓心为心”，兼爱无私，像爱孩子一样去爱天地万物和他人，将天下人的幸福与快乐当做自己的追求和幸福，为人类迈向太平而勇于作为，这是第一件宝。

第二件宝是“俭”，“俭”就是老子讲的“啬”，节俭和爱惜的意思。第五十九章讲“治人事天，莫若啬”，与这里的“俭”有相同的含义。俭即啬，有而不尽用。从自身角度讲，要爱惜自己的精神和生命，涵养精气神，积蓄能量，不能耗费；从物质角度讲是节俭节约,惜物而不奢侈浪费。

康熙年间,文华殿大学士兼礼部尚书张英曾说:“人生福享,都有定数。”珍惜福的人,福常有余;暴殄的人,福常不足。对于饮食来说,做到“俭”可以养脾胃;对于嗜欲来说,“俭”可以集中精神;对于说话来说,“俭”可以涵养气息;对于交朋友来说,“俭”可以择友少过失;对于应酬来说,“俭”可以养身息劳;对于社会和谐来讲,“俭”可以防止人类社会的两极分化,消除社会分配中的不合理现象。对于构建人类命运共同体来讲,“俭”是人类社会永续发展的法宝。所以,老子以俭为宝,它的确是人类获得幸福的至宝。

第三件宝是“不敢为天下先”,就是“不为先”,绝不把自己的名利看得高于一切,也可以理解为绝不把个人的价值凌驾于人类共同命运的价值之上。不可把它曲解为退缩不前,不求进取,等待观望,保守落后。“不为先”还指不要自以为“天下第一”,我最优先,而去与人争先。这种思路有助于丰富人的思维空间。“不敢为天下先”也并不是说要做天下人之后。一件事情要做到恰到好处,绝不能恣意妄行,胡作非为,要知行合一,为而不争,循自然规律而动,顺自然之道而行。老子在第七十三章说“天之道,不争而善胜”。显而易见,“不敢为天下先”是“不争”思想的一种表达,是一种高超的政治艺术,其意义是积极进取的,是符合天道的,无为而无不为。

接下来老子进一步解释“三宝”的深刻含义。“慈,故能勇”,老子认为道生万物,道是万物的母亲,又指物有母亲的慈爱之心。西方有句谚语,上帝不能照顾每一个人,就给每一个人一个母亲。在《道德经》第三十六章中讲道“柔弱胜刚强”。莎士比亚也有类似的说法“女子虽弱,为母则强”。由于母亲对子女慈爱,方能柔弱,所以能勇猛。这种勇是一种神圣的使命感,一旦子女陷于危难之时,母亲会变得勇敢无比,无所畏惧,奋不顾身,挺身而出。

孔子也说“仁者必有勇”,可见一个有仁爱之心的人,一定会有勇气去做他该做的事。比如战争年代,大批的爱国人士,为了国家和民族的命运,献出自己宝贵的生命。天下兴亡,匹夫有责,仁者无敌,很能说明“仁者必有勇”的道理。

“俭,故能广”,由于节俭朴素,方能知足,所以能广大。民众节俭,就可使民风纯朴,经济持续健康发展,人民生活富裕,社会和谐稳定长久。第四十四章:“知足不辱,知止不殆,可以长久。”第四十六章:“祸莫大于不知足,咎莫大于欲得,故知足之足,常足矣。”《韩非子·解老》曰:“万物必有盛衰,万事必有驰张;国家必有文武,官治必有赏罚。是以智士俭用其财则家富,圣人爱宝其神则精盛。人君重战其卒则民众,民众则国广。是以举之曰‘俭,故能广’。”以上三段引言讲的都是俭能致广的道理。

“不敢为天下先,故能成器长”,“器”,物。“器长”万物之长,即首领。清朝有名的诗人龚定盦诗中的一句“但开风气不为先”，也就是老子“不敢为天下先”的意思。无论做什么事情都要存有“不敢为天下先”的思想。由于不想为天下先，方能处后，谦和退让，故能成为万物的尊长，成为君王。《道德经》第六十六章中讲得明白：“是以欲上民，必以言下之；欲先民，必以身后之，是以圣人处上而民不重，处前而民不害，是以天下乐推而不厌。以其不争，故天下莫能与之争。”

我们从老子的思想中可以推理得出一个结论，如果人类舍本逐末，就会走上绝路。所以老子进一步告诫人们：“今舍慈且勇，舍俭且广，舍后且先，死矣。”“舍”，舍弃。“且”，取。王弼注：“且，犹取也。”当今人类一味地追求勇猛而舍弃慈爱，逞强好胜去侵略别国；一味地追求广大而舍弃俭啬，过分追逐欲望，给他人和自己带来灾难；一味地追求超越、跨越式发展而舍弃处后，把个人的名利看得高于一切，把个人的价值放在人类共同命运的价值之上，这样下去，必将走上一条不归路，必将灭亡。第二十九章“将欲取天下而为之，吾见其不得已。天下神器，不可为也。为者败之，执者失之……是以圣人去甚，去奢，去泰”。

以上老子所说的三件法宝，并不是孤立存在的，是相辅相成的，是有机统一的，是不可分割的。“三宝”中慈爱是最主要的，是内因。它是信念坚定的基础，是自然的属性，是道的直接表现形式，是天下万物生生不息的核心。天下万物的生命都是靠它而生，即道生万物。

最后，老子得出“夫慈，以战则胜，以守则固，天将救之，以慈卫之”的结论。这几句话是说，把慈爱之心用于征战就能获得胜利，不会打败仗；借用来守卫疆土就能稳固。一个有慈爱之心的人，上天自然会保护他，一个有慈爱之心的民族，上天也一定会保佑它。如果深入研究军事哲学，精通兵法，就能懂得老子这一思想的崇高伟大。战争是不得已的，只有“慈爱”才能化解战争。

一个将领对部下有慈爱之心，视部下如子弟，视百姓如子女，则百姓亦视之如父母，故于战乱之时，全民万众一心，同仇敌忾，威力无边；将士舍身忘死，勇猛而战，克敌制胜。《孙子·地形篇》中讲：“视卒如婴儿，故可与之赴深溪；视卒如爱子，故可与之俱死。”

人是大自然慈爱的产物，老子在第五十一章说：“道生之，德畜之，物形之，势成之，是以万物莫不尊道而贵德。”人类生存离不开阳光、空气、水等生态要素，这是大自然的恩赐、恩惠，可惜我们人类对大自然的恩赐，熟视无睹，不珍惜大自然的慈爱。慈爱之心是自然的属性，是道德的力量，其威力无穷，生生不息。人类唯有慈爱才有力量，有互助，有和谐，有发展，有进步，有美好的未来。大自然以慈卫人，心怀慈爱，上天也会自然保佑他。所以只要我们把拥有一颗慈爱之心作为人生的宗旨，爱父母，爱他人，爱国家，爱大自然，就一定会拥有无比幸福和快乐的未来。

这一章重点讲“三宝”，核心是讲“慈”的思想。慈的思想与老子无为的思想是一脉相承的，它是无为思想的具体表现形式，也是人类友好相处，国与国之间和谐发展的原动力。只有“爱”才能化解战争，带来和平。在这些思想教诲下成长起来的中国人，从小接受的就是和平主义的教育，热爱和平已变成民族基因。

在世界百年未有之大变局之中，《道德经》有着无以替代的经典价值。奉慈爱之心，构建人类命运共同体，这就是人类之大道。

需要说明的几点：

老子讲的“三宝”是指精神层面的三宝。我国古代以农、工、商为人之三宝，以剑、珠、玉为物之三宝，佛、法、僧为佛教之三宝。“三宝”这个名词来自《道德经》。

“三宝”是从三个角度来阐述的，“慈”是就伦理角度而言，“俭”是就经济角度而言，“不敢为天下先”是就政治角度而言。

“夫慈，以战则胜，以守则固”一语，可对照《韩非子·解老》“慈于子者不敢绝衣食，慈于身者不敢离法度，慈于方圆者不敢舍规矩。故临兵而慈于士吏，则战胜敌；慈于器械，则城坚固”来理解阅读。

第六十八章

善为士者不武；	善于带兵打仗的将帅，不好逞其勇武；
善战者不怒；	善于作战的人，冷静而不激动发怒；
善胜敌者不与；	善于克敌制胜的人，不与敌人正面冲突；
善用人者为之下。	善于用人的人，用谦下的态度对待别人。
是谓不争之德，	这被称为不与人争的品德，
是谓用人之力，	就叫做善于运用别人的能力，
是谓配天，	就叫做与自然之道相符合，
古之极。	这是从古至今以来的最高行为准则。

心　读

这一章承接上章“夫慈，以战则胜，以守则固”的道理，继续讲用兵之道。道者善也。

“善为士者不武”，“士”指文士，也指武士，我国古代武的文的都叫士。“善为”指治理、管理。在这里，“为士”指统率。王弼注：“士，卒之率也。”指挥作战的将领。“武”指勇武。“不武”，不逞勇武。此句意为，善于做将领的人，顺其自然，虚静无为，不喜好逞其勇武，不以威武耀示于人，没有刚健勇猛、盛气凌人、咄咄逼人的粗暴行为，人们自然臣服于他。

“善战者不怒”，“善战者”指对战胜自己的对手很有把握，胸有成竹。“怒”，这里指杀敌。《孙子·作战篇》说“故杀敌者怒也”。“不怒”，指在复杂艰苦的战争环境下，头脑冷静，没有失去理智，能客观地分析研究敌我双方的优与劣，能够掌控全局，绝不轻举妄动，滥杀敌人。这句话意为善于作战的将领，明天理，法自然，头脑清醒，态度冷静，操纵战机，进退自如，绝不会轻易怒形于色，而是用智慧最终赢得胜利。《孙子兵法·火攻篇》说：“主不可以怒而兴师，将不可以愠而致战。”怒而出师，愠而致战，皆由己心私欲而动，必将招致失败。拿破仑说：“能控制好自己情绪的人，比能拿得下一座城池的将军更伟大。”

“善胜敌者不与”，“与”，对斗，相接。“不与”指不相斗，不交战。王弼注：“不与争也。”也指不要跟着敌人的指挥棒转，把主动权、主动性牢牢地掌握在自己手里，操纵战机以利而战，不与敌人正面冲突对抗。事实上，谁胜谁负，是天时、地利、人和的问题。《孙子兵法》中也讲，每逢战事之前，人和、天时、地利、将领、法规五种情形，一定要考察清楚之后，才会有智谋的产生和实践运用。这句话意为，善于战胜敌人的人，不与敌人正面冲突硬拼，而是牢牢地把握主动权。《孙子兵法》里也有类似的观点："不战而屈人之兵，善之善者也。"

"善用人者为之下"，"用人"，要合于道，同于德。用道德的方法去用人，不仅要用为我所用的人，更要用目前比自己地位低的人，比自己能力强的人，用能力强的人才能出成绩。"之"指所用之人。"为之下"，谦卑待人，柔弱处下，尊所用之人为上，甘居于所用之人之下。不狂妄自大，傲慢待人，能虚心听取属下的意见，接受他们的建议，集思广益。此句意为，善用人的将领不以己为能，甘居人之下，而以人民为上，国事为重，谦虚待人，柔弱处下。

为将者"不怒、不武、不与、为之下"皆合于道的"慈""俭""不敢为天下先"的自然本性，是不争的品德，是大德，与老子一贯主张的捍卫和平，反对战争的思想一致。以谦虚不争的态度对待部下，礼贤下士，无心而与道合与德同。天道不争而万物自化，圣人不争而民自归，上善也。这样就能自然而然地调动起全体将士的积极性、能动性、主动性、创造性，就能战无不胜。正如第七十三章所讲"天之道，不争而善胜"，第三十章所讲"以道佐人主者，不以兵强天下"。即使动武也如第三十一章所讲"兵者不祥之器，非君子之器，不得已而用之，恬淡为上"。

"是谓不争之德，是谓用人之力，是谓配天，古之极"，"是"相当于"这"。"谓"是称做，叫做。"不争"，王弼注："不与争也。""不争之德"是捍卫和平，反对战争的意思。"力"不是指力气，力量，而是指能力。“用人”是善于对待人的意思。“用人之力”是指把人民团结起来所发挥的作用能量。“天”是天道。“配”，合。“配天”，具有不争之德，始终与道相配合，亦即符合于客观自然的运行规律。“极”，极点，指最高的准则。这几句话是说，这叫做不争之品德。善于运用别人的能力为我所用，有容乃大，一呼百应，这叫做最高的天道。

本章表述的“不争”思想，在当今社会仍有一定的借鉴意义。无论对于兵家，还是普通民众，都值得学习和参考。

需要说明的几点：

“不争”一词出现在许多章节中，如第三章“不尚贤，使民不争”，第八章“水善利万物而不争”“夫唯不争，故无尤”，第二十二章“夫唯不争，故天下莫能与之争”，第六十六章“以其不争，故天下莫能与之争”，第八十一章最后一句“圣人之道，为而不争”。“不争”的思想，贯穿于《道德经》的始终。

对本章的理解可对阅当代学人钱凤仪《道德经哲学原理》第七十八章的评述：“善为士者不武，在《孙子兵法》中演绎成‘上将伐谋，其次伐交，攻城为不得以’；善战者不怒，在《孙子兵法》中演绎成‘将不胜其愤而蚁附之，杀士三分之一而城不拔者，此攻之灾也’；善胜敌者不与，而敌自服也，在《孙子兵法》中演绎成‘不战而屈人之兵’。”

“而诸葛亮的‘积众思，集广益’举贤任能的策略，很好地总结了‘是谓不争之德，是谓用人之力，是谓配天，古之极’。”

历史上有许多人说老子是个阴谋家。本章讲到“不争之德”“用人之力”“配天”，将这几句连起来阅读，才能深刻领悟老子丰富的思想内涵。否则“用人之力”就变成了攫取利益的手段，就是耍阴谋，不讲道德，而老子就成了阴谋家的鼻祖。

第六十九章

用兵有言：	善于用兵的人这样说道：
“吾不敢为主，而为客；	“我不敢主动进犯，而采取守势；
不敢进寸而退尺。”	不敢贸然前进一步，而宁可后退一尺。”
是谓行无行，	这就叫做虽然有阵势，却像没有摆布阵势一样，
攘无臂，	虽然有臂举起拳头，却好像没有举起一样，
扔无敌，	虽然面临敌人，却好像敌人不存在，不准备应战一样，
执无兵。	虽然有兵器，却好像没有兵器可以执握一样。
祸莫大于轻敌，	祸患没有比轻敌更严重了，
轻敌几丧吾宝。	轻敌几乎丧失了我的“三宝”。
故抗兵相加，	所以实力相当的两军对垒时，
哀者胜矣。	悲痛的一方最终获得胜利。

心读

这一章是上一章的继续，进一步阐述老子的军事战略战术观点“以退为进，以柔胜刚，以守取胜”。这种思想在世界军事哲学史上有着崇高的地位。

老子不是主战派，而是反战派，但不得已而为之。“用兵有言：吾不敢为主而为客，不敢进寸而退尺”，“用兵”是指古代的军事战略思想、军事哲学理论。“主”，战争时的主动攻势，主动侵略。“客”，战争时的被动防御，被动守势。“不敢”多指没有勇气，没有胆量，在这里指不主观鲁莽，视客观形势而动，后发制人。所谓一寸或一尺，不是一种量化的长度概念(单位)，而是一种形象化的比喻。这两句话的意思是说，根据上古留传下来的军事战略理论，我们对待战争的基本原则是，绝不主动进犯挑起战争。用现代的话说，我绝不放第一枪。但也要做好应战的充分准备，绝不能总是被动地防御。正确的做法应该是，积极御防，常备不懈，以军事实力和策略制止战争。绝不主动进攻一寸，宁可后退一尺，以退为进，时刻警惕，竭力避战，后发制人。退是真正的进，故意退兵旨在培养侵略者们的骄气，骄兵必败，最后的胜利是属于被侵略的一方。老子是反战主义者，这种“以退为进，以守取胜”的思想，在战略上是非常高明的，它是“无为”思想在军事实践中的具体运用。

“是谓行无行，攘无臂，扔无敌，执无兵”，“行”指的是有行列，摆开了阵势。“攘”，伸出拳头，举起。“扔”是抓住，对抗。

“执”是拿着。“兵”是兵器。这几句意为，虽有行动，有阵势，却好像没有采取行动不准备应战一样；虽然要奋臂举起拳头，却好像没有举起一样。有克敌制胜的能力，但不轻易使用，体现了谦退不争的思想；虽然大敌当前，却好像敌人不存在，不准备应战一样；虽然手里拿着作战武器，却好像没有武器可拿一样。“无行，无臂，无敌，无兵”，都是指无形的东西，不是真的没有，而是指无形的兵。士气、勇气、正义、舆论、天时地利等等都是无形的兵，无形的力量。从战争的策略而言，用现代的话打比方就是：我追求的是和平的愿望，（我摆出的是和平的阵势），伸出的是正义的拳头，抓住的是思想的武器，拿的是道德的力量，这才是不可抗拒的正能量。看似无为却有为，一切有却是无，无为而无不为，体现了无为思想所达到的最高境界。第六十四章“是以圣人，无为故无败，无执故无失”，上一章“善为士者不武，善战者不怒，善胜敌者不与，善用人者为之下”作了充分的论证。

“祸莫大于轻敌，轻敌几丧吾宝”，“祸”是祸患，灾祸。“轻敌”，是指不要轻视敌人的能力，或不轻易挑起战端，为主、冒进都是轻敌之举。“几”是几乎。“宝”，三宝也。这两句话是说，战争是生死之地，所以最大的祸害是轻视敌人的作战能力、装备水平。没有做好应战准备，其结果必招失败，几乎要把我奉为道的至宝“慈、俭、不敢为天下先”的天然本性丧失殆尽了。

“故，抗兵相加，哀者必胜”，“抗兵”指举兵对抗的双方力量相当。“相加”，相对，对抗，指交战双方。“哀”，悲愤、怜悯、怜惜、慈爱。“哀者”，慈悲的一方。这两句话意为，两军实力相当的时候，哀兵是不得已而战，为了保家卫国不得不拿起武器，有一种道德的力量，有一种慈悲感，最后一定能胜利。哀者，慈也，慈故能勇，“以战则胜，以守则固，天将救之，以慈卫之”。（第六十七章）

抗日战争是中华民族一致对外反对日本军国主义侵略的正义战争。日本军国主义对我国无端侵略，就是“抗兵相加”。十四年抗战，我们处于哀兵的位置，全国人民悲惨可怜，受尽欺负，内心充满无比的愤怒和悲痛，宁死不当亡国奴，这是哀兵。全国人民浴血奋战十四载，上下团结一致，誓死保卫家国，最终取得胜利。所以，哀兵必胜的思想体现了老子的反对战争、追求和平的精神。

这一章使我们明白了一个道理，要想战胜别人，首先要战胜自己，尊重自己，尊重生命，不滥杀无辜优待俘虏。成为哀者，才能战胜对方，获得最终的胜利。

需要说明的几点：

《道德经》被许多人理解为是一部兵书，唐王真认为《道德经》八十一章“未尝有一章不属意于兵也”。（《道德经论兵要义述》）

近代章太炎也在《訄书·儒道第四》中认为《道德经》一书简

括了古代兵书之要旨，他说："老聃为柱下史，多识故事，约《金版》《六韬》之旨，著五千言，以为后世阴谋者法。"

毛泽东也说：《道德经》是一部兵书。

张松如《老子说解》中说："如果定要把《道德经》作为兵书看，那它与《孙子兵法》等类兵家者言是不相同的。它不曾以片言只语去研究战术，而只是有时把用兵之道上升到政治斗争的战略与策略的意义上加以阐述。这就是说，较之《孙子兵法》等类兵书，《道德经》是更具普遍意义的。实际上，与其把它看作军事哲学著作，莫如说它是哲理著作偶然取喻于军事。"

第七十章

吾言甚易知，	我的话很容易理解，
甚易行。	很容易施行。
天下莫能知，	但是天下竟没有人能理解，
莫能行。	没有人肯去施行。
言有宗，事有君。	言论有根据，行事有主旨。
夫唯无知，	正由于人们不理解这个道理，
是以不我知。	所以不了解我。
知我者希，	能理解我的人太少了，
则我者贵。	那么能取法于我的人就更难得了。
是以圣人	因此有道的圣人
被褐怀玉。	总是穿着粗布衣服，怀里揣着美玉。

心　读

本章语句简朴平实真诚,却蕴含着丰富的内涵和深刻的道理,讲的主要是知与行的问题,也就是中国传统哲学文化上讲的认识论方面的问题。

“吾言甚易知，甚易行。天下莫能知，莫能行”，“知”，理解。“行”，实行、实践。“言”指解说“道”之言论。这两句话是说：我所讲的“道”是很容易理解的，也很容易践行，容易做到；但事实上却不能被天下之人理解和践行。

老子自认为论述的“道”之言论，博大精深，但质朴无华，简单易行，没有特别要求你做什么，而是要求你不要不必不可做什么。道法自然，无为不争，虚静柔和，谦下，慈俭等思想都是合于人性，自然而然的，就体现在日常的“言语行事”之间，可以说是“易知，易行”的，但世人却日用而不知。

那为什么又说天下人“莫能知，莫能行”呢？老子追根溯源，深刻地认识到，由于利欲熏心，世人多惑于躁欲，迷于荣利，追求外在的积累和占有，对于他倡导的自然无为，为而不争，不妄为恣意，慈、俭、不敢为天下先，虚静柔和，以德报怨等思想不以为然。世人认识不到其思想的价值和丰富内涵，无意去践行，所以老子又无奈地感慨道：“莫能知，莫能行。”

英国思想家罗素说“哲学大师们的中心思想本质上都是非常简单”。老子“吾言甚易知，甚易行，天下莫能知，莫能行”这两句话的中心思想就非常简单，即知与行的关系。看似简单平实的“知”“行”两个字，却道出了古今中外哲学思想上的一个永恒课题。

“言有宗，事有君，夫唯无知，是以不我知”，“宗”，根本，纲领，《广雅·释诂》：“宗，本也。”君有“主”的意思。“有君”指有所本。老子主张“处无为之事,行不言之教”,言以“不言”为宗,行以“无为”为君。“无知”,指别人不理解。“夫唯不知”是针对“言有宗,事有君”而讲的。“不我知”亦即不知我。概括来讲这几句话是说,我的言论以道体的自然无为为根据,行事以道体的自然无为为主旨,一切言行都以“无为而无不为”为准则,“言”以“不言”为宗,“行”以“无为”为君。但人们不理解这些道理,也就不能了解我(即道)。

“知我者希,则我者贵,是以圣人被褐怀玉”,“知”,理解。“希”,稀少。“则”,以为榜样,效法。释德清说:“则,谓法则,言取法也。”“贵”,难得。“则我者贵”,取法我的更加可贵。“被”披,指穿在身上。“褐”,粗布衣服,古代贫苦人的粗麻衣。《说文解字》:“褐,粗衣。”“怀”指放在怀里。“玉”指美玉,此处引申为珍贵的道德。这几句意为能够理解我讲的道理的人太少了,那么取法于我的人就更为难得,所以我才显得更为珍贵。第四十一章“下士闻道,大笑之。不笑不足以为道”充分说明,自古知音难寻觅,圣人有道,但得不到常人的理解。因此有道的圣人,虽然外面穿着粗麻衣,看似与常人无异,但是在平凡的外表之下,却抱一守道,犹如胸怀中藏有纯洁温润的美玉一样。

“被褐怀玉”这个词流传很广,影响也很大,描述的是人的一种崇高境界。河上公注说:“被褐者,薄外;怀玉者,厚内。”王弼注说:“被褐者同其尘,怀玉者宝其真也。圣人之所以难知，以其同尘而不殊，怀玉而不渝，故难知而为贵也。”苏辙注说：“被褐怀玉者，圣人外与人同而中独异也。”辛弃疾《青玉案·元夕》中有“众里寻他千百度，蓦然回首，那人却在灯火阑珊处”，老子的思想价值正是那“灯火阑珊处”。当人们“蓦然回首”时，才发现真理（道）就在眼前，真理就在身边，会惊喜地发现，在它简朴的外壳下，却包含着最珍贵的东西——道法自然，自然无为，为而不争。它正是长期以来人们苦苦寻觅的，也正是人生所追求的最高境界。大道之境域，独与天地精神相往来，天地与我并生，万物与我唯一。

这一章节给我们的启示是：真正的美丽是有一颗高贵的心灵，而绝非是华美的外表。漂亮的外表虽着锦绣，却很肤浅；高贵的心灵，外在虽素朴，却闪耀着真理的光辉。大道至简，它素朴却是千古之理。

需要说明的几点：

“甚易知，甚易行”，王弼注云：“可不出户窥牖而知，故曰‘甚易知’也；无为而成，故曰‘甚易行’也。”

“天下莫能知，莫能行”，王弼注云：“惑于躁欲，故曰‘莫之能知’也；迷于荣利，故曰‘莫之能行’也。”第五十三章“大道甚夷，民甚好径”是说，大道很坦直，百姓却贪图走崎岖险径。

“莫能知，莫能行”一语，这只是在世老子的自我感受。事实上，在老子以后，不仅有《庄子·天下篇》称老子为“古之博大真人哉”，更有韩非子《解老》和《喻老》。西汉初年，老子的主张更是对“文景之治”产生了巨大影响。

纵观历史，凡动乱后产生的新王朝都要采用“无为”政策，使百姓休养生息，恢复社会生产力。老子思想塑造了中华民族的国民性格，这大概是2500多年前的老子始料未及的。

老子的思想，将会成为人类文化的主要精神传统。

第七十一章

知不知上，	知道自己有所不知道，最好，
不知知病。	不知道却自以为知道，这是缺点。
夫唯病病，	如果能够把这种缺点当作缺点，
是以不病。	所以才能做到没有毛病（缺点）。
圣人不病，	圣人是不会有这种缺点的，
以其病病，	是因为他把这种缺点当作缺点，
是以不病。	所以他没有缺点。

心　读

本章承接上一章，是从认知事物的态度上来讲的，强调“知不知上”，反对“不知知病”。这知与不知的问题，实质就是“病病反而不病”“不病反而病”的问题，亦即认知事物上的辩证关系问题。

“知不知上，不知知病”，“知不知”：由知到不知，知道自己有所不知道，知道自己无知。“上”，好、高尚、高贵、尊崇，此处意为明智高明。“不知知”：由不知到知。“病”，毛病、弊病、错误、缺点，指人的言行错误，不是指身体生病。这两句话意思是说，知道自己的无知是明智的认识，是正确的有知。不知却以为是知，把无知当作知，就是不明智的认识。老子这两句话，指出人类的通病，世界上“不知知”的人太多了，都是强不知以为知。明明不清楚，反而冒充非常了解，这是人们大病之所在。“知而不知是为上也，不知而知是为病也”。

古今中外的哲人们对这个问题都有通识。古希腊哲学家苏格拉底(前469—前399)提醒人们，“我只知道一件事，就是我一无所知”。孔子也有类似的观点：“知之为知之，不知为不知，是知也。”最后这个“知”是明智的意思。知道就是知道，不知道就是不知道，实事求是才是最高明的。《庄子·养生主》也讲“吾生也有涯，而知也无涯”，意思是说，我的生命是有限的，而知识却是无限的。每个人都有自己无知的领域，这个领域比自己已经认识的领域要大得多。当代学人钱凤仪先生在《道德经哲学原理》一书中讲得更明白：“有知识是以无知作为背景的，有知识是相对无知而言的。人作为认识的主体……无知是绝对的，知道是相对的。就无限的宇宙而言，在空间上知道的是局部的，无知是广博的；在时间上知道的是有限的，无知是无限的。”

以上哲人们的观点都在说明一个道理，强调人要有自知之明。在求知的过程中，我们要做到心智上的真诚，经常审视自己，以求自我改进。

“不知知病”，不知而知是为病也。本来一无所知，却自以为是，这是认知态度上的错误，也是道德修养上的欠缺。许多人常犯这个错误。在社会生活中，有一些人自以为是，不懂装懂，刚刚了解到一些事物的皮毛，就认为掌握了宇宙变化与发展的规律。甚至还有些人愚蠢至极，凭借权力地位，摆出一副智者的架势，瞎指挥，说大话、假话，欺人、蒙人，既害己又害人，贻害一方。权力越大，地位越高，危害越大。

莎士比亚讲："愚者总以为自己聪明，智者却知道自己愚昧。"真正有智慧的人总会觉得自己无知。一个人之所知是极其有限的，不可能知道一切。仰不知天，俯不知地，外难知他人，内不识自我，只有知道自己有所不知，才能知不知而后知，才能在求知领域中不断进步，获得新知识。

"夫唯病病，是以不病"，"病病"是指把不知而自以为知的毛病当作缺点。"不病"，不犯这种错误，"是以"，所以。这句话意为，正因为能把不知自以为知当作毛病，所以才能做到没有毛病。

"圣人不病，以其病病，是以不病"，"以其"，由于，因为。这两句是说，圣人为什么没有毛病呢？是由于圣人在求知的态度上，思想上能做到"知而不知是为上也"，承认自己所知很有限，能不断地自觉和自省，在探索真理的道路上及时地纠正自己的缺点和错误，而不是自以为是，强以为知，刚愎自用，做到了心智上的真诚。"诚者"道也，自然会秉持抱一守道的态度，不断地求得真知，品德日臻完善，成为人们学习的榜样。而常人并不认为不知而知是毛病，所以终身携带着这种毛病，影响自己的成长和进步。

本章文字不多，只有二十八个字，却出现了八个“病”字，形成绕口令式的文体，但读起来语言流畅，朗朗上口，一气呵成，韵味颇浓。

本章言简意深，老子谆谆告诫人们，知道而不以为知道为上，不知道却以为知道是缺点。自以为是、刚愎自用是人类常犯的通病。在广袤的宇宙，在无限的未知领域面前，人类只有保持无知谦虚的态度，才是明智的选择，正确的做法。

需要说明的几点：

马王堆甲本作“知不知，尚矣，不知不知，病矣”。

老子“以知而不知是为上也”，这个不知是不言知的意思，反映的还是谦下的观点。第五十六章“知者不言，言者不知”与本章意同。

“不知便是知，知反而就是不知了”可参阅《庄子·知北游》。

第七十二章

民不畏威，	人民不害怕统治者的强权暴政时，
则大威至。	则更大的祸乱就要发生了。
无狎其所居，	不要逼迫得人民不能安居乐业，
无厌其所生。	不要堵塞人民维持温饱的谋生之路，
夫唯不厌，	只要不压迫人民，
是以不厌。	人民才不会厌恶统治者。
是以，圣人	因此，圣人
自知不自见，	有自知之明而不自我表现，
自爱不自贵。	有自爱之心却不自显尊贵。
故去彼取此。	所以要抛弃后者（自见、自贵）而取前者（自知、自爱）。

心　读

本章表述的是老子的政治观，重在治国理政。劝导统治者不要用暴政威迫人民，必须从政治和经济两方面关爱百姓，让百姓得以生存，这样就不会遭到人民的反抗，不会引起社会动荡。

“民不畏威，则大威至”，第一个“威”意为统治者的权威，威迫，高压政策。第二个“威”指人民的威力。老子认为如果人民不再害怕统治者的强权暴政，那么对统治者来说，更大的祸乱就要发生了。换句话说，统治者就要大祸临头了，国家灭亡指日可待了。

王弼说：“威不能复制民，民不能堪其威，则上下大溃矣。天诛将至，故曰‘民不畏威，则大威至’。”意思是说统治者的高压政策再也制止不了人民的反暴力行为了，这种威力就像空气一样，平时并不觉得其有多大的力量，但是当受压迫达到一定限度时，便会冲破压迫爆发出来，压迫越强，爆发力越大，那就上下都要崩溃了。

鉴于此，老子认为要使国家长治久安，必须对人民恩威并施，从政治、经济诸方面保障百姓生活，不要将人民逼上绝路。“狎其所居，厌其所生”，如果只是凭借严苛手段，使人民无法生存下去的话，那么人民就会掀起巨大的暴动，反抗统治者的强权暴政。所以老子忠告统治者，对待人民必须宽厚仁慈。

“无狎其所居，无厌其所生。夫唯不厌，是以不厌”，“狎”通“狭”，狭窄之意。“厌”同压，即压迫，压制，压榨。“夫唯不厌”中的“厌”与此同义。“是以不厌”中的“厌”，则指讨厌，厌弃。“居”指日常生活。“生”指生路。这几句话是说，不要使百姓居住环境狭窄，给他们生存发展、安居乐业的空间；不要压迫人民，堵住他们的谋生之路，生财之道，使百姓无法生活。只有不压迫人民，让人民悠然自在地生活，社会才能和谐安宁。人民对统治者只是"太上，下知有之"，也就不会厌弃统治者。第六十六章说："是以圣人处上而民不重，处前而民不害。是以天下乐推而不厌。"

"是以圣人自知不自见，自爱不自贵"，"自知"是指有自知之明，懂得要知足。"见"同"现"。"不自见"，不自我表现。不是总以为自己高人一等，人为地搞特殊，显摆自己身份非同一般。"自爱"是爱护自己。"自贵"是抬高自己，自示高贵。这几句话意思是说，圣人有自知之明，而不自以为是，不表现自己。圣人虽有自重自爱之心，却不显示自己的尊贵，不自贵于外。第三十三章"知人者智，自知者明"，第四十七章"是以圣人不行而知，不见而名，不为而成"，第七十章"知我者希，则我者贵"，第三十四章"万物恃之以生而不辞，功成不名有。衣养万物而不为主"，都体现了"圣人自知不自见，自爱不自贵"的思想。

最后，老子怕引不起人们的足够重视，语重心长地再一次重复"故去彼取此"。"去"是去掉，舍弃。"取"是选取。"彼"指的是自见、自贵。"此"指的是自知、自爱。此句意为，所以要去掉后者自见自贵，取其前者自知自爱。只有自知，才能知人，只有自爱，才能爱人。这是顺乎自然规律的品德。

本章的主旨是劝导统治者主动采取有效的措施，"无狎其所居，无厌其所生"，以民为本，明白"民可载舟，亦可覆舟""得民心者得天下，失民心者失天下"的道理。

统治者要加强自身的道德修养，要以无为、谦下、俭啬的政治态度治国理政，这样社会才会得以健康、有序、持续地向前发展。否则就会引起内忧外患，出现统治者自身难保的糟糕局面。

需要说明的几点：

“民不畏威”一语，可参阅第七十四章“民不畏死，奈何以死惧之”来理解。还可参阅《荀子·强国篇》“威有三，有道德之威者，有暴察之威者，有狂妄之威者。此三威者，不可不孰察也”。

“自知不自见”可参阅第二十二章“不自见，故明；不自是，故彰；不自伐，故有功；不自矜，故长”。

“自知不自见，自爱不自贵”此句在马王堆乙本中作“自知而不自见也，自爱而不自贵也”。

第七十三章

勇于敢则杀，	勇敢到胆大妄为就会丧命，
勇于不敢则活。	勇敢到柔弱不逞强就能活命。
此两者或利或害。	这两种勇的结果，有的得利，有的受害。
天之所恶，	天道所厌恶的，
孰知其故？	谁知道其中的原因呢？
“是以圣人犹难之。”	“所以有道之人也难说得明白。”
天之道，	自然的规律是，
不争而善胜，	不去争夺而容易取胜，
不言而善应，	不说话而善于回应，
不召而自来，	不用召唤而自动到来，
繟然而善谋。	从容坦然而善于安排筹策，
天网恢恢，	大自然像一张无边无际的网，
疏而不失。	虽网孔稀疏，但不会漏失掉任何东西。

心　读

前一章讲强权暴政只能激化矛盾，不能治理好国家。统治者以无为、谦下、俭啬的政治态度治国理政，才能把国家治理好。这一章进一步阐述俭啬、柔弱、无为不争的人生哲学，亦即天道思想。但重在讨论以法治国理政的问题。

在本章，老子从“勇于敢则杀，勇于不敢则活”一语开篇。“勇”就是勇气。“敢”是决断。老子认为自然规律是柔弱不争的，勇气建立在胆大妄为蛮干的基础上，就会招致杀身之祸；勇气建立在不妄为小心谨慎的基础上，就能活命，立于不败之地。自然界万事万物只要依照自然规律变化和发展，就会有好的结果。

老子接着讲“此两者或利或害，天之所恶，孰知其故?”，“此两者”指“勇于敢”和“勇于不敢”，“或”是或许。“或利或害”是有利也有害的意思。“恶”是厌恶，不喜欢，讨厌。“孰”是谁。此句意为，“勇于敢，勇于不敢”这两种人，谁将获利，谁将受害，上天不喜欢哪一个，谁能知晓这其中的缘故呢?

“是以圣人犹难之”，“难之”是以之为难。连圣人也说不明白，道不清楚。老子只讲到这里就戛然而止了。

古今中外人类的文化都知道宇宙间有这么一个神圣而遥不可知的东西，对于这个东西，圣人也感到犯难，不易把握。所以老子说“圣人犹难之”，没有人能深究得了。

“天之道，不争而善胜，不言而善应，不召而自来，啴然而善谋”，“天之道”，是自然界的运行规律。“应”，应付、应对、对付。“自来”是自己到来。“啴”，舒缓，坦然。“啴然”是无忧无虑、不急不迫的样子。这几句话意在说明用天道治国理政的益处、好处。用天道治国理政，天道虽无为不争，永远不与人争夺却能取得胜利；天道无形无象，无声音，也不言语，但不言而善应，感而遂通，只要你一动，那边就有感应，一种力量的作用就发挥出来了；不召却自己会到来，有一句话"祸福无门，惟人自召"，祸与福是没有主宰的，上帝、鬼神也做不了你的主，只有人自己的心念能召来祸福，形而上的天道就是这样一个东西，不用召唤而自动到来；天道无所不在，看不见，摸不着，无忧无虑，不急不迫，坦然而善于谋划筹策。它有大智慧，无懈可击。

最后老子以"天网恢恢，疏而不失"一语作总结。此语是流芳百世的不朽格言，千百年来，不知令多少心怀叵测之人闻风丧胆。"天网"是指整个大自然或宇宙万物所形成的"天罗地网"，是无物可脱逃的。"天网恢恢"指大自然的网络无边无际，非常广大的样子。"失"，漏失。"疏"，稀疏，稀少。"疏而不失"，稀疏而不遗漏。此句意为，天网广大无边无际，网孔虽然稀疏不密实，却不会有漏网者，任何胆大妄为者都不会漏网，这是天道的威力与品德。以法治国远不如以天道治国理政的威力大，效果好。

在本章中，老子表达了三层意思，第一层说出了勇于敢者和勇于不敢者两种人的结局。第二层论述天道思想，即天道是不争、不言、不召、善谋的。第三层讲天道的威力，"天网恢恢，疏而不失”。大自然之网无形无象，但他无所不在，无所不包，无时不有，天地万物的生长变化发展都受控在道的规律之下，顺道者昌，逆道者亡。触犯天道必将受到天道的惩罚。也就是讲要相信坏人是必然会遭到惩罚的。

在此老子郑重地告诫统治者，不管是以仁、义、礼、智治国理政，还是以法治国理政，都应建立在顺乎天道的基础之上。也就是说，无论以德治国，还是以法治国，都必须遵循大道无为而治。

需要说明的几点：

“天之道”可参阅第二十五章“人法地，地法天，天法道，道法自然”。

“勇于敢，则杀，勇于不敢，则活”的思想可参阅第七十六章“人之生也柔弱，其死也坚强。万物草木之生也柔脆，其死也枯槁。故坚强者死之徒，柔弱者生之徒”，第六十七章“慈故能勇……今舍慈且勇……死矣”，第九章“揣而锐之，不可长保”。还可参阅《论语·子罕》“知者不惑，仁者不忧，勇者不惧”。儒家把智、仁、勇称为“三大德”，可知“勇”在中国传统文化中的地位。

“不言”的思想在第二章“行不言之教”，第四十三章“不言之教”，第五十六章“知者不言”，第二十三章“希言自然”，第十七章“悠兮，其贵言”，第五章“多言数穷”都有提及，可参阅理解。

“不争而善胜”，参阅第二十二章“夫唯不争，故天下莫能与之争”。

“不召而自来”，参阅第六十六章“江海之所以能为百谷王者，以其善下之，故能为百谷王”。还可参阅王弼的注释“处下则物自归”。

“啴然而善谋”参阅第七十七章“天之道，其犹张弓与？高者抑之，下者举之，有余者损之，不足者补之”。

“是以圣人犹难之”，在帛书《道德经》中没有这一句，可能是古代的注解进入正文的。此句在第六十三章也有。

第七十四章

民不畏死，	人民不害怕死亡，
奈何以死惧之？	为什么用死亡来恐吓他们呢？
若使民常畏死，	如果让人民真得怕死，
而为奇者，	那些作奸犯科邪恶的人，
吾得执而杀之，	我就可以把他抓来杀掉，
孰敢？	谁还敢再做坏事，为非作歹？
常有司杀者杀。	经常有专管刑罚的机构代替天道去执行杀人的任务（职能）。
夫代司杀者杀，	取代专管刑罚的机构去杀人，
是谓代大匠斫。	这如同代替木匠去砍伐木材。
夫代大匠斫者，	代替木匠砍伐木材的人，
希有不伤其手矣。	很少有不砍伤自己的手指的。

心　读

这一章承接七十二章“民不畏威”，接着讲到“民不畏死”，指出当时的统治者施行苛政酷刑，滥用刑罚，一旦人民不堪忍受这些苛政酷刑，被逼得走投无路，也就不会惧怕死亡了。

“民不畏死，奈何以死惧之”，“奈何”是如何、怎么能的意思。“惧”是吓唬、惧怕。“惧之”，使之惧。这句话意思是说，如果人民连死都不害怕了，你还用酷刑去恐吓他们，那有什么用呢？

“民不畏死”一语是有历史背景的：老子所处的那个时代(春秋晚期)社会动荡不安，君王昏庸无道，人民生活在水深火热之中，生命朝不保夕。如果生是痛苦不堪的话，死倒是一种最好的解脱。在这种情形下，人民必然会起来反抗、造反——“官逼民反”。古今中外都一样，哪里有压迫，哪里就有反抗，压迫越大，反抗越强。所以，老子告诫统治者，当人民不再害怕死亡时，那么国家的严刑酷法就无法发挥作用了，就失去威慑力了。这是对历史经验的总结，也是对统治者提出强烈的抗议，希望统治者以道治国，无为而治，让百姓安居乐业，让社会和谐发展。

苏辙《老子解》：“政烦刑重，民无所措手足，则常不畏死。虽以死惧之，无益也。”又如《尚书》所说：“时日曷丧，吾与汝偕亡！”如果报复比自己的生命更重要的话，百姓甘愿赴死，和统治者同归于尽。

“若使民常畏死，而为奇者，吾得执而杀之，孰敢”，“若”，如果。“常”，作“恒”解。“奇”，正之反，邪恶。“为奇”，不合天道，行为邪恶、诡异。王弼说：“诡异乱群，谓之奇也。”“孰”是谁的意思。“执”是捕捉、逮捕。这几句承接前两句，是说统治者如能使人民“甘其食，美其服，安其居，乐其俗”，以人民的利益为中心，人民自然会珍惜自己的生命。有好日子过谁还去找死呢？

但是任何社会总会有极少数唯恐天下不乱之人，总会有胆敢作奸犯科之人，还有一些读书人虽饱读圣贤经典，中第而入朝为官，但发现遵循圣人之道来教化人民没有前途，就逐渐腐化堕落，给社会和人民造成极大伤害。从治理社会的角度而言，只有及时地打击惩处这些害群之马，将他们处以极刑，杀一儆百，看以后谁还敢肆意妄为，为非作歹？

由此可见，老子不反对用严刑酷法惩处那些作奸犯科、贪污腐败的不法之徒。他认为只有这样国家才能长治久安，人民生活才能幸福快乐。

“常有司杀者杀”，在此“常”字暗示自然法则，是一个永恒无形的存在，即人的生死是由天道来决定的。这个“司杀者”是执行刑罚的机构，也能负责行刑者，在此指天道自然，认为只有它可以行使杀人的职权。苏辙说：“司杀者，天也。”这句话是说，经常有专管刑罚的机构代替天道去执行杀人的任务，它代表的是人民的意愿，这样就可以起到维护社会秩序的作用。人的生死来自于天道自然，人生在世理应享尽天赋的寿命，该活几岁，就活几岁，这叫“常有司杀者杀”。“天网恢恢，疏而不失”，在这一自然之网中，无时无处没有“司杀者”。第四十二章“强梁者不得其死”，第七十六章“坚强者死之徒”等等都可以说明此道理。

“夫代司杀者杀，是谓代大匠斫”，“大匠”指具有高超技艺的工匠，“代司杀者”这里指国君。国君应该依道治国，无为而治，如果任凭自己的意愿干扰或者代替司法，就是“代司杀者”。此句意思是说：如果君王代替司法机构去管理刑杀的话，这就如同代替木匠去砍伐木材一样。治国的根本方法是循道治国，“法治”是位列其次的治国之术，术与道不能放在同一层面上，要以道来统术。国君掌握的是道，无为而无不为，下设机构管理国家用的是术，不能混为一谈。

“夫代大匠斫者，希有不伤其手矣”，“斫”，用斧子砍伐木材。“希”，少。“希有”，很少有。这句意思是提醒君王，不要以为自己可以代天行道，决定人民的生死。处罚罪犯是司法部门的职责，为官者要各司其职，不要做任何越俎代庖的行为，这好比一个外行人代替木匠砍伐木材一样，很少有不砍伤自己的手指的。《尚书·太甲中》：“天作孽，犹可违，自作孽，不可逭。”违背天道，恣意妄为，很少有不倒霉的。

本章有两层含义，第一层是老子反对滥用刑杀，认为刑杀根本起不到任何震慑百姓的作用，人民不惧怕死亡了，国家的刑罚制度也就形同虚设。治国理政，“法治”自然能起到应有的作用，但不能代替以道治国，决不能本末倒置。治国的核心思想还是依道而治，自然无为。经常对人民进行道德法律制度的宣传教育，使人民畏惧死亡，知晓法律的威严，人民自然会珍惜自己的生命，不以身试法，社会自然和谐安定。

第二层，针对当时社会秩序混乱的情况，老子向统治者提出忠告：若有作奸犯科、贪污腐败、违法犯罪而该处刑杀的，自然有主管机构负责刑杀之事。统治者不必代替自然的“司杀者”去执行“杀”的任务，不要去做任何越俎代庖的事情，否则就会像一个外行代替木匠伐木一样，很少有不伤到自己的，必将会危害到国家的利益。

需要说明的几点：

马王堆甲、乙本“死”作“杀”。

马王堆甲、乙本“常”作“恒”。

老子提出由司法部门独立司法的课题。与通常的法治观念有所不同，老子更强调的是官吏必须依法办事，法律面前一律平等。中国自夏商周三代之后，道德衰废，刑罚畅行。几千年的封建社会的治国弊病就是“刑不上大夫”，官官相护，导致官逼民反，社会动荡。老子的这一思想可以看作是我国去人治立法治思想的萌芽、分权思想的萌芽。

老子治理国家寄托于“圣人统治者”，犹如古希腊哲学家柏拉图所谓的“哲学家君王”，但在现实世界中恐怕难以实现。

第七十五章

民之饥，	人民之所以受饥挨饿陷入贫困，
以其上食税之多，	是由于统治者榨取税赋太重，
是以饥。	因此人民才饥饿贫困。
民之难治，	人民之所以难以治理，
以其上之有为，	是由于统治者强作妄为，
是以难治。	因此难以治理。
民之轻死，	人民之所以不怕死亡，
以其上求生之厚，	是由于统治者生活奢华纵欲玩乐，
是以轻死。	因此才轻视死亡。
夫唯无以生为者，	只有那些不追求物质享受而又能清静恬淡的人，
是贤于贵生，	比那些奢侈奉养生命的人要贤德得多。

心　读

这一章文畅义深，老子继续深入地阐述他的政治思想，从前面所讲的“民不畏威”“民不畏死”，讲到本章民之“饥”难治“轻死”，层层递进，深刻地揭穿了统治者与劳苦人民之间矛盾的实质。统治者残酷剥削和刑杀镇压的暴政，才是造成尖锐社会矛盾的根本原因。

“民之饥，以其上食税之多，是以饥”，“上”指统治者、君王。“饥”，吃不饱，引申为挨饿，遭饥荒。“食税”，指依靠征收的粮食和税赋生活。本句意思是说：人民之所以受饥挨饿，陷入贫困，是由于统治者榨取税赋太重、太多。此为统治者与人民之间矛盾激化的经济原因，这一矛盾激化的根源在上不在下。

老子在第五十三章直截了当地批判腐败的统治者，痛斥他们的强盗行径：“大道甚夷，而人好径。朝甚除，田甚芜，仓甚虚，服文采，带利剑，厌饮食，财货有余，是谓盗夸，非道也哉！”统治者穷奢极欲，百姓啼饥号寒，日子过得苦不堪言，起来反抗是必然的。

“民之难治，以其上之有为，是以难治”，“有为”，无为的反面，作“有以为”，这里指统治者恣意妄为。林希逸说：“有为，言为治者过用智术也。”老子的为治理念是无为，认为治理天下的人，要以不用智谋耍弄人民为治国之本。正如第五十七章所讲“我无为而民自化，我好静而民自正，我无事而民自富，我无欲而民自朴”。不用智谋则为大智，大智若愚，愚则归真，真者诚也，诚者道也。以道治国，才可以实现不治而治的理想。这句话的意思是说，人民之所以难以治理，是由于统治者违背清静无为的原则，反民意，横征暴敛，好大喜功，强作妄为。智谋手段太多，必然会引起人民的不满，不听你的那一套，上有政策，下有对策，所以统治者发出“民之难治”的感慨。此为统治者与人民之间矛盾激化的政治原因。这一矛盾激化的根源也是在上不在下。正如王弼所言：“言民之所以僻，治之所以乱，皆由上，不由其下也。民从上也。”

“民之轻死，以其上求生之厚，是以轻死”，“轻死”，不害怕死亡，是一种敢于铤而走险的行为。这种行为对于社会来讲，是悲剧性的，是破坏性的。也是一种与邪恶势力作斗争的行为。“求”，贪图。“厚”，太多。“求生之厚”指统治者挥霍无度，养生丰厚。这几句话的意思是说，人民之所以不害怕死亡，是由于统治者只注重自身的安逸和享乐，无止境地贪图享受，而这种纸醉金迷的生活，建立在侵吞大量的民脂民膏的基础之上。这种不公平不公正的做法，把人民逼到了生死线上，不得不为了生存铤而走险。此为统治者与人民之间矛盾激化的社会原因，这一矛盾激化的根源也是在上不在下。

当代学人钱凤仪先生在《道德经哲学原理》中说：“君王追求优厚生活，预想不到危险会随时到达，本身也是轻视死亡。民众效法，羡慕君王，径直追求优厚生活，因此而胆大妄为，轻率地看待死亡。”

“夫唯无以生为者，是贤于贵生”，“无以生为者”，不把优厚奢侈生活作为追求目标的人，即恬淡之人。“贤”，胜过，优异于。“贵生”，把生命看得很重。“贤于贵生”，比奉养奢华的人要高明。在此老子郑重地告诫统治者，那些不追求物质生活享受，而又甘于清静恬淡之人，要比贵生者高明、贤德得多。说明一个圣人统治者所应具备的品质和应有的修为：过一种自然朴素的生活，那才是一种更健康的，更富有价值的生活。

这最后一句，是老子从政治思想的维度、哲学的高度给统治者开出的药方。针对动荡不安的社会，他开出的良方“清静无为，少私寡欲”，在当时并不能引起统治者的足够重视和采纳。此句饱含了老子的几多无奈！但是千百年来的实践证明：老子开出的这个药方具有永恒的普世价值，在当代仍具有重大的指导意义。

本章正如张松如所说：“本章揭露了劳动人民与封建统治者之间阶级矛盾的实质：人民的饥馑是由统治者沉重的租税造成的；人民的反抗，是统治者苛酷的措施造成的；人民的轻死，是统治者无厌的聚敛造成的。”这种说法，当然同贯穿老子一生的“无为”思想相通。如何解决经济、政治、社会这三大生态问题，取决于高高在上的统治者。统治者无论是以德治国，还是以法治国，都必须依循大道，无为而治。老子的“自然无为”思想，用今天的话来讲就是一切以人民为中心的思想。

当今世界多极化、经济全球化和社会信息化深入发展，各国人民的前途和命运早已密切地联系在一起，你中有我，我中有你。但是还缺少一个能让全球各国共同协作的政治体系，还缺少一个能对全球经济运作进行有效监督管理的机制，还缺少一种具有包容性、凝聚性，“和而不同”“万邦同协”的世界性文化。构建人类命运共同体思想正是以经济全球化、社会信息化为实践基础，对人类文明发展作出的科学的理性思考。这种思想的光辉“无有入无间”，必将为全球治理体系和治理能力现代化的思想夯基固本，为世界带来和平、繁荣与发展。

需要说明的几点：

“难治”马王堆帛书甲、乙本作“不治”。

“民之难治，是以其上之有为”，其中“有为”指有所标榜或彰显。此句可参阅第三章“不尚贤，使民不争；不贵难得之货，使民不为盗；不见可欲，使民心不乱”来理解。

“有为”可参阅第十章“爱民治国，能无为乎”，第六十三章“为无为，事无事，味无味”。

“民之轻死，以其上求生之厚”一语，可参阅第五十章“出生入死。生之徒十有三，死之徒十有三，人之生，动之于死地亦十有三。夫何故？以其生生之厚”理解。

“是贤于贵生”一语可参阅第十三章“何谓贵大患若身？吾所以有大患者，为吾有身，及吾无身，吾有何患”。

老子的政治思想充分体现了对劳动人民的同情和关爱，对贪得无厌的统治者的无比憎恨。已故国学大师任继愈先生在《老子绎读》中说：“先秦诸子中，只有老子对农民生活最关心，批评当时的统治者最激烈。孔、孟学派也同情农民，他们劝告国君发善心，施仁政，为国君着想得多。孔、老殊途同归，立场有差别。法家把农民当作耕田、作战的工具，与老子、孔子有根本的差异。”

“孔、墨、老、庄、申、韩，有一个共同点，就是希望天下统一，建立一个有秩序的社会。他们从不同角度，代表不同的人群，为后来秦汉大一统提供了思想探索。”

第七十六章

人之生也柔弱，	人活着的时候身体柔软灵活，
其死也坚强。	死了以后躯体就变得坚硬僵直了。
万物草木之生也柔脆，	草木活着的时候形质柔软脆弱，
其死也枯槁。	而死了以后变得干硬枯萎。
故	所以
坚强者死之徒，	坚硬刚强的事物归属于死亡的一类，
柔弱者生之徒。	柔软脆弱的东西归属于活着的一类。
是以，	所以，
兵强则灭，	用兵一味地逞强好战，必然会遭到灭亡，
木强则折。	树木强大粗壮了就要被砍伐。
坚强处下，	自然界都是强大的处在下位，
柔弱处上。	柔软脆弱的处在上位。

心 读

老子在第七十三章、第七十四章、第七十五章中为人们阐述了生与死的关系，以及生与死的道理。在此章老子以生活中常见的现象为例，反复地向人们解释生与死、刚与柔、弱与强之间的辩证关系。

“人之生也柔弱，其死也坚强”，“生”不仅指活着的，还有生机活力的意思。“柔弱”，柔软、弱小、婉转、灵活等意思。“生也柔弱”意思是活着身体柔软灵活。“死”也不是只有死亡之义，还有无生机活力的意思。“死也坚强”意思是人死后躯体僵硬。这句话意思是说人在活着的时候面色红润，身体柔软灵活自如，越年轻身体就越轻软柔弱，初生的婴儿甚至骨头也是很柔软的。越老身体越僵硬，死了以后躯体就变得坚硬僵直了。有生必有死，死是任何人都无法摆脱的命运，这是自然法则(规律)。

“万物草木之生也柔脆，其死也枯槁”，“柔脆”指草木形质柔软脆弱，“脆”，易断，易碎。“枯槁”形容草木的干硬枯萎。这句话讲的是物理现象，意思是说万物之中草木一类的物体活着的时候植株柔软，脆嫩易断，越小生命力越强，越有生机活力，而死了以后，就变得干硬枯萎了。

生与死不过是柔与刚的差别，任何生命都是从柔软开始，以僵硬结束。坚强是死的特征或者说表现，柔软是有生命力的特征，这是老子的一个惊人的洞见和发现。通过这些现象，他做出了一个著名的论断：“故坚强者死之徒，柔弱者生之徒。”“徒”，类，同一类。“柔”有“平和”之意。这句话是说：凡是坚硬强壮的事物都归属于死亡的一类，凡是柔软脆弱的事物都归属于活着的一类。

老子认为,柔弱是生命的本质,有生命力的东西总是以柔弱的姿态呈现,这样才能保持发展生长的可能状态,才能适应各种生存境遇。如果僵硬、僵化、固执,则难以适应不断变化的境遇(生存之道),就会陷于死地。第八章“上善若水”,第二十八章“复归于婴儿”,第六十四章“慎终如始”等等都是强调要柔弱,要保持可能状态,强调只有保持这种状态,才能赢得生机,展现活力,充满生命力。

老子认为,坚强是生命的假象,以坚强示于人的东西,其内在生命力往往很脆弱。这样的例子古今中外不胜枚举。这当然也符合老子无为思想的主张。

老子通过对自然和社会现象的观察和总结,得出无论“柔弱”还是“坚强”,也无论是“生之徒”,还是“死之徒”,都是事物变化发展的内在因素在发挥作用,外因是通过内因而起作用的。

当代学人陈鼓应先生在《老子注译及评介》中评述:“他(老子)的结论还蕴涵着强悍的东西易失去生机,柔弱的东西则充满生机。这是从事物的内在发展状况来说明的。若从它们外在表现上来说,坚强者之所以属于死之徒,乃是因为它的显露突出,所以当外力冲击时,便首当其冲了;才能外露,容易招忌而遭致打击,这正如高大的树木容易引来砍伐。人为的祸患如此,自然的灾难亦莫不然;狂风吹刮,高大的树木往往被摧折。小草由于它的柔软,反而可以迎风招展。”

“兵强则灭，木强则折”，“兵”，兵器。“强”，强硬，刚强。“折”，易断。“兵强则灭”，一味地逞强好战，必然招致灭亡。这句话意思为，用兵（军队）一味地逞强好战，即使战胜了，自身损失也很惨重，长此以往，国家也难以幸存。强大粗壮的树木，即便未被人们砍伐利用，也将会在暴风雨的袭击之下率先折断。

王弼注：“强兵以暴于天下者，物之所恶也，故必不得胜。”但徐梵澄先生在《老子臆解》中就提出疑问：难道“兵弱乃胜”？并指出：“兵，难言者也。或强胜弱败，或强败弱胜。与国家人民为一有机体，而必有庞大充实之生命力弥满其间。倘国家衰弱，其兵不能独强。倘国家富强，其兵不能独弱。可以兵累败而国不伤，可以兵累胜而国终败。譬如疠疾，有疾必死，疾去乃不死，有疾不去而不死，有疾虽去而人亦死者。故不可一概而论。主要在于生命力之充实而已。观于往史，强弱亦有难分者。安定如山，或缺机动；威如流水，或少镇静，则强犹弱也。兵而不强，缺乏灵动矫健之生命力，必败。后世苻坚淝水之败，岳飞朱仙镇之胜，皆此之由。”

当代学人钱凤仪先生在《道德经哲学原理》中说：“这一章是老子牵强附会的‘道’。自然界优胜劣汰，物竞天择。弱势生物大多惨遭淘汰，弱势民族绝大多数遭到同化。军队逞强好战，必然灭亡，倒也能验证一些历史事件。然而如果国家的军队不强大，不仅国家时时受欺凌，而且会随时灭亡。”

由此看来，老子讲的“兵强则灭”，并不是说“兵弱必胜”，也不是兵强必灭。“木强则折”也是一样。事实上，柔韧性也是强大的一种表现，一种特征。在此老子强调的是，事物的变化发展主要是内在的因素在起作用。

“坚强处下，柔弱处上”，“处上”“处下”指所在的位置，即在上边在下边的意思。这句话是说，凡强大的东西常处于下位，柔弱的东西往往居于上位，亦即强大的事物反而处于劣势，柔弱的事物反而处于优势。推而广之，就是想居于上位的就要柔弱。正如林语堂先生在《老子的智慧》中解释的那样："从用兵逞强反而不能取胜，树木强大反而遭受砍伐来看，凡是强大自夸，心想高居人上的人，结果必被厌弃，反居人下；而那些柔弱自守的人，最后终必受人推戴，反居人上。”再比如，一棵树，大头在下边，小头在上边；一座高塔，结实的一头在塔身下部，不结实的一头在塔身上部；地球强大而生物柔弱，地球被生物踏在脚下。柔弱的东西最善于变化，柔而能刚，弱而能强，正如第四十章所讲“弱者道之用”。

本章老子从人类和植物的生存状态来说明“贵柔戒刚”的道理。世界上柔弱的东西最强大，强硬的东西最脆弱，这是自然造化。所以有道处柔弱，无道处刚强。世界历史上的四大文明古国，唯有中华文明历尽磨难而没有中断延续至今，并正在创造着人类历史上新的辉煌，这与中华文化本身就具有的这种“贵柔戒刚”之道有很大的关系。中华文明富有一种灵活性、开放性、包容性，具备一种可贵的再生能力、应变能力、自我调节能力。在这种文明浸润下的中华民族有一种强大的文化认同感、文明认同感。这恰恰与中华文化一直推崇的天人合一的宇宙现、协和万邦的大同观、和而不同的社会观、“天下一家亲”的大一统思想是一脉相承的。这也是有道处柔弱，无道处刚强“贵柔戒刚”的一个杰出范例。

以柔克刚、以弱胜强是中国人特有的一种思维或者说文化理念，这种理念与月盈则亏、水满则溢、以进为退、否极泰来、因祸得福、多难兴邦、物极必反的中国式古老辩证观念密切相连。而在这方面老子的论述尤其精辟透彻。如本章讲的“坚强处下，柔弱处上”就很有见地，是一种以心把握、实践理的过程，实践理的过程就是道。道就是“能动性的绝对”，不像西方哲学那样认为道是“静止性的绝对”。比如市场经济，按照意识形态化分，它属于资本主义社会经济形态，与社会主义社会不相容。但在中国特色社会主义社会，不排斥市场经济，多种所有制形式和谐共存，这与国人的包容或者说柔韧精神积淀有关。

实现伟大复兴，必须具备文武兼备、刚柔并济的精神和文化性格。这种理念和思想在今天仍具有积极意义。

需要说明的几点：

已故国学大师任继愈先生在《老子绎读》中说：“这一章老子

归纳出一条普遍原理：柔弱的东西最强；强硬的东西最脆弱，接近死亡。他举出活着身体柔软，死后尸体僵硬；草木活着枝干柔软，死了枝干坚硬。他认为强硬接近死亡，柔弱才有生命力。老子把这一观点用于观察社会，指导生活，从而形成他的贵柔的思想。此种看法有它的深刻处，也有它的片面性。新生的事物即便目前柔弱，以后也会强大，老子的观点是对的；如果是腐朽的事物，不论它目前是强大还是柔弱，只有死亡一途。老子把弱能胜强的原则绝对化，成一家之言，但不能认为绝对正确。”

“兵强则灭”，可参阅第三十章“物壮则老，是谓不道，不道早已”，第三十六章“柔弱胜刚强”，第四十三章“天下之至柔，驰骋天下之至坚。无有入无间，吾是以知无为之有益”，第七十八章“柔之胜刚，弱之胜强”。

“木强则折”可参阅第四十二章“强梁者不得其死”。

第七十七章

天之道，
其犹张弓与？
高者抑之，
下者举之，
有余者损之，
不足者补之。
天之道，
损有余而补不足，
人之道则不然，
损不足以奉有余。
孰能有余以奉天下？
唯有道者。
是以圣人，
为而不恃，
功成而不处，
其不欲见贤。

宇宙自然法则，
不就像拉开弓弦一样吗？
弦位高了就把它调低一些，
弦位低了就把它调高一些，
过满了就减少一些力，
不满时就补足一些力。
宇宙自然法则，
是减损多余的用来补给不足的，
人类社会的法则就不是这样的，
是减损不足的用来供给有余的。
谁能将有余的用来供给天下不足的？
只有得道的人才能做到。
因此，有道的人，
有所作为而不自恃己能，
有所成就而不自居有功，
他不愿意在世人面前表现自己的贤能。

心 读

这一章老子开门见山，一开始就将大道比喻成拉弓射箭时的状态，来说明“天之道”的运动规律。

“天之道，其犹张弓与？高者抑之，下者举之，有余者损之，不足者补之”，“天之道”，自然界的规律。“犹”，好像、正如。“张弓”，拉开弓射箭。“抑”，压低向下。“举”，抬高，向上。“损”，减损，减少。“补”，增补。

河上公说：“天道暗昧，举物类以为喻也。”意思是说天道看不见，摸不着，举一个看见的例子形象地比喻一下。人们拉开弓的目的是为了射箭，弓弦不能太高，也不能太低。太高了要压低一些，太低了要抬高一些。力道不能太满，也不能太无力。力道大了，要减少一些，力道不够的话，要再用力一些。否则会造成弓弦力量的不平衡，射出的箭偏离了预定方向，射不中目标。

总之，开弓射箭必须稳、准、狠，保持整体状态的平衡，才能瞄准目标，一箭中的。

“天之道，损有余而补不足”，自然之道的运行规律就是减少（损）多余的增补不足的。《周易·谦》卦里的“天道亏盈而益谦，地道变盈而流谦”意思是说，天道是减损满盈，增益谦下；地道是高山变为深谷，深谷变为高山，也是减损满盈流向谦下。大自然就是这样，天气太热了，它会逐渐变凉；太冷了，天气会逐渐转暖。太阳过了中午就要西斜，月亮到了圆满，就会逐渐亏损。风太大了，终将停息。天气太干旱了，可能会有大雨来临。天地盈虚，伴随时序消息。

天道是公平的，高、下，有余、不足随时调节，要保持自然生态平衡。正如第三十二章“天地相合，以降甘露，民莫之令而自均”，第四十二章“故物，或损之而益，或益之而损”。

“人之道则不然，损不足以奉有余”，“人之道”，社会的法则。“不足”，穷人。“奉”，供，给。“有余”，富贵人。这句话的意思是说：人类社会的活动规则就不是这样了，富有的人不劳而获，有权势的人苛敛榨取，靠剥削贫困的人来奉养生活。社会财富和资源高度集中在一小部分人的手中，从而使贫者越贫，富者越富，这是人类的悲哀。《圣经·马太福音》中有这样一个故事。一个主人远行前，把仆人叫来，按照每人的才干给他们分银子，一个给了五千，一个给了二千，一个给了一千，吩咐他们：你们去做生意，等我回来时，都来向我汇报。主人回来时，第一个仆人汇报说：“主人，我用你交给我的五千银子，又赚了五千。”主人听了高兴极了，于是把更多的事务交给他管理，让他享受当主人的快乐。第二个仆人汇报说：“主人，你给我的二千银子，我又赚了二千。”主人听了也很高兴，于是也让他享受当主人的快乐。第三个仆人汇报说：“主人，你给我的一千银子，我一直埋藏在地里，我怕丢失，一直没有拿出来。现在你回来了，我原封不动地还给你吧！”主人听了很生气，于是命令将第三个仆人的一千银子赏给第一个仆人。凡是少的，就连他本来所有的，也要夺过来。凡是多的，就叫他多多益善。后来西方的经济学家们经常用这个故事打比方，把贫者越贫，富者越富，赢家通吃的社会经济现象称为马太效应。

老子用了七个字“损不足以奉有余”，就精炼地概括了西方经济学所谓的马太效应，从而在世界经济思想史上留下了深深印记。

马太效应是造成天下贫富不均权利不平等的根源，它导致了尖锐的社会矛盾，引发了社会动荡不安的局面。

“天之道，损有余而补不足，人之道则不然，损不足以奉有余。”这两句话说得很富有正义感，也十分尖锐严厉，几乎是反剥削、反压迫、反独裁、反霸权、反垄断、反强权政治、反单边贸易保护主义的同义语，是“替天行道”的旗帜。替天行道就是要把人之道反过来，用毛泽东主席的话来说，就是要把颠倒了的一切再颠倒过来，就是要革人之道、封建官僚之道、帝国主义之道、垄断资本主义之道的命，就是要恢复或者说唤醒“损有余而补不足”的天道，要劫富济贫、抑强扶弱、打土豪、分田地、剥夺剥削者，打倒一个旧世界，建立一个公平、公正、和谐的新世界。这就是老子人之道取法于天之道的意思。天之道就是社会公平公正和谐，人心安宁，社会持续稳定，合理有序地和谐发展。

当今世界共同生活在一个地球村里。全球化是势不可挡的历史潮流，构建人类命运共同体就是唤醒“损有余而补不足”的天道，反对强权政治，反对单边贸易保护主义，坚持高水平改革开放，促进贸易投资便利化，科技创新自由化。维护多边主义，尊重世界文化多样性，完善国际治理体系和治理能力的现代化，为建设一个持久和平，普遍安全，共同繁荣，开放包容，清洁美丽的地球村而努力奋斗。这是破解当今世界难题，建设美好未来世界的一剂良方。

“孰能有余以奉天下？唯有道者”，“孰”，谁。“奉”给予，供给。“唯有道者”，只有遵循天道的人。此句意为：谁将能够把有余的东西奉献给天下那些不足的人呢？只有得道的人才能做到。

老子所处的春秋晚期，社会动荡激烈，霸权豪强兼并之风愈演愈烈，贫富差距愈来愈悬殊，人民生活在水深火热之中。出路何在？老子提出了治理乱局的方案——无为而治，遵循天道，损有余以补不足。能够做到这些的，唯有得道者。

这句话老子自问自答，希望有圣人，也就是得道者出现。这些得道者如果能把自己多余的衣服、粮食和财物拿出来奉献给贫穷的人，就可以实现社会的公平公正、安宁稳定。

他天真地把这美好的愿望寄托于得道之人，或者说当时的统治者。很显然这在当时是行不通的。

“是以圣人为而不恃，功成而不处，其不欲见贤”，“是以”，所以。“为”是作出了贡献。“恃”，依仗。“处”，占有，享受。“见”，表现，显示。“见贤”是表现自己的聪明。这句话的意思是说，圣人有所作为而不自恃己能，有所成就而不自居有功，不愿在世人面前彰显自己的聪明，表现出自己的贤能，而是始终保持谦和、恭敬、卑下的态度，达到无为之境界。

本章通过自然规律与社会现象的比较，老子认为天道是公平、公正与和谐的，而社会现象正好逆之。面对如此不公平、不和谐的社会，老子大声疾呼：应建立一个“损有余而补不足”的社会分配制度（原则），告诫统治者只有遵循自然法则，无为而治，以人民为中心，天下才能和谐稳定、科学有序发展。

在这里老子运用了比喻的写作手法，将“天之道”比作张弓射箭，引申出自然的法则——“损有余而补不足”。“高者抑之，下者举之，有余者损之，不足者补之”，这四句韵脚均用了“之”字，读起来富有韵味。后文“人之道则不然，损不足以奉有余”，他没有平铺直叙往下说，而是话锋突然一转，提出“孰能有余以奉天下？唯有道者”，不仅使问题更加凸现，还更能引起人们深沉的思索：无论社会生态如何变化，但都在道的掌控之中。

需要说明的几点：

马王堆甲本“补”作“益”。

马王堆甲本“天之道”作“天下之道”。

“为而不恃，功成而不处。”也见于第二章、第十章、第五十一章。

已故国学大师任继愈先生在《老子绎读》中说:天之道是来于自然现象的规律,社会现象是人群活动的反映,用作比喻是可以的,当作规律,则不妥。自然规律、社会规律毕竟是两个领域,不能类比。

“天道”在《道德经》书中共出现七处,第九章“功成身退,天之道”,第四十七章“不窥牖,见天道”,第七十三章“天之道,不争而善胜,不言而善应,不召而自来,嘽然而善谋”。本章出现两次。第七十九章“天道无亲,常与善人”,第八十一章“天之道,利而不害”。

第七十八章

天下莫柔弱于水，	天下没有比水更柔弱的东西了。
而攻坚强者莫之能胜，	而攻击坚硬的东西没有能胜过水的，
其无以易之。	没有任何东西可以取代它。
弱之胜强，	弱胜过强，
柔之胜刚，	柔胜过刚，
天下莫不知，	天下没有人不知道这个道理，
莫能行。	却没有人能做得到。
是以圣人云：	所以有道的人说：
受国之垢，	能为国家的利益忍辱负重者，
是谓社稷主；	才可配得上做国家的君主；
受国不祥，	能为国家的灾祸承担责任者，
是为天下王。	才足以称为天下之王。
正言若反。	正确的话听起来像是反说一样。

心 读

这一章老子又一次赞扬水的品格，以水为例，说明以弱胜强，以柔克刚的道理。

“天下莫柔弱于水，而攻坚强者莫之能胜”，“攻坚强者”是指攻克坚强之物的东西。“胜”就是战胜。这句话意思是说，天下的东西没有比水更柔弱的。水，方中则方，圆中则圆，染红则红，染蓝则蓝，拥之则止，决之则行，去高就下流，顺其自然。柔之至，弱之极，它柔弱的体性无法被改变，然而攻坚强者的力量没有什么东西能胜过水。

“其无以易之”，“易”是代替、取代、改变之意。此句意为，在无坚不摧的东西里，没有任何东西可以取代它。正如第四十三章所言“天下之至柔，驰骋天下之至坚，无有入无间”，第四十章“弱者道之用”。

老子认为，水体现了自然的纯真，也体现了自然的力量——自然的潜力，自然的魅力，自然的生命力。而对抗的一方，无法改变水性水力水量，更无法战胜水的不屈不挠、无止不歇的品格。一滴水，只要坚持不懈就能洞穿金石。洪水泛滥时，淹田毁舍，冲垮桥梁，无坚不摧，无所不至。即便用最锋利的宝剑，也砍不断水流，反倒是“抽刀断水水更流”。即便在科技昌明的今天，人类能上天入地，但谁又能抗拒得了海啸的威力。

“弱之胜强，柔之胜刚，天下莫不知，莫能行”，“行”是践行、实行、照着去做的意思。这几句话是说，水至柔至弱，可以战胜任何坚固强硬的东西，然而天下人没有哪个不知道“柔弱”的妙用，但却很少有人能照着去做，运用它来指导自己的实践。

水体性至柔，其用至刚，体性至弱，其用至强。人们大都懂得这个道理，但践行的人却很少。究其原因，主要还是因为在崇尚丛林法则、弱肉强食的社会里，人们从小就被灌输一种理念，那就是争先、争强，决不能软弱，唯有如此，才能生存下去或生存得更好。在这种思想的驱使下，人们变得争强好胜起来，然而，真正的强者是不争的，正如第八章所言"上善若水，水善利万物而不争，处众人之所恶，故几于道"。如果一味地争强好胜，就不会像水那样，甘居下位，温顺坚韧，也就不算是真正的有力量，成为真正的强者。

当代学人钱凤仪先生在《道德经哲学原理》中说："自然规律相对当前宇宙而言，是绝对的客观存在。因此老子以'天下柔弱于水，而攻坚强者莫之能胜，其无以易之'为参照平台，阐述了人的强大来自看似柔弱的内心。水之性柔弱近乎天道。如果人的内心不柔弱，不谨慎地按客观规律办事，就只能保持强大，而不能逐渐强大，因而不能克服其所面临的困难。"

"是以圣人，受国之垢，是谓社稷主；受国不祥，是为天下王。""受"意为主动接受，自觉承担。"垢"，屈辱，耻辱，这里指承受国家的耻辱。"不祥"，灾祸，不吉利，不善，这里指承受国家的灾难（祸患）。"社稷"，古代"社"指土神，"稷"指谷神。古代君王都祭祀社稷，后来用"社稷"代表国家。在这里老子引用圣人的话来说明一个有道的君主应该具备的品德，那就是能为国家的利益忍辱负重，蒙受污垢，能在国家有灾难（或受到外来侵略)之时,承担责任。只有具备这些品质的人,才堪为人君,做天下至高无上的王。正如老子在第六十六章所言“江海之所以能为百谷王者,以其善下之,故能为百谷王”。柔弱、谦卑、低下,能忍受屈辱,勇于承担责任,是成就大业者必需具备的品质。

“正言若反”,“反”同“返”。此句意为,看似反常之言,却为正论。亦即正确的话听起来像是反说一样。

“正言若反”这一句是老子对整部《道德经》中那些“相反相成”的言论的高度概括,也是老子立言的特色,反映了老子思想的一大思维特点——逆向思维。它符合哲学上双重否定等于肯定的逻辑。在先秦思想史中“相反相成”“否极泰来”“物极必反”等观点,在《周易》等典籍中多有体现。

在《道德经》一书中有许多类似的文句。如第四十一章“明道若昧,进道若退,夷道若颣,上德若谷,大白若辱,广德若不足,建德若偷,质真若渝,大方无隅,大器晚成,大音希声,大象无形,道隐无名”,第四十五章“大成若缺,其用不弊。大盈若冲,其用不穷。大直若屈,大巧若拙,大辩若讷”等等,就充分体现了老子对事物的辩证认识。事物的发展结果往往是走向自己的反面,这也就是大道的特性。河上公注“此乃正直之言,世人不知,以为反言”。已故国学大师、北京大学著名学者张岱年先生在《中国哲学大纲》中说:“若反之言,乃为正言。此亦对待之合一。”

老子的贵柔弱思想，并不是通常大众所理解的软弱无力的意思，而是有着很丰富的内涵。在《道德经》一书中所提到的曲、枉、洼、敝、少、雌、柔、弱、贱、损、啬、慈、俭、后、下、孤、寡、不穀、无为、不争等等，均体现了谦卑、包容、坚韧不拔、忍辱负重（自我牺牲和自我奉献）的精神，而这些精神正是贵柔弱思想在修身、治国实践中的具体运用。

需要说明的几点：

“是以圣人云”在马王堆甲、乙本均作“圣人之言曰”。

“受国之垢”“受国不祥”中的“国”字马王堆甲本作“邦”。

本章讲的“正言若反”是讲真理往往和人们的常识相违背。第四十章“反者道之动”是讲万物运动的规律是返归于始。

第七十九章

和大怨，必有余怨，	大怨大恨虽然得到了化解，必定还有余留的怨恨无法完全消解，
安可以为善？	这怎么能说是最好的解决办法呢？
是以圣人执左契，	因此，有道的人保存债务人的借据存根，
而不责于人。	而不强迫借债者偿还。
有德司契，	有德行的人掌管借据却无所逼求，
无德司彻。	无德行的人手拿着借据向人逼索税租。
天道无亲，	自然规律对任何人没有亲疏偏爱之心，
常与善人。	永远帮助有德行的善人。

心　读

本章继续阐述“天之道，损有余而补不足”的天道精神，重在讲德治在实践上的运用。

“和大怨，必有余怨，安可以为善”，“和”，调和，和解，协调。“怨”，埋怨，怨恨。“大怨”是指当时统治者压迫剥削人民造成的社会性“大怨”，亦指人的一生中遭遇的很难和解的怨恨。“和大怨”，化解大的怨恨。这句话意思是说，在大的怨恨已经产生的情况下，虽然想方设法去调和，必定还有余留的怨恨没有完全消解，这种调和矛盾的做法，怎么能说是最好的解决方法呢？因此行事的出发点最好放在不制造怨恨上。

“是以圣人执左契，而不责于人”，“契”，指古代的契约。以刻木为契，在木板或竹板上写好借贷的内容，剖为两半，债主留左契，借债人留右契。左契是放贷人手里留的讨债凭据，亦就是债主手里的存根。右契是借贷人手里的凭据，还贷后用它要求债主把存根毁掉。“责”，讨还欠债。这句话是说，有道的人手里拿着放贷的凭据存根，但不向人讨债，强迫借债者偿还。与第三十四章所言“万物恃之以生而不辞，功成不名有，衣养万物而不为主”的大意相同。

“有德司契，无德司彻”，“司”是主管，执掌。《广雅·释诂》：“司，主也。”“契”即左契，为债权人所有，它是债权人向债务人讨债的凭据。“彻”是周朝的赋税法。每个劳力给一百亩土地，称做一夫之田，国家按收成的十分之一征收土地税。夏朝时称做贡，商朝时称作助，到了周朝称作彻。《孟子·滕文公》中说：“夏后民五十而贡，殷人七十而助，周人百亩而彻，其实皆实一也。”说的就是这种税制。“司契”，履行契约，遵守协议，负责保管借据。“司彻”，负责经营租税，指按照自己的规定要求他人。王弼注“司彻”为“司人之过”。河上公注为“司人所失”。据此“司彻”又可理解为以自己意愿定夺他人过失。“有德”指明道之君，他们持守大道，处无为之事，行不言之教，实现了天下大治的局面，得到人民的爱戴。这句话是说有德行的人手里拿着放贷契约却无所逼求；无德行的人手里掌握着借据凭证向债务人逼索税租。

司契的和司彻的，都是代替贵族料理事务，谈不上有德无德。在生活中，司契的人受到人们的欢迎喜爱，司彻的人因负责收取租税招人嫌弃。这两者代表两种不同的人生态度。

当代学者钱凤仪先生在《道德经哲学原理》一书中对此有深刻的评述：“签了契约的人，能否履行契约，往往不取决于签约人的主观愿望。签了契约而又违约的人，有时有其客观原因。‘圣人执左契而不责于人’，是因为圣人以道德为本，看问题看得全面长远。而不道德的人掌管契约，看重违约，甚至希望违约，用以达到盘剥、敲诈、勒索的目的。不道德的人如果是国家的主流，他们会同国家一起灭亡。如果不道德的人不是国家的主流，会在道德的主流中消亡。”

“天道无亲，常与善人”，“亲”是爱。“无亲”，没有爱，也就是天道不讲爱。“善人”指有德之人，亦即遵循自然规律行事的人。这句话是说，天道自然，没有私心，不循私情，对任何人都没有亲疏偏爱之心，常常帮助那些有德行的人。

“天道无亲”，天道对宇宙万物是没有亲疏远近，利害贵贱之分别的，经常是与人为善的。“道者，万物之奥，善人之宝，不善人之所保。美言可以市尊,美行可以加人。人之不善,何弃之有”,(第六十二章)“故不可得而亲,不可得而疏,不可得而利,不可得而害,不可得而贵,不可得而贱,故为天下贵”。(第五十六章)

《周书·蔡仲之命》里说“天皇无亲,惟德是辅”,《庄子·齐物论》中的“大仁不仁”,《庄子·天道》中的“至仁无亲”讲的意思,都与老子“天道无亲”的思想一致。

那么,天道为什么“常与善人”呢?台湾学人傅佩荣先生在《解读老子》中说:“‘天道无亲,常与善人’这句话是古人的信念,反映了主宰之天与自然之天并行的矛盾。主宰之天必然‘常与善人’,自然之天必然‘无亲’。(如第五章‘天地不仁’一语所说)”这样理解是不妥的。实际上并没有一个人格化的天道“常与善人”,而是指善人“居善地,心善渊,与善仁,言善信,正善治,事善能,动善时,不争”,其所作所为符合天道,一切循道而行,“故无尤”,所以天道才选择你,亲近你,帮助你,它也是你的人格和智慧努力的结果。

善人与道同在,与道创造的整个世界同在。这种人才是整个世界的道德主体,支撑着整个世界的发展与进步。

在本章中,老子希望人们秉持天道精神,避免与人结怨,一旦结了怨,应积极努力去化解。“握手言和”“化干戈为玉帛”就是这个意思。

“冤家宜解不宜结”,即使和解了,也不如原来没有怨恨时好。因此，在社会生活中尽量避免与人结怨，同时告诫统治者要循道而行，无为而治，以德亲民，以天道精神待民，对人民一视同仁，不分亲疏远近、薄厚贵贱，以免造成难以调和的社会性"大怨"。

需要说明的几点：

"和大怨"一语可参照第六十三章"报怨以德"来理解。

马王堆甲本作"右契"，乙本作"左契"。

马王堆甲本"常"作"恒"。

"天道无亲，常与善人"可与第二章"天地不仁"相互参照解读。

老子"执左契而不责于人"的这种期望，过于理想化，也是不可能实现的，尽管历史上也有"执左契而不责于人"的故事发生。比如春秋战国四君子之一的孟尝君，当年被撤职，生活困难，就派冯谖去讨债。这位冯先生却以孟尝君的名义将贫困户的借据当众销毁。这件事让孟尝君赢得了人心，一时传为美谈，终于感动上层让他官复原职，从此长盛不衰。但能做到"执左契而不责于人"的人，毕竟是极少数。在现实生活中人们总是情愿结怨，也不肯"执左契而不责于人"的。至于"天道无亲，常与善人"，平常人更是没有这种风格。所以高亨在《老子注译》中评述道："统治者如不剥削，就将饿死，还能坐在宝座上吗？当然这个空想也是为人民所欢迎的。"

第八十章

小国寡民，	国土狭小，人口稀少，
使有什伯之器而不用；	纵使有十倍百倍的人工器具却并不使用；
使民重死而不远徙。	使人民重视生命而不愿远走他乡。
虽有舟舆，	虽然有船有车马，
无所乘之；	因没有可去的地方而不必乘坐；
虽有甲兵，	虽然有铠甲武器，
无所陈之。	却没有机会布阵打仗。
使民复结绳而用之。	使人民重回到结绳记事的状态。
甘其食，	享受自产的粮食感到香甜可口，
美其服，	穿着自制的服装认为舒适美丽，
安其居，	居住在自建的房屋感到自在安然，
乐其俗。	风土民俗自乐其中。
邻国相望，	相邻的国家互相看得到，但相安无事。
鸡犬之声相闻，	鸡鸣狗叫之声音彼此听得见，

民至老死不相往来。　　但人民从生到死彼此也不相往来。

心　读

这一章是《道德经》中较为著名的一篇，在此篇中老子提出"小国寡民"的社会理想，着重谈治国理政。

"小国寡民"，"小""寡"在此都是动词。所谓"国"，也不是现在国的观念，这个"国"相当于现在的自治村镇。据《后汉书·郡国志》记载，在商汤时期有三千余国，西周时有一千七百七十二个国，春秋时有一千二百国，战国时仅有十余国。老子所处的时代，正值周天子分封的千余小国兼并成了十几个大国的春秋战国时期。一个国家实际上就是一个诸侯国，国土面积小，居民数量少。在这样的社会里，单凭每个人纯良的本能就可以把国家治理好。人们虽然知识不多，但也没有尔虞我诈的心智，没有焦虑不安的情绪，民风淳厚，大家和谐相处，生活幸福。这样解读"小国寡民"才可能是老子本意。但那是古代社会，如今这个时代，广土众民，整个地球互联互通，和"小国寡民"的状态已根本不同了。

环视当今世界，估计只有瑞士、芬兰等这些国家，可以算得上是"小国寡民"。

"使有什伯之器而不用"，"使"是纵使，即使。"器"是器物，工具。"什伯"指有十倍百倍的人工器具。"什伯之器"在《史记·

五帝本记·索隐》中讲，生活常用的器具，数量众多，所以称为“什器”，在今天某些地区的口语中这个词仍在使用着。此句意为，在老子生活的时代，人们已经懂得用各种各样的器具机械来代替人力，生活已经相当的便利，物质文明已达到一定程度，人们自给自足，生活安闲，没有焦虑不安，没有恐惧失落。

“使民重死而不远徙”，这个“使”是“要让”的意思。“重”，看重，重视。“重死”以死为重，怕死，不冒死。“徙”是迁徙，搬家。这句话意思是说，这些国家的人民，热爱自己的家园，安居乐业，过着平静幸福的居家生活，非常珍惜自己的生命，以追求永久的和平为目的，不愿意向远方迁徙。

“虽有舟舆，无所乘之”，“舟”，船。“舆”，车子。这句话是说，虽有便利的交通工具，有车有船，但人们不喜欢到远方去，由于无可去的地方而不必乘坐。拿现代社会生活来说，虽然有高速铁路，有动车，有飞机，但如果没有紧要的事，也不去乘坐。

“虽有甲兵，无所陈之”，“陈”通“阵”，阵势。颜师古注：“陈，施也。”“甲兵”，铠甲和兵器。这句话是说，虽然有铠甲和兵器，因为没有战争冲突，不需要排兵布阵准备打仗，人民日出而作，日落而息，过着祥和快乐的幸福生活。在这样的国家里武器装备是派不上用场的。

“使民复结绳而用之”，“结绳”，古代没有文字之前，人们有事情怕忘记，将绳打结用以记事、记数或传递信息。《周易·

系辞下》:“上古结绳而治,后世圣人易之以书契。”这句话意为,古代人结绳记事,是由于还没有文字。发明了文字以后,可以书写记事,但麻烦也随之多了起来。没有文字知识,人反而会比较容易进入生命的真实状态,享受淳厚质朴的天然之乐,珍惜生命,顺乎自然,固守家园,终老一生,一切都回归到远古单纯质朴的自然状态。人类仿佛回到了结绳记事的时代。

先秦时代的儒家、道家、墨家都喜欢怀古,发思古之幽情。儒家向往周代,墨家向往夏代,道家向往结绳记事的时代。

为什么向往那么久远的时代呢?因为那是一个还没有被文明污染的时代,国家从君主到百姓都是淳朴自然的。在那样的时代里,人与人之间互通有无,以心交心,以诚相待。族群与族群之间,没有纠纷,没有对立抗争,社会生活纯净自然,自由、平等、民主、和谐。

18世纪法国大革命的精神领袖卢梭提出了一个著名的论断:“文明是人类罪恶的根源,人类为了拯救自己,应该回到自然状态”。(卢梭《论科学与艺术》)但卢梭的这一基本理念,早在2500多年前的中国,大哲老子就已经提出来了。

随着文明的诞生,人们好像比古人更聪明了,智慧多了,也学会了互相算计,于是烦恼、焦虑、不安、痛苦、冲突、罪恶一并随之而来,结果是人们从此不再快乐。这样看来,这种聪明智慧实在是不值得提倡。因此老子希望人们再回到“使民复结绳而用之”的时代。

历史总是向前发展着，文明总是在不断进步着，人们的欲望总是持续不断地在膨胀着。人心越来越复杂，机心越来越多，老子“小国寡民”结绳记事自然淳朴的生活，不过是乌托邦式的空想。

但是，老子憧憬的那种自然淳朴民主平等的社会是否毫无意义呢？老子的社会理想也许在政治上很幼稚，但他对于人生境界的探求，显然具有积极的进步意义，给人以美好的启迪和向住，发人深思。老子借谈政治来谈人生政治智慧与人生智慧本质是相通的，实际上是一种崇高的精神境界，强调接受现实，活在当下，复归于自然而不是回到自然，“知其文明，守其素朴”。当代文明的进步应以不违背自然法则为原则。

“甘其食，美其服，安其居，乐其俗”，老子用这一连串的排比句来描绘他心目中的理想社会蓝图。在这样的国家里，各地根据自己所处的自然地理环境和社会条件，安于现状，活在当下，人人以其所食为甘甜，以其所穿为美丽，以其所居为安逸，以其所处的民情风俗为快乐，这实际上是“有道”之人安住当下的状态。正是这些在现代人看来极其普通的生命需求，才能让人类生命的价值得到真正的提高和升华。

“邻国相望，鸡犬之声相闻，民至老死不相往来”，“邻国相望”，小国相毗邻，与邻相伴，与邻为善。“犬”即狗也。这句话是说，邻国的居民可以互相看得到，听得到，和平相处，但相安无事。鸡鸣狗叫的声音可以彼此听得见，但人们相互之间从出生到老死,也不互相往来。这是否是说人与人之间的关系变得很生疏呢?其实不是,讲的是距离产生美。这里描述的是一种相濡以沫,不如相忘于江湖的理想状态,是天下太平,人民安康,全然地安住当下,活在当下,从而达到精神上真正的自由平等。

当今世界是数字化时代,因互联网、大数据高度发达而变得更小,变成了一个"鸡犬之声相闻"的地球村,相隔万里的人们不再"老死不相往来"。

在"鸡犬之声相闻"你中有我,我中有你的时代,经济全球化、文明多元化、信息数字化,世界各国唯有携起手来共同打造"人类命运共同体"这一全球价值观,人类才有机会迈向光明的未来。世界的未来出路在中国,人类的出路在于中国文明,中国传统文化是本源文化,是道法自然,天人合一的文化,有着协和万邦、万国咸宁、天下一家亲、大同世界的人类情怀和理想。"人类命运共同体"的思想光辉,必将"无有入无间",为世界带来和平、繁荣与发展,为人类构筑起一座伦理道德和科学理性上的精神长城。否则,在今天这个无所不作的时代,如果只崇尚科学理性而忽视伦理道德,从原子弹到基因垄断,都会构成对人类的巨大威胁。

在这一章中,老子的"小国寡民"乌托邦的思想,在客观上是对先秦诸侯国以强凌弱,以大欺小,称雄争霸,涂炭生灵,两极分化,贫富对立的现实社会的批判,同时也是老子为未来人类社会发展所描绘的天下大同的美好图景。

老子的这种思想既是超前的，又是伟大的，体现了人类追求的一种精神境界，对美好生活的向往，可以作为人类心灵上的“桃花源”“理想国”。虽不能至，但心向往之。

老子思想在不同的环境中具有不同的含义，历久弥新，经久不衰。它既是中国的，又是世界的，在人类历史的天空中，永远闪耀着智慧的光辉。

在本章中，我们不难提炼出“人惟求旧，器惟求新”的哲学思想。这个思想在当今人类社会仍具有鲜活的借鉴意义。

北京师范大学教授李景林先生在《光明日报》国学版《人惟求旧，器惟求新》一文中说：“《尚书·盘庚》篇：迟任有言曰：人惟求旧，器非求旧，惟新。古人乘马车，今人或驾宝马。是所谓‘器惟求新’者也。”

“‘人惟求旧’，按《盘庚》篇原意，是讲任用故旧，听从‘老成人’之意见。故‘人惟求旧’，注重在文化人格上的历史继承和连续性。重历史，可谓之‘求旧’。一个失忆的个体，不再有‘我性’，因其已失却‘我’之所‘是’。一个失去历史记忆的民族，也不再有‘我性’，因其已失却作为一个民族之所‘是’。由此导致人的存在的平面化而缺乏立体性的深度，使之失去原创性的动源。所以，社会及文化的发展往往需要回归历史的源头，以重燃文化生命原创之火。需要知其所本，并不断返归其本原，方不致陷于片面和极端。”

"这个世界，不断变异，日日新又日新，这叫作'器惟求新'。这'求新'当然是创造，但是，这创造性却产生于'人惟求旧''器惟求新'二者张力关系的保特。"

"'求新'与'求旧'，是社会和文化发展上一种'进'与'止'的平衡关系。'求旧'是'知止'，即文明上的复归运动。老子所谓的'复归于婴儿'，《福音书》所谓的'变成小孩的样式'才能'进天国'，都讲到这种文明复归于自然的向度。轴心时代的观念，文艺复兴，儒家的复古，亦都表现了一种人类文化回向其本原的努力。"

"不过，要注意的是，复归于自然不是'回到'自然，而是在文明中贯注自然的原则。"

需要说明的几点：

"小国寡民"，国小民少。韦昭注《国语·周语》："国，城邑也。"马王堆帛书甲本"国"作"邦"。

冯友兰先生认为："小国寡民"表面上是在描绘一种社会状态，实际上不如说它体现了一种自然淳朴自由平等的精神境界。

任继愈先生说："老子美化上古有他的片面性，同时应当看到他批判当时社会的坏风气和种种弊端，还是有积极意义的。"

"使民重死而不远徙"此句中的"重死"与"轻死"相反。参阅第七十五章"民之轻死，以其上求生之厚，是以轻死"。

"犬"，马王堆帛书甲本作"狗"。"犬"即狗也。

《庄子·胠箧》里说:“子独不知至德之世乎?昔者容成氏、大庭氏、伯皇氏、中央氏、栗陆氏、骊陆氏、轩辕氏、赫胥氏、尊卢氏、祝融氏、伏羲氏、神农氏,当是时也,民结绳而用之,甘其食,美其服,乐其俗,安其居,邻国相望,鸡狗之音相闻,民至老死而不相往来。”

恩格斯在《家庭、私有制和国家的起源》一书中对这段话中所指的氏族社会有这样的评价:“这种十分单纯质朴的氏族制度是一种多么美妙的制度啊!没有军队、宪兵和警察,没有贵族、国王、总督、地方官和法官,没有监狱,没有诉讼,而一切都是有条有理的。一切争端和纠纷,都由当事的全体即氏族和部落来解决,或者由各个氏族相互解决。”恩格斯描绘这种氏族社会,正是人类所追求的高级共产主义理想社会,阅读理解恩格斯描述的氏族社会这段话,或许对于我们理解老子此章的本意有所启发。

第八十一章

信言不美，	真实的言语不悦耳动听，
美言不信。	悦耳动听的言语不真实。
善者不辩，	诚实善良的人不巧辩，
辩者不善。	巧辩的人不诚实善良。
知者不博，	有真知的人未必广博，
博者不知。	广博的人未必有真知。
圣人不积，	有道之士不积累财富，
既以为人己愈有，	尽量帮助别人而自己更加充实，
既以与人己愈多。	尽量给予别人而自己更加丰富。
天之道，	自然的法则是，
利而不害。	有利万物而不加害。
圣人之道，	有道之人，
为而不争。	造福民众而不索取。

心 读

这一章的每句话都是流传千古的格言隽语，将天道、人道、治国之道联系在一起，是《道德经》一书的概括和总结。内容分两部分，前半部分讲“信言”“善者”“知者”，后半部分讲圣人效法天道利民而不争，文字洗练，可谓字字珠玑，意义深远，堪为人类最高的行为规范和准则。

“信言不美，美言不信”，“信”，真实可信。“信言”，真实诚信的话语，《广雅·释诂》：“信，诚也。”“美言”，华丽好听的言词，释德清注“美言”为“巧言”。这里的“美”并不指“善”和“真”，而是指华而不实，具有欺骗性的语言。这两句格言是说，真实的话语质朴，听起来不悦耳动听；华美好听的言词，悦耳怡心，但往往由于虚饰而不真实可信。从这个意义上讲，华丽的言词，言过其实，可信度低。但老子也没有一概否定华美好听的言词。

“善者不辩，辩者不善”，“善”就是好。“善者”指品德高尚心地善良之人。“辩”指能说会道，有口才。“辩者”指巧辩的人。这两句意为，品德高尚心地善良之人的言论，据于理，不巧立言词辩解，不自作聪明，表现得真诚木讷，看似愚钝，其实大辩若讷，大智若愚。而巧舌如簧之人，正是由于行为欠缺，所以才求自我掩饰。不善于用巧言来争辩的人，本质上是善良智慧之人，他懂得虽然语言有着不可代替的作用，但其负面作用比正面作用要大得多。俗语常说“言多必失”就是这个道理。从这个意义上讲，老子也并没有要我们不讲话，也并没有一概否定“辩者”的意思，而是想突出“巧辩”的弊端。

“知者不博，博者不知”，“知”指对事物在本质上有深入和真切的认识和体会。“知者”指有真知灼见之人。“博”，多闻，博识。“博者”，显示自己知道的事情多的人。这两句意为，真正智慧之人不卖弄学问，而喜欢卖弄学问的人未必有真才实学。以博学自居的人，对于任何事情，只能是略知一点皮毛而已，不内行，没有真知灼见。在这里老子强调的是体道行德之人，明白由繁至简，大道至简的道理，不追求粗浅的外在之学，而追求对事物的本质认识。有其知而未必博；博学之人，知其末而不知其本，知其徼而不知其妙。这样理解老子这句话，也并没有一概否定先博后专、只专不博的意思。

“圣人不积，既以为人己愈有，既以与人己愈多”，“积”，积累，储存。《说文》：“积，聚也。”“既”，尽量。《广雅·释诂》：“既，尽也。”“为”，施为。“为人”指帮助人。“与”帛书乙本作“予”，“与”即“予”，指给予。这两句话意思是，有道的圣人不积存财富，而是尽量帮助别人，然而自己却变得更加富有。尽量给予别人而自己的精神世界更加充实，因为他们自己也从中获得了快乐，收获了大众的拥护。老子从社会生活常见的现象中概括出得与舍的辩证关系，这个辩证关系，不是方法而是本体，是万物存在的自然现象。从哲学上讲，这也正是人类道德和理性的崇高境界，“为人”和“与人”指的是以实现人类共同利益为目的的行为。对自然界来说，共生共荣是自然法则，对人类来说，利他就能利己是一种共利的生长性法则。

《庄子·天道篇》“天道运而无所积，故万物成；帝道运而无所积，故天下归；圣道运而无所积，故海内服（平）”，其“积”并不是积滞而不通，而是不要积存、保留，让宇宙万物自然运行，无需积存什么。

圣人把以百姓心为心作为宗旨，贡献自己的所有，甚至包括献出生命。这也是一种最伟大的爱的表现。真爱、博爱、无私无欲无己之爱，是老子伦理学说中的重要思想，是道的第一法宝。佛洛姆说："爱是培养给予的能力。"一个人毫无保留地用自己所有所能造福社会，服务于人民，他的爱心会愈丰富，助人的能量会愈大，精神会愈突出。这种能量不是从外在而得来的，而是从内在爆发出来的。这种能量体现的是人的一种精神作用，也是人的一种至高境界。有这种精神境界的人，不一定都是物质的给予帮助，物质有时而穷，但精神愈用愈丰。

"物质有时而穷，精神愈用愈丰"，是出自西方的一句俗语。意思是说，一件东西用久了，就坏了，没用了，这叫"物质有时而穷"。但是读书就不是这样，刚开始时看不懂，后来越看越懂，体会越深，反而更喜欢读书，精神更加愉悦充实，这叫"精神愈用愈丰"。很多读书人都有这个体会。

"天之道，利而不害，圣人之道，为而不争"，"利"，指有益于天下万物。"圣人之道"，圣人所遵循的法则。"为"是按照自然规律去发挥人的努力。"为而不争"是指人努力所取得的成果，不居为己有，乐意和人们共同分享。这两句话的意思是说，自然之道的运行规律是对万物自化的尊重和信任，随造化之物性,任由万物自身之本性自由生长发展,包容惠及万物而无所妨害。圣人的伟大就在于他师法天道的精神,为人民作贡献而不争功,无私奉献而不求索取。

天、地、人三才同为自然界的一部分,天地是人类赖以生存的基础,自然万物是人类的朋友,也是人类生存的必然条件。从这个意义上讲,人和自然是相互感应、相互影响的,是全息的。如果没有自然万物与人和谐共生共荣,人类也不可能独立存在下去。维护整个自然界的和谐与安宁,是人类社会存在和发展的必然选择。

人类与自然万物是一个和谐统一的有机整体,即命运共同体、生命共同体。人为地把人与天地万物相分离,甚至对立起来,都是极端错误的。人类只有认识到与自然和谐统一,并在与自然相处时顺应和遵循自然规律,才能实现人类自身的和谐发展。

因此,人类应以自然发展规律来约束自己,学会敬畏生命,学会尊重大自然。

那么作为天、地、人三才中的人应该如何把握道与三才的关系,并将其作为自己行为的道德法则呢?先哲老子提出了十三字方针:“人法地,地法天,天法道,道法自然。”意思是人的活动师法于地,地的运动师法于天,天的运转师法于道,道的运行效法于自然。这一法则其整体的内在机制是有机统一、不可分离的,是有序而不能颠倒的。它揭示了人之所以应效法于“道”，是因为“道”具有自然无为的特性，是能动性的绝对，体现了宇宙秩序的和谐。对现代社会而言，就是告诉人们，道法自然是天、地、人三才的基础，只有立足于这一基础，才能正确处理三才和谐并存的关系，才能求得人类社会的可持续发展。

“圣人之道”和“天之道”是相互感应、相互影响的有机整体。圣人师法天道精神“利而不害，为而不争”，这一伟大的精神应该化作人人遵循的一种道德行为。人类的一切，幸福和自由，科学与民主，公平与法治，平等与博爱，和平与发展，都源于对“道”的正确理解和践行。

用现代的话来说，老子以“道”立论，属于哲学上的认识论和本体论的范畴。世界上万事万物都是以相对的矛盾统一体而存在，以阴阳互转的统一体而呈现，不论是哪一方面都是以互相依存的关系而存在的。从这个意义上讲辩证法不是方法论，而属于本体论的范畴。它对宇宙本体的探讨，对社会，对人生的探索，既有系统的认识论原理，又有丰富的辩证法思想。它揭示了“道”是自然万物生长发展的原动力和规律。顺之则昌，逆之则亡。道法自然“利而不害，为而不争”是老子思想的精华之所在，是超越一切宗教的科学理性学说。为什么这样讲呢？因为它不是像宗教那样，唤起人们超越理性的信仰，以此来拯救人类，而是要求人们从科学的理性的角度发现真理，研究真理。

当今人类社会，一味地崇尚工具理性而忽视道德伦理，导致全球性灾难越来越多。从自然灾害频发、生态环境恶化、物种灭绝、温室效应到流行性病毒频现；从核武器、基因改造病毒、网络安全、信仰缺失到道德滑坡等我们想象不到的诸多问题，以及追逐利润、自私自利、技术崇拜等，无一处不在伸展私己的欲望，无一处不在竞逐争夺。在“天下熙熙皆为利来，天下攘攘皆为利往”的俗尘世间，为了给人类保留一方心灵的净土，老子提出“利而不争”的思想。这种“不争”是一种积极意义的“不争”，是自信心十足，有实力做后盾的“不争”。“夫唯不争，故天下莫能与之争”，“以其不争，故天下莫能与之争”。这种精神是天道精神，是善者、知者的崇高精神，也正是人类追求真、善、美的至高精神境界。

面对当今世界普遍性的各种问题和危机，我们不能不赞叹老子“利而不争”这一思想的崇高和伟大。这种思想观念，在探求生存与自由的同时，把自然法则上升为人类的行为价值、道德价值，值得现代的人们研究和借鉴。

本章可以说是《道德经》一书的总结和升华。前半部分三句格言，是从认识“道”的维度上讲的，真正的大美、大善、大知犹如大道一样，是不易知，不易得的。人们易得的美、善、知是一种小美、小善、小知，是现象世界而不是本质世界，甚至可能是假美、伪善、非知(不是真知)。由于真正的大美、大善、大知都具有素朴自然、系统而有规律的特点，它们往往表现为不美、不善、不知的现象世界，人们只有透过表面现象才能看到它深层的实质。它也不需要美、辩、博之类的文饰以自见。后半部分是从实践“道”的维度上讲的。无论是修身齐家，还是治国理政平天下，都要“道法自然”，亦即法自然之道“利民而不争”。

圣人清静无为，少私寡欲，不搜刮索取聚积财物，为人刚正而有远见，以人民为中心，把一切都献给人民，他们更加富有，精神上更加充实。这样的人，就是一个纯粹的人，一个高尚的人，一个脱离了低级趣味的人，是永远值得人民尊敬和爱戴的人。

老子把“天之道，利而不害；圣人之道，为而不争”两句并列而讲，是对本章高度的概括和总结，同时也是对《道德经》整部书的高度概括和总结。

圣人效法天道精神“利而不害”的根本行为准则就是“为而不争”——尽心做事但不争功，不制造矛盾——这是老子无为理论的核心所在。

这种无为精神是多么高深而幽远！平常人不是也应该像圣人那样“为而不争”吗？全书的目的，不正是期许人人都成为这样的圣人吗？

那么，每个国家，每个民族能否实现“为而不争”呢？人类何时才能实现“为而不争”呢？

《道德经》是人类“轴心时代”的标志性成果。“轴心时代”

这一观念,是雅斯贝尔斯(1883—1969)首先提出的。他认为:在公元前五百年前后,在古希腊、以色列、古印度和中国等地几乎同时出现了伟大的思想家,他们都对人类关切的根本问题提出了最独到、最根本的看法。对整个人类文明发展来说,如果不能洞察善与恶、正义和非正义,人类谋生的手段很可能沦为仅仅是牟利的工具。在某些情况下,清晰明白地认识恶,可能比认识善更重要。人类文明的起源,都是从对善恶的思考开始的。从相当程度来说,至今人类还是一直靠“轴心时代”所产生的思考和创造的一切而生存。古希腊有苏格拉底、柏拉图、亚里士多德,以色列有耶稣,印度有释迦牟尼,中国有老子、孔子等。如选取四个代表人物的话,他们是苏格拉底、释迦牟尼、老子和耶稣。事实上没有哪一位伟人在个人气质以及对历史文化影响的久远方面能与上述四位思想家相比。这四位伟人在各自的地域开创了不同的文化传统,这些文化传统经过两千多年的发展,已经成为人类文明的重要精神财富。

上述四位伟人中,苏格拉底、释迦牟尼、耶稣,他们三人都没有留下任何著作,而是由后人将他们的思想和学说记录下来,唯有老子遗留下了五千言,发出了他内心的声音!

《道德经》一书的横空出世,既是中华先祖修身治世思想的理论升华,同时必将为人类文明树起一座道德高峰,开启后世人类文明与自然和谐共处的生态之道大门。

面对21世纪的今天，我们要知道，地球并不需要人类，但人类需要地球。我们保卫地球，保护自然，保护动物，其实质是在拯救我们自己。

老子的“道法自然”“为而不争”精神，既是中华传统文化的精髓，更属于全人类。它是天人合一的基础。人类必须回归自然，顺从自然，与天下万物和谐共生共荣，绝不可违逆自然规律。它是人类最根本的行为规范和道德准则，是人类生存和发展的定海神针，是解救人类脱离苦海的一剂良方，是人类的最高智慧。人类法自然之道的力量是无限的，它是真理的力量，也是信仰的力量，这一无限的能量足以一次又一次拯救人类，一次又一次改变世界，改变人类历史的进程。

当代学人钱凤仪先生在《道德经哲学原理》一书中评述：“《道德经》在伦理学领域中，在《易经》的基础上，成功地实现了将道德形而上学和现实形而下学的充分融合，是演绎纯粹理性和实践理性的杰出典范。”

《世界文明史》的作者，美国历史学家、哲学家威尔·杜兰特博士曾经说：“假如我们把世界上每一本书都烧掉，只留下一部，那应该就是老子的《道德经》，它是拯救世界文化的孤本。”

把老子“道法自然”“为而不争”的思想运用到当下，可以解读为求同存异、和而不同、合作共赢、和平发展。只有这样天人互益，慈悲喜合，人类才能超越达尔文物竞天择、适者生存、弱肉强食的丛林法则，才能远离战乱，远离饥荒，远离疫情……

和谐世界，从心做起，老子的赤子之心永远与人类同在！在他的光辉思想指引下，人类必将逐步走到科学理性健康发展的轨道上来。

需要说明的几点：

帛书《道德经》将第八十章、第八十一章置于第六十六章之后，但传世本流传的王弼版本将之放在全书的末尾，总体来看是合理的，可行的。

"天之道，利而不害"一语参阅第九章"功成身退，天之道"，第十章"生而不有，为而不恃，长而不宰"，第三十五章"执大象，天下往。往而不害，安平泰"，第七十三章"天之道，不争而善胜，不言而善应，不召而自来，啴然而善谋"，第七十七章"天之道，其犹张弓与？高者抑之，下者举之，有余者损之，不足者补之。天之道，损有余而补不足"等，都体现了利益万物而无所伤害的意思。

"圣人之道，为而不争"可参阅第六十六章"是以天下乐推而不厌，以其不争，故天下莫能与之争"，第二十二章"夫唯不争，故天下莫能与之争"。

后 记

本书从2010年开始创作至2020年3月29日完成初稿，历时十年有余。

2015年三晋出版社出版了《春秋悟道》一书，由哲学、教育、诗词、地方文化四部分汇集成册。其中哲学部分主要由老子心读第一章至第二十五章组成。

从2016年至2019年四年间，我曾两次游历老子故里河南鹿邑祭拜老子，获得了许多与读典籍所得不一样的感悟。还受邀参加全国高峰学术论坛二十余次，面见了许多有建树的学者，其中不乏全国知名的大家，视野开阔了不少，见识也增加了许多，随后写出了从第二十六章至第五十六章共31章的老子心读。

己亥末，庚子初，我禁足在宅数月，完成了该书最后的二十五章，并对全书做了初步的修改。

之后一年来，我又对全书做了最后的修定，至2021年3月27日（农历2月15日）完稿。

承蒙诸位领导、学界同仁和好朋友们的大力支持和帮助，在此致以崇高的敬意。由于我才疏学浅，水平有限，书中疏漏或者谬误在所难免，恳请读者朋友不吝赐教，多提宝贵意见和建议。

感谢我已故的父亲李丕康先生，已故的表兄康越贵先生，在我的成长历程中，他们对我的谆谆教诲时刻激励着我。感谢我的妻子杨全英以及我的孩子们对我一贯的理解和支持。值得一提的是外孙女赵昕给我写了一副书法春联“正心正笔正天下，为国为民为家乡”。每当看到这两句体现了老子精神的话，我都倍受鼓舞，写书的劳累一扫而光。此书书稿的完成，自感身披一领百衲，赤脚踏破大千。

最后特别感谢山西鑫飞能源投资集团有限公司执行董事毛飞勇先生，在他的鼎力支持下本书得以顺利出版。在此致以崇高的敬意，诚挚的谢意。

李国大

2021年5月6日（农历三月二十五日）初稿

2021年5月10日 （农历三月二十九日）定稿于太原